Traditionsbruch als Herausforderung

Helmut Klages ist seit mehreren Jahren Professor für Soziologie an der Hochschule für Verwaltungswissenschaften Speyer. Von ihm erschien zuletzt bei Campus »Werte und Wandel. Ergebnisse und Methoden einer Forschungstradition« (zusammen mit H.-J. Hippler und W. Herbert).

Helmut Klages

Traditionsbruch als Herausforderung

Perspektiven der Wertewandelsgesellschaft

Campus Verlag
Frankfurt/New York

Die Deutsche Bibliothek – CIP-Einheitsaufnahme

Traditionsbruch als Herausforderung : Perspektiven der
Wertewandelsgesellschaft / Helmut Klages. – Frankfurt/Main ;
New York : Campus Verlag, 1993
  ISBN 3-593-34794-6
NE: Klages, Helmut

Das Werk einschließlich aller seiner Teile ist urheberrechtlich geschützt. Jede
Verwertung ist ohne Zustimmung des Verlags unzulässig. Das gilt insbesondere für
Vervielfältigungen, Übersetzungen, Mikroverfilmungen und die Einspeicherung und
Verarbeitung in elektronischen Systemen.
Copyright © 1993 bei Campus Verlag GmbH, Frankfurt/Main
Umschlaggestaltung: Atelier Warminski, Büdingen
Druck und Bindung: Druck Partner Rübelmann, Hemsbach
Dieses Buch wurde auf säurefreiem Papier gedruckt.
Printed in Germany

Inhaltsverzeichnis

Vorwort 7

Einleitung

Warum »Wertewandelsgesellschaft«?
Warum nicht »Risikogesellschaft« oder »Postmoderne«? 9

1. Der Wertewandel als Zentrum des gesellschaftlichen Wandels

   Fragen an den Wertewandel 25
   Verlaufsanalyse eines Traditionsbruchs 42

2. Die neuen Leiden der Politik: Demokratie im Übergang

   Wandlungen im Verhältnis der Bürger zum Staat
   Thesen auf empirischer Grundlage 79

   Politik im Spagat: Der Staat zwischen Sachaufgaben
   und Legitimitätsbeschaffung 102

   Vertrauen und Vertrauensverlust
   in westlichen Demokratien 120

   Das Dilemma der Volksparteien 140

3. Umbruch in der Arbeitswelt
   Der Fall der öffentlichen Verwaltung

   Organisatorische Voraussetzungen der Bürgerorientierung
   von Verwaltungen 157

   »Kooperative Führung« Ein Leitbild für die Zukunft? 170

   Modernisierung der öffentlichen Verwaltung 189

4. Probleme und Perspektiven der Systemtransformation

   (mit Thomas Gensicke:)
   Wertewandel in den neuen Bundesländern 215

   Die gesellschaftliche Mentalitätsdynamik als
   strategische Komponente der Systemtransformation 239

5. Was bleibt unter dem Strich?
   Ein Vorstoß zur Beantwortung der Sinnfrage

   Entfaltung des Individuums – Philosophentraum,
   Kulturkrise oder Zukunftsperspektive? 253

   Helmut Schelskys Liberalismus
   Parteinahme für einen Möglichkeitshorizont
   der Gegenwartsgesellschaft 270

Vorwort

Der nachfolgende Band enthält eine Auswahl von Vorträgen und Aufsätzen, die in der Zeit zwischen 1989 und 1992 entstanden. Obwohl die Texte mit Blick auf eine nachfolgende zusammenfassende Buchpublikation verfaßt wurden, weisen sie formale Unterschiede auf, in denen sich die Verschiedenartigkeit ihrer Entstehungssituationen widerspiegeln. So wurden ihnen nur in einigen Fällen Quellenhinweise beigefügt.

Abgesehen von leichten Überarbeitungen, die um der besseren Erkennbarkeit von Zusammenhängen willen vorgenommen wurden, wurden die meisten Texte nicht wesentlich verändert.

In einer Reihe von Fällen liegen Vorveröffentlichungen an verstreuten Stellen vor. Für die bereitwillig erteilten Genehmigungen zur nochmaligen Veröffentlichung sei an dieser Stelle herzlich gedankt.

Speyer im Oktober 1992   Helmut Klages

Einleitung

Warum »Wertewandelsgesellschaft«? Warum nicht »Risikogesellschaft« oder »Postmoderne«?

I

Im Titel dieses Buches taucht ein Begriff auf, den es bislang noch nicht gab, der also einen »Neologismus« verkörpert.

Es könnte einer solchen Neuschöpfung mit dem Einwand begegnet werden, wir seien gegenwärtig bereits mit einer ausreichenden Zahl von Gesellschaftsbenennungen versorgt und weitere Bemühungen in dieser Richtung seien somit überflüssig. In diesem Zusammenhang könnte insbesondere auf die »Risikogesellschaft« (Ulrich Beck) oder auch auf die vielzitierte »Postmoderne«, d.h. also auf zwei Benennungsvorschläge hingewiesen werden, deren unabgeklärtes Nebeneinander schon für sich betrachtet eine erhebliche Unübersichtlichkeit mit sich bringt.

Der Name »Wertewandelsgesellschaft« wird in diesem Buch jedoch nicht mit dem Ziel einer bloßen Vermehrung von Gesellschaftsbezeichnungen, sondern vielmehr mit der ausdrücklichen Absicht eingeführt, eine angemessenere Sicht auf die gegenwärtigen Realitäten zu ermöglichen.

Der Name steht, mit anderen Worten, sowohl für ein Erkenntnisprogramm, wie auch für einen von ihm erhoffbaren Aufklärungsertrag. Es wird, genauer gesagt, davon ausgegangen, daß man die Struktur und die Dynamik der gegenwärtigen Gesellschaft am kompaktesten erfassen kann, wenn man sich dem in ihr stattfindenden »Wertewandel« als einem Vorgang zuwendet, dem sowohl aus der Perspektive seiner Wirkungen, wie auch in Anbetracht der auf ihn selbst gerichteten elementaren Einflußkräfte eine zentrale Rolle zuzusprechen ist.

Begriffen wie »Risikogesellschaft« und »Postmoderne« wird bei alledem keineswegs die Daseinsberechtigung abgesprochen. Es wird ihnen jedoch nur eine begrenztere Rolle zugebilligt. Sie werden nach der hier vertretenen Auffassung als partielle oder abgeleitete Größen erkennbar, sobald man sie mit dem Begriff der »Wertewandelsgesellschaft« konfrontiert. Der damit umrissene Anspruch schließt die Annahme ein, daß vom Phänomen des gesellschaftlichen Wertewandels und von seinem Bedingungs- und Folgenumfeld her sowohl die charakteristischen Problembelastungen der gegenwärtigen Gesellschaft, wie auch ihre geschichtlichen Herkunftslinien und Zukunftsperspektiven besser erfaßbar werden, so daß von hier aus auch ein direkterer Zugang zu allen denjenigen Fragen möglich wird, welche die gesellschaftliche Selbstverständigung betreffen. Dem Begriff »Wertewandelsgesellschaft« wird, anders ausgedrückt, ein überlegenes analytisches Potential, wie auch gleichzeitig ein umfassenderer Orientierungsgehalt zugemessen.

II

Wendet man sich den beiden andersartigen Gesellschaftskennzeichnungen im einzelnen zu und betrachtet man zunächst den Begriff der »Risikogesellschaft« etwas genauer, dann kann man unschwer zu einer Reihe von kritischen Infragestellungen gelangen, welche den mit dem Begriff der »Wertewandelsgesellschaft« verbundenen Anspruch unterbauen.

Der pauschal zur Kennzeichnung gegenwärtiger gesellschaftlicher Realitäten verwendete Begriff »Risikogesellschaft« erscheint erstens schon insofern kritisierbar, als er unterstellt, es sei für die Gegenwart das Auftreten universeller, d.h. die Gesamtheit der Gesellschaftsmitglieder betreffender Risiken charakteristisch.

Es wird demgegenüber die Behauptung aufgestellt, daß Risiken einer vergleichbaren Natur seit eh und je in ähnlichen Größenordnungen existierten, wenngleich sie heute – in Anbetracht expandierender Technologien mit zahlreichen unkontrollierten Nebenfolgen – in stärkerem Maße »selbstproduziert« sein mögen.

Allumfassende Katastrophen waren, wie allerdings sogleich hinzugefügt werden muß, aber auch in den älteren Gesellschaften nie »rein natürlicher« Herkunft. Dem Krieg, der Pestilenz und den Hungersnöten haftete vielmehr schon immer – zumindest in der gesellschaftlichen

Selbstdeutung – eine ausgeprägte Selbstverschuldungs- und -steuerbarkeitskomponente an. Die Universalität der Magie und, in nachfolgenden Zeiten, der Religion als typisch menschlicher Ohnmachtüberwindungs-, Risiko- und Schadensbegrenzungsorientierungen und -praktiken spricht diesbezüglich eine sehr eindeutige Sprache.

Zweitens ist der Begriff der »Risikogesellschaft« nach der hier vetretenen Auffassung aber weiterhin auch deshalb kritisierbar, weil er die subjektive Dimension des zweifellos feststellbaren Zuwachses an Risikoempfindungen übersieht bzw. zu niedrig veranschlagt.

Ungeachtet der Anerkennung derjenigen Gefahren, die dem modernen Menschen aus der aktuellen Umweltzerstörung und der atomaren Bedrohung zuwachsen, wird man das Anwachsen seiner eigenen Risiko-Sensibilität als eine konstitutive Komponente jedenfalls des »erlebten«, des »wahrgenommenen«, oder des persönlich »erfahrenen« Risikos anzusehen haben.

Fragt man aber erst einmal nach den Ursachen einer zunehmenden Risiko-Sensibilität, so wird man – falls man einen Zirkelschluß vermeiden will – nicht einfach wiederum auf die Zunahme objektiver Bedrohungen hinweisen dürfen. Man wird dann vielmehr, wie im vorliegenden Band noch näher auszuführen sein wird, auf eben denjenigen Wertewandel Bezug zu nehmen haben, der hier ins Zentrum gerückt wird.

Der Begriff der »Risikogesellschaft« erscheint endlich drittens auch insofern kritisierbar als er denjenigen risikoabwehrenden Handlungsdruck, der sich mit einer zunehmenden Risiko-Sensibilität – wie auch mit dem hinter ihr stehenden Wertewandel selbst – verbindet, übersieht bzw. zu gering einschätzt.

Das sozialpsychologische Produkt einer anwachsenden Risiko-Sensibilität besteht in einer demokratischen Gesellschaft, konkreter gesagt, nicht nur in einer zunehmenden Angst- und Protestbereitschaft, sondern vielmehr auch im Aufbau entsprechender Problemlösungsinteressen und -erwartungen, die sich an politische Parteien und zahlreiche sonstige Verantwortungsträger richten und deren Erfüllung oder Nichterfüllung über die Verteilung der vorhandenen knappen Legitimitätschancen entscheidet.

Es gehört von daher, so läßt sich fortfahren, zu den typischen Merkmalen moderner demokratischer Gesellschaften, daß breit empfundene Problembelastungen nur in einem begrenzten Maße, wie auch zeitlich befristet und grundsätzlich nur unter der steten Drohung nachfolgender

Machtverluste aus dem politischen Prozeß ausklammerbar sind. Mit anderen Worten besitzen moderne demokratische Gesellschaften grundsätzlich verhältnismäßig durchschlagskräftige Rückkopplungsmechanismen, welche die Umsetzung »subjektiver« Bedürfnisse und Problemwahrnehmungen in »objektive« Bedürfniserfüllungen und Problemlösungen bewirken.

Eine demokratische »Risikogesellschaft« kann so betrachtet – unbeschadet erheblicher Verzögerungen der Risikoeindämmung, die sich aus zahlreichen Gründen einstellen mögen – immer nur eine vorübergehende Erscheinung mit begrenzter Lebensdauer sein. Allein die Tatsache, daß die Umweltthematik in den letzten Jahren mit einer kaum mehr beirrbaren Stabilität als »Nummer 1« in denjenigen Problemkatalogen aufgetaucht ist, welche die poilitischen Parteien von Umfrageinstituten erheben lassen, um Leitlinien für die Formulierung ihrer Politikprioritäten zu gewinnen, läßt bereits die Prognose zu, daß jedenfalls diejenige situationsspezifische »Risikogesellschaft«, die U. Beck als der Erfinder dieses Begriffs im Auge hatte, ihren Zenit schon längst wieder überschritten hat und inzwischen ihrem absehbaren Ende entgegengeht – um möglicherweise gänzlich andersartigen »Risikogesellschaften« der Zukunft Platz zu machen, deren Aufdämmern heute bereits konstatierbar sein könnte.

Es sei in diesem Zusammenhang – gewissermaßen »ins Unreine« – der Gedanke angefügt, daß Risikowahrnehmungen, die breitere Bevölkerungsschichten erreichen, entweder im längerfristigen Trend eines Wertewandels liegen und ihn verstärken, oder aber auch gegen ihn gerichtet sein und ihn schwächen können.

Der erstere Fall liegt bei dem von U. Beck in den Mittelpunkt gerückten Risikokomplex vor, der um die Umweltthematik gruppiert ist und der ganz zweifellos geeignet war und ist, auf das Einzelindividuum konzentrierte, in einer Spannung mit großorganisatorischen Disziplinierungsinteressen stehende Werte der persönlichen Entfaltung zu aktualisieren. Ganz entgegengesetzt müßte sich demgegenüber aber z.B. das sozialpsychologische »Durchschlagen« desjenigen Risikokomplexes auswirken, der sich gegenwärtig um Begriffe wie »neue Völkerwanderung«, »Einwanderungsflut«, »Flucht aus den Elendsquartieren der Welt« und »Sturm auf die reichen Länder der Erde« anzulagern beginnt.

Im Augenblick haben diejenigen Kräfte, die diesen Risikokomplex – auf dem Hintergrund des Wertewandels – als eine Thematik zwischenmenschlicher Solidarität und Hilfsbereitschaft auszulegen versuchen, noch die Oberhand. Sollte die Definitionsmacht angesichts eines zunehmenden Einwanderungsdrucks aber zu denjenigen Kräften abwandern, die diesen Risikokomplex aus der Perspektive der elementaren Bedrohung ökonomischer und sozialer Sicherheiten und des »erarbeiteten Wohlstandsniveaus« thematisieren, dann würde ein zumindest zeitweiliger Rücksturz der Werte in diejenigen Herkunftsschichten in der Luft liegen, die der Wertewandel seit den 60ern, von welchem in diesem Band vornehmlich die Rede ist, zugunsten von Entfaltungswerten entthront hatte. Das Verhältnis von »Risikogesellschaft« und »Wertewandelsgesellschaft« müßte dann u.U. neu – und mit Gewißheit genauer – bestimmt werden.

III

Wendet man sich nunmehr dem Bemühen zu, die gegenwärtige Wirklichkeit als »Postmoderne« zu charakterisieren, so wird man ihm in einem besonderen Maße eine Überziehung derjenigen Erkenntnismöglichkeiten anzulasten haben, welche der Begriff bei Licht betrachtet »herzugeben« fähig ist.

Der pauschal zur Kennzeichnung der Gegenwart verwendete Begriff »Postmoderne« erscheint erstens schon insofern kritisierenswert, als die zusammen mit ihm präsentierten und ihn legitimierenden Belege für ein Ende der »Moderne« äußerst impressionistisch anmuten und von eben derjenigen kurzatmigen Erregbarkeit der Intellektuellen gekennzeichnet zu sein scheint, die seit längerem als ein typisches Merkmal der Moderne angesprochen worden ist.

So lassen sich bei Licht betrachtet zahlreiche Belege für ein Weiterbestehen – oder möglicherweise sogar für ein kräftiges Expandieren – der »großen ideologischen Geschichtsprogramme« (R.P.Sieferle) und der programmatisch auswertbaren Weltdeutungsformeln auffinden, deren angeblicher Untergang in einigen Zeitdiagnosen den Beginn der »Postmoderne« einläutet.

Der Fehler der einschlägigen Todeserklärungen scheint darin zu liegen, daß bestimmte historische »Gestaltnahmen« der Ideologie mit dieser selbst als Kategorie verwechselt werden. Angesichts des gegenwärtigen Fiaskos der kommunistischen Herrschaftssysteme mag man zwar getrost von einem Scheitern des Marxismus-Leninismus sprechen. In Anbetracht dieses Vorgangs von einem Ende des »Sozialismus« oder des als sozialistisch klassifizierbaren Gesellschaftsdenkens schlechthin sprechen zu wollen, wäre aber wohl – ungeachtet der aktuellen Misere und Selbstbemitleidung der marxistisch infiltrierten Linken – kaum mehr als ein luftiges Wunschdenken. Wer darüber hinaus etwa von einem Ende des »Liberalismus« sprechen wollte, müßte sich gar eine völlige Blindheit gegenüber den fast schon überdeutlichen Phänomenen einer gegenwärtig im Gange befindlichen Liberalismus-Renaissance vorwerfen lassen, die ihre Antriebe u.a. aus dem »Sieg« des Westens über den marxistisch-leninistischen Osten ableitet. Eben dasselbe läßt sich aber auch vom modernen »Konservatismus« sagen, der in den U.S.A. bezeichnenderweise unter dem Banner eines »republikanischen Traditionalismus«, d.h. also der als fällig angesehenen Erneuerung von Ursprüngen, die ins 18. und 19. Jh. zurückverweisen, einen mächtigen Auftrieb erfährt.

Wer aber wollte endlich dem naturwissenschaftlich fundierten »New Age«, oder aber denjenigen unübersehbar zahlreichen religiösen Aufbruchs- und Erneuerungsbewegungen, die sich um populistisch operierende Charismatiker gruppieren, den Charakter »moderner« Bewegungen mit einem »ideologisch« ins Absolute zielenden Welt- und Geschichtsdeutungsanspruch streitig machen? Man müßte, polemisch ausgedrückt, schon eine reichlich geschichtsprovinzialistisch ausgerichtete Vorstellung von der »Moderne« haben, wenn man alle diese Entwicklungen als »postmodern« ansprechen wollte.

Die Kritik des zur Kennzeichnung der Gegenwart eingesetzten Begriffs »Postmoderne« kann sich nun aber zweitens auch direkt auf das in diesem Band im Zentrum stehende Phänomen des gesellschaftlichen Wertewandels beziehen.

Hierbei ist insbesondere von Bedeutung, daß derjenige Vorgang, der im vorliegenden Band mit dem Ausdruck »Wertewandel« belegt wird, beileibe nicht erst in der ersten Hälfte der 60er Jahre »seinen Anfang« nimmt.

Wenn dieses Datum nachfolgend wiederholt genannt wird, um den Beginn »des« Wertewandels in Deutschland zu markieren, dann muß eine gewollte Verkürzung der historischen Perspektive einkalkuliert werden, die gewissermaßen als Kunstmittel verwendet wird, um das

Aufbrechen eines gesellschaftlichen Massenphänomens mit einer adäquaten Dramatik sichtbar und nachvollziehbar werden zu lassen.

Diejenige in das historische »Vorfeld« dieses Massenphänomens vorstoßende »Verlaufsanalyse eines Traditionsbruchs«, die in einem nachfolgenden Abschnitt dieses Buches beschrieben wird, könnte unschwer bis in das Zeitalter der europäischen »Aufklärung« verlängert werden, wenn es darum ginge, seine »geistesgeschichtlichen« Wurzeln« aufzudecken.

Gänzlich unabhängig davon, wie man die kausalanalytische Stringenz eines solchen Ansatzes der Zusammenführung von Geistes- und Gesellschaftsgeschichte beurteilt, wird man jedoch der Tatsache eine entscheidende Bedeutung zuzuschreiben haben, daß seitens der Wertewandelsforscher heute beinahe schon unisono der »Modernisierungsthese« die Rolle einer entscheidenden Theoriegrundlage der Wertewandelsforschung zugeschrieben wird.

Es wird hiermit zwar zunächst nur eine Verbindung zwischen den wissenschaftlich-technischen, den sozio-ökonomischen und den kulturellen Aspekten der weltweiten Gegenwartsdynamik hergestellt. Gleichzeitig ist aber unübersehbar, daß damit – jedenfalls bei einer historisch-genetischen (oder auch »evolutionären«) Betrachtungsweise – ein breites Tor zu demjenigen Traditionszusammenhang der Moderne aufgestoßen wird, der letztlich bis in die europäische Renaissance, d.h. also nicht etwa nur bis zum Jahr 1789, dem Jahr des Bastillesturms, zurückreicht.

Der pauschal zur Kennzeichnung der Gegenwartssituation verwendete Begriff »Postmoderne« erscheint drittens insofern kritisierenswert, als der mit ihm öfters angesprochene Sachverhalt eines mit dem Verlust dominanter Sinnmuster verbundenen »Eklektizismus« ohne weiteres mit der Typik des gegenwärtigen Wertewandels zur Deckung gebracht werden kann. So kann der hiermit gemeinte Veränderungsprozeß insbesondere auch als ein Pluralisierungsvorgang gewertet werden, in welchem eine »Ausfaltung« oder »Ausdifferenzierung« vorher weniger entwickelter Sinn-, Lebens- oder Optionsmuster stattfindet, d.h. also als ein Vorgang, der ohne den Rückgriff auf »evolutionäre« Deutungsmodelle mit einem mehr oder weniger weit in die Geschichte zurückreichenden Hintergrund nicht verstanden werden kann. Die vermeintliche Zäsur zwischen der »Moderne« und einer scharf und grundsätzlich von ihr abzusetzenden »Postmoderne« hebt sich dann aber auf, oder relativiert sich zumindest. Demgegenüber tritt ein übergreifendes Paradigma in den Vordergrund, das auf die Wertewandelshypothese geradezu zugeschnitten zu sein scheint, wie der nachfolgende Band an den verschiedensten Stellen belegen wird.

Der Begriff »Postmoderne« erscheint in unmittelbarer Verbindung hiermit aber auch angesichts der Tatsache kritisierenswert, daß er eine Situation, der aus der evolutionären Entwicklungs- und Wandlungsperspektive betrachtet nur eine transitorische Bedeutung zukommen kann, unter der Hand »verewigt«, indem er den in sie eingezeichneten Zeitpfeil, der auf ihre zukünftige Aufhebung hinweist, ausklammert. Die Inkonsequenz der Theoretiker der Postmoderne erweist sich, mit anderen Worten, darin, daß sie nicht nach der Post-Postmoderne fragen.

Natürlich ist es – rein methodisch betrachtet – legitim, durch eine in Bewegung befindliche Realität zu bestimmten Zwecken Schnitte zu legen und sie auf eine Weise zu betrachten, die man »komparativ-statisch« nennen kann. Man muß dann allerdings so konsequent sein, sich selbst und anderen diesen analytischen Trick einzugestehen, der das »Objekt« selbst naturgemäß einschneidend verändert.

Der Begriff »Postmoderne« erscheint im direkten Anschluß an den vorgenannten Kritikansätzen weiterhin insofern kritisierbar, als er zukünftige Möglichkeiten neuer Synthesen, durch welche temporäre »Eklektizismus«-Tendenzen abgelöst werden können, nicht in Erwägung zieht, bzw. grundsätzlich verneint. Er schneidet sich damit jedoch, aus der hier vertretenen Perspektive geurteilt, ein drittes Mal von der dynamisch begriffenen Wirklichkeit ab, für welche derartige Potentiale durchaus typisch zu sein scheinen. Die Hypothese der Wertewandelsgesellschaft erweist sich der Hypothese der »Postmoderne« auch an diesem entscheidenden Punkt – auf empirischer Grundlage! – ein weiteres Mal überlegen.

IV

Die vorstehenden Belege für die Überlegenheit des Begriffs »Wertewandelsgesellschaft« wurden in modo negationis, d.h. in der kritischen Auseinandersetzung mit konkurrierenden Begriffen zur Kennzeichnung der gegenwärtigen Gesellschaftssituation erbracht. Der Leser wird nunmehr zu Recht den Übergang zum »Positiven«, d.h. zur direkten Kennzeichnung dessen erwarten, was mit dem Begriff »Wertewandelsgesellschaft« und insbesondere mit dem in seinem Zentrum stehenden Wertewandel selbst gemeint ist. Er wird sich vorbehalten, über die Leistungsfähigkeit dieses Begriffsfeldes erst dann zu urteilen, wenn diese noch ausstehende Explikation vonstatten gegangen ist.

Dieser Aufgabe ist nun allerdings der gesamte Inhalt des vorliegenden Bandes gewidmet.

Was hier vorweggenommen werden soll, ist allein eine Klärung, welche insbesondere angesichts der zuletzt vorgenommenen Abgrenzungen nahegelegt erscheint.

Wenn gegenüber der Hypothese der »Postmoderne« auf den evolutionären Charakter der gegenwärtigen Gesellschaftswirklichkeit, wie auch auf die in ihr angelegten Möglichkeiten zukünftiger Synthesen hingewiesen wurde, dann soll und kann damit keineswegs ein Bekenntnis zu einem deterministischen Geschichtsdeutungsschema, wie auch zu einem aus der bisherigen Gesellschaftsentwicklung ablesbaren quasi-monistischen Weg der zukünftigen gesellschaftlichen Weiterentwicklung gemeint sein. Wer sich eine derartige »Aufklärung« von dem vorliegenden Buch erwartet, mag gewarnt sein, da er von seinem Inhalt unweigerlich enttäuscht werden wird.

Die Absetzung von einem derartigen Fehlverständnis dessen, was von der Erforschung der Wertewandelsdynamik in der gegenwärtigen Gesellschaft erwartbar ist, erfolgt auf dem Hintergrund zweier sehr unterschiedlicher Argumentationslinien.

Einmal legt sie sich angesichts dessen nahe, was vorstehend über die nicht gänzlich von der Hand zu weisende Möglichkeit von »Rückstürzen« der gesellschaftlichen Wertorientierungen unter dem Druck künftiger Risikowahrnehmungen gesagt wurde. Wenn nachfolgend an einigen Stellen über eine zunehmende Stabilisierung des gegenwärtigen Wertewandels-Trends gesprochen wird, dann ist ein entsprechender Vorbehalt immer mitzudenken. Werte entwickeln sich, wie im vorliegenden Band insbesondere der Text »Verlaufsanalyse eines Traditionsbruchs« belegen wird, zwar keinesfalls in direkter Abhängigkeit von strukturellen oder situativen Bedingungskonstellationen, sondern besitzen eine »systemische« Eigenqualität. Ihre Entwicklung und Veränderung ist jedoch auf der anderen Seite auch keinesfalls ausschließlich als ein sich selbst antreibender und verstärkender »autokatalytischer« Prozeß begreifbar. Wie der genannte Text darstellen wird, gibt es vielmehr sogar – unter der Bedingung extremen Außendrucks – Möglichkeiten für ganz kurzfristige und gleichsam katastrophische Umbrüche der Werte. Der Spielraum für einigermaßen sichere Prognosen der zukünftigen gesellschaftlichen Werte-Entwicklung wird damit zwar nicht generell dezimiert, jedoch immerhin auf den Bereich »moderater« äußerer Bedingungen eingegrenzt. Für ein »deterministisches« Deutungsmodell des Wertewandels ergeben sich schon von hieraus gesehen kaum irgendwelche ernsthaften Anhaltspunkte.

Zu demselben Schluß gelangt man zum anderen aber auch dann, wenn man eben diejenige Wertedynamik, welche sich unter der Bedingung moderater Außeneinwirkungen vollzieht, einer näheren Betrachtung unterzieht. Auch hier muß eine deterministische Interpretation letztlich in die Irre, oder vielmehr: in die Sackgasse der Ideologisierung hineinführen.

Ich selbst hatte bereits vor längerem Anlaß zu dieser Feststellung, als ich die Beobachtung machte, daß Aussagen über den »Trend« des Wertewandels verschiedentlich mit Zustimmung oder auch mit dem Ausdruck der Resignation als Informationen über einen übermächtigen Prozeß gesellschaftlicher Eigengesetzlichkeit aufgenommen wurden, von dem man sich in seinen eigenen Werten entweder bestätigt oder aber widerlegt sehen konnte, wobei in letzterem Fall nur noch die Möglichkeiten des Rückzugs oder der bedingungslosen passiven »Anpassung« offenzubleiben schienen.

Aus der Perspektive der an dieser Stelle repräsentierten Werte- und Wertewandelsforschung gesehen handelt es sich bei solchen Deutungen sozialwissenschaftlicher Prozeßaussagen um vulgär-soziologische Interpretationen, die durch die in der Wirklichkeit beobachtbaren Sachverhalte nicht gedeckt werden.

Zwar wird, wie gerade eben schon einmal betont, in den nachfolgenden Textstücken verschiedentlich von einem »Trend« der Werte-Entwicklung die Rede sein, dem aufgrund seines bisherigen Verlaufs in einem zunehmenden Maße Stabilität zuzuschreiben ist.

Es wird jedoch auch darauf hingewiesen werden, daß es sich hierbei nicht nur um einen potentiell außer Kraft setzbaren Trend, sondern gleichzeitig auch um einen »Megatrend« (oder möglicherweise auch Metatrend) handelt, der sich u.a. durch eine ihm innewohnende Pluralisierungstendenz und durch die Ausbildung unterschiedlicher Pfade der

Werte-Entwicklung charakterisiert. Mit anderen Worten werden aufgrund der Trendanalyse des Wertewandels zwar in der Tat Urteile über »ältere« oder »frühere« und »neuere« oder »spätere« Werte möglich, aus denen sich jedoch nicht ohne weiteres »Werturteile« über »veraltete« oder »zeitgemäße« Werte ableiten lassen.

Diese Sperrigkeit der Ergebnisse der Wertewandelsanalyse gegenüber allzu hektisch zugreifenden Sinn- und Zielableitungsversuchen verstärkt sich aufgrund zweier sehr wesentlicher Forschungseinsichten:

Einerseits lassen die vorliegenden Untersuchungsergebnisse erkennen, daß die gegenwärtige Wirklichkeit der gesellschaftlichen Werte (oder »Wertorientierungen«) u.a. durch Tendenzen zu Wertesynthesen gekennzeichnet ist, in die sowohl »ältere« wie »neuere« oder »spätere« Werte eingehen und daß gerade in solchen Synthesen diejenigen Entwicklungen aufzufinden sind, die sich aus einer funktionalen Bewertungsperspektive mit aller Vorsicht als »gesellschaftlich weiterführend« ansprechen lassen.

Zum anderen läßt sich gleichzeitig erkennen, daß sich weder für die in solche Richtungen führenden, noch für die übrigen empirisch feststellbaren Pfade der gegenwärtigen gesellschaftlichen Werte-Entwicklung in einem hinreichenden Maße Ursachen angeben lassen, die mit den Mitteln der herkömmlichen soziologischen Sozialstrukturanalyse faßbar wären.

Mit anderen Worten ist es den Menschen in der gegenwärtigen Gesellschaft in der Regel nicht »in die Wiege gelegt«, mit welchen Wertorientierungen sie ins Leben hineingehen. Über die Frage, welchen Pfad der Werte-Entwicklung sie jeweils einschlagen, entscheiden vielmehr ganz offenbar viel sublimere Einflüsse des Sozialisationsprozesses (einschließlich »kritischer Lebensereignisse«), in welche diejenigen Eigen-Entscheidungen der Individuen, die sie in »Milieus« mit verschiedenartigen Anforderungsprofilen und Prägekräften hineinführen, durchaus mit eingehen.

Daneben stehen dann aber natürlich auch diejenigen Einflüsse, die von bewußt handelnden »Sozialisationsagenturen« ausgehen, mit denen vor allem die jungen Menschen konfrontiert werden und zu denen selbstverständlich auch Schulen, Vereine, kirchliche Gruppen, Arbeitgeber und Dienstherren, etc. rechnen. Es wird in den nachfolgenden Texten deutlich werden, daß vor allem die Beschaffenheit derjenigen

»Rollen«, die sie anzubieten vermögen, über die Werte-Entwicklung der Menschen in einem erheblichen Maße mitentscheidet.

Es wird an dieser Stelle sichtbar, daß es zwischen der empirisch feststellbaren Wertedynamik und der mit Werte-Selektionen und -Bevorzugungen operierenden gesellschaftlichen »Ethik« in den organisierten Gebilden der Gesellschaft kräftig ausgebildete Verbindungsbrücken gibt. Man trifft die hier bestehenden Möglichkeiten und Herausforderungen zum Handeln allerdings ganz offenbar umso eher, je weniger man in diesem Zusammenhang sogleich an kognitive Indoktrinations-Vorgänge denkt, je eindeutiger man vielmehr in Betracht zieht, daß die Ausgestaltung derjenigen Handlungsfelder, in denen sich die Rollenausübungen der Menschen vollziehen, von ausschlaggebender Bedeutung ist.

Natürlich bedeutet dies keineswegs, daß die »Wertevermittlung« auf pädagogischem Wege chancenlos ist. Je stärker sie direkt mit handlungspraktischen Rollenausübungen verknüpft, oder auf sie bezogen ist, desto wirkungskräftiger wird aber ihre Einflußnahme verlaufen.

V

Die Gesamtthematik der Wertewandelsgesellschaft ist umfangreicher als das, was in dem vorliegenden Band präsentiert werden kann. In gewisser Hinsicht ist dieser Band – in Relation zu dem, was eigentlich vorgelegt werden könnte oder sollte – durchaus fragmentarisch. Es betrifft dies sowohl die theoretischen Grundlagen, wie auch vor allem die Aufspürung der Wertewandels-Folgen in den verschiedenen gesellschaftlichen Handlungsbereichen und Institutionenfeldern.

Es hat dies in erster Linie damit zu tun, daß diese Thematik die Ebene eines einzelnen Buches bei weitem überschreitet. Es handelt sich bei der Beschäftigung mit der Wertewandelsgesellschaft vielmehr um eine Forschungsrichtung, welche noch in vollem Gange ist, welche die Mitwirkung zahlreicher Wissenschaftler erfordert und auf deren weiteren Wegen noch wesentliche weiterführende Einsichten erwartbar sind. Der Versuch, im gegenwärtigen Augenblick einen geschlossenen Ansatz zu präsentieren, wäre unter diesen Bedingungen zum Scheitern oder zur Unaufrichtigkeit verurteilt. Das fragmentarische Vorgehen bringt die gegebene Lage viel angemessener zum Ausdruck und wird ihr – im Sinne eines Zwischenberichts mit verhältnismäßig selbständigen Abschnitten – viel eher gerecht.

In den vorliegenden Band, der von einem Einzelnen stammt, sind Prioritätsentscheidungen eingegangen, die teils »höchst persönlicher« Natur sind, die teils aber auch den Stempel der erregenden Jahre 1990/1991 tragen.

Daß dieser – mit der deutschen Einigung und mit den Transformationsvorgängen im mittelöstlichen und östlichen Teil Europas verknüpfte – Aktualitätsstempel nicht den gesamten Band kennzeichnet, entspricht allerdings dem evolutionären Grundverständnis, das ihm zugrunde liegt. Auch diejenigen dramatischen Vorgänge, um die es hierbei geht, ordnen sich nach der hier vertretenen Auffassung letztlich der Thematik der Wertewandelsgesellschaft ein, konstituieren also kein »Thema für sich«, von dem her neue und gänzlich andersartige Thematisierungsperspektiven und -prioritäten zu entwerfen wären. Dieses Thema erweist sich auch in diesem Fall als das übergeordnete, das sich von den ihm eigenen großflächigen und größere Zeittiefen überspannenden analytischen Impulsen leiten läßt.

Wie insbesondere das Textstück »Wertewandel in den neuen Bundesländern. Fakten und Deutungsmodelle« deutlich macht, läßt sich dieser Hinweis – einem verbreiteten Vorurteil zuwiderlaufend – durchaus in dem sehr direkten Sinne verstehen, daß der Wertewandel keinesfalls nur eine Angelegenheit des Westens war und ist, sondern – unter teils sehr stark modifizierten Bedingungen – auch in den Gesellschaften des kommunistischen Ostens vor sich ging, sofern diese nur den Charakter von »Industriegesellschaften« hatten.

Obwohl hierüber noch nicht das allerletzte Wort gesprochen ist, läßt sich im Anschluß hieran die These wagen, daß das Aufbegehren der Menschen gegen die kommunistische Herrschaft u.a. auch eine Folge dieses von den Machthabern keinesfalls gewollten Wertewandels war und daß es somit ein Stück gesellschaftlicher »Dialektik« in einem Sinne verkörpert, der für einen Marxisten ebenso unerklärlich wie verwirrend und peinlich sein muß.

VI

Ganz am Ende sei der Band sowohl dem (Sozial-)Wissenschaftler, wie auch dem praxisorientierten oder -zugehörigen (Sozial-)Wissenschaftsumsetzer anempfohlen. Beide Gruppen sind gleichermaßen Zielgruppen dieses Buches.

Diese doppelte Anempfehlung muß allerdings auch mit einer doppelten Warnung verbunden werden: Die vorliegenden Texte lassen sich weder ausschließlich der »wertfreien Wissenschaft«, noch zur Gänze einer »anwendungsbezogenen Praxeologie« zurechnen, sondern bewegen sich zwischen diesen beiden Polen. In einigen Fällen können sogar die einzelnen Texte nur den beiden Seiten zugleich zugeordnet werden.

Es soll diese Duplizität an dieser Stelle weder wissenschaftstheoretisch begründet noch in irgend einer Weise gerechtfertigt werden. Was der Leser vorweg erfahren muß, ist nur das eine, daß sie dem Autor nicht etwa unversehens »unterlaufen« ist.

Sie wird aber auch nicht etwa nur mit entschuldigendem Augenaufschlag »in Kauf genommen«. Vielmehr verbindet sie sich mit einer starken Überzeugung bezüglich ihrer grundsätzlichen Möglichkeit und ihrer Sinnhaftigkeit (oder »Nützlichkeit«, um einen wissenschaftsimmanent gesehen etwas anrüchigen Begriff zu verwenden).

Natürlich bin ich mir darüber im klaren, daß ein solches partielles Ausscheren aus einer Wissenschaftstradition, in der ich selbst aufwuchs, nicht eo ipso einwandsimmun ist. Einstweilen harre ich aber – zugegebenermaßen mit einiger Ruhe – der kritischen Gegenargumente. Ich hege sogar die Hoffnung, daß mir einige Leser zubilligen werden, nicht »zwischen den Stühlen« der Wissenschafat und der Praxis zu sitzen, sondern mich ohne allzu große Mühsal auf den Verbindungsbrücken zwischen diesen beiden Seiten auf den Füßen halten zu können.

Der Wertewandel als Zentrum
des gesellschaftlichen Wandels

Fragen an den Wertewandel

I

Man braucht heute kaum noch jemanden davon zu überzeugen, daß der »Wertewandel« eine unsere gesellschaftlichen Verhältnisse tiefreichend beeinflussende und verändernde Wirklichkeit ist. Im Gegenteil scheint sich das gesellschaftliche Bewußtsein heute eher zunehmend am Wertewandel auszurichten. Hinweise auf den Wertewandel finden sich heute sowohl dort, wo man die Frage aufwirft, »wohin sich die Gesellschaft entwickelt«, wie auch dort, wo man danach fragt, wo der »verbindliche Sinn- und Zielcharakter des gegenwärtigen und zukünftigen Lebens« zu suchen ist. Mit anderen Worten bezieht man sich sowohl in »empirischer« wie auch in »normativer« Hinsicht auf diesen Wandlungsvorgang, dem somit nicht nur ein machtvolles Einflußgewicht, sondern vielmehr gleichzeitig auch ein allenthalben in Anspruch genommenes Orientierungspotential zukommt.

Dies alles war vor 10-15 Jahren noch völlig anders, als man noch wenig vom Wertewandel wußte und vielfach noch dazu neigte, ihn für eine Erfindung der Sozialwissenschaftler, oder, noch schlimmer, umstürzlerischer politischer Kräfte zu halten, so daß es sich nahezulegen schien, eine Widerstandsposition gegen ihn einzunehmen, oder auch umgekehrt für ihn Partei zu ergreifen, wo man in der Tat Bedürfnisse nach der »Systemänderung« verspürte.

Daß man demgegenüber heute vom Wertewandel in einer gleichsam versachlichten Weise spricht und ihm einen objektiven Tatsachencharakter zubilligt, ist einerseits der Beharrlichkeit einiger Sozialwissenschaftler zuzuschreiben, die sich angesichts der empirischen Daten, die sie vor sich sahen, nicht davon abbringen ließen, das, was Viele nicht wahrhaben und lieber »aus dem Verkehr gezogen« sehen wollten, als Realität zu betrachten und auch zu bezeichnen.

Andererseits handelt es sich hierbei aber mit völliger Sicherheit gleichzeitig auch und in erster Linie um ein Ergebnis der Beharrlichkeit des Wertewandels selbst, der seinen Widersachern nicht den Gefallen tat, sich als gesellschaftsgeschichtliche »Eintagsfliege« zu erweisen und sich zu verflüchtigen, der vielmehr – über zeitweilige Pausen und Abbrüche hinwegschreitend – immer deutlichere Züge annahm und sich immer beherrschender zur Geltung brachte.

Anhand der nachfolgenden Graphik, die den Wandel der Erziehungswerte in der (alten) Bundesrepublik zwischen 1951 und 1989 ausweist, ist diese Entwicklung sehr deutlich nachvollziehbar.

Die Graphik zeigt, in welchem Maße die Bejahung dreier Gruppen von Erziehungswerten (»Selbständigkeit und freier Wille«, »Ordnungsliebe und Fleiß« und »Gehorsam und Unterordnung«) in der Bevölkerung der Bundesrepublik im Laufe der Jahre zu- oder abnahm. In dem dramatischen Anstieg der Wertegruppe »Selbständigkeit und freier Wille« und in dem sehr deutlichen Abfall der Wertegruppe »Gehorsam und Unterordnung« gelangt etwas zum Ausdruck, was man als die Hauptrichtung des Wertewandels ansprechen kann. In ähnlichem Maße wie die erstgenannte Wertegruppe erlebten zahlreiche weitere Werte Anstiege, die sich als »Selbstentfaltungswerte« ansprechen lassen. Und in ähnlichem Maße wie die Wertegruppe »Gehorsam und Unterordnung« sanken sehr viele sonstige Werte ab, denen man die Sammelbezeichnung »Pflicht- und Akzeptanzwerte« zulegen kann.

Die Hauptrichtung des Wertewandels, der offensichtlich bereits in der ersten Hälfte der 60er Jahre begann und der bisher noch keineswegs an seinem Ende angelangt zu sein scheint, läßt sich, mit anderen Worten, mit Hilfe der Formel »Von Pflicht- und Akzeptanzwerten zu Selbstentfaltungswerten« beschreiben.

Die Graphik läßt auch erkennen, warum gerade vor 10-15 Jahren sehr viele Menschen meinten, die bis dahin eingetretenen gesellschaftlichen Mentalitätsänderungen seien vorübergehender Natur gewesen und die früheren Werte würden – im Sinne einer Wertrenaissance – zurückkehren. Unter dem Eindruck der einschneidenden wirtschaftlichen und politischen Probleme der zweiten Hälfte der 70er Jahre (fortgesetzte Ölkrise; »Planungsernüchterung«; »Sozialstaatskrise«) erlebte der Wertewandel, wie man an dem Abfall der Wertegruppe »Selbständigkeit und freier Wille« ablesen kann, eine rückläufige Phase. Verfolgt man die Weiterentwicklung bei dieser Wertegruppe, dann kann man aber erkennen, daß sich der Wertewandel wieder »fing« und den zeitweiligen Verlust durch einen besonders steilen Wiederanstieg wettmachte.

Wandel der Erziehungswerte 1951 – 1989
Zeitlicher Verlauf von elterlichen Erziehungswerten in der BRD

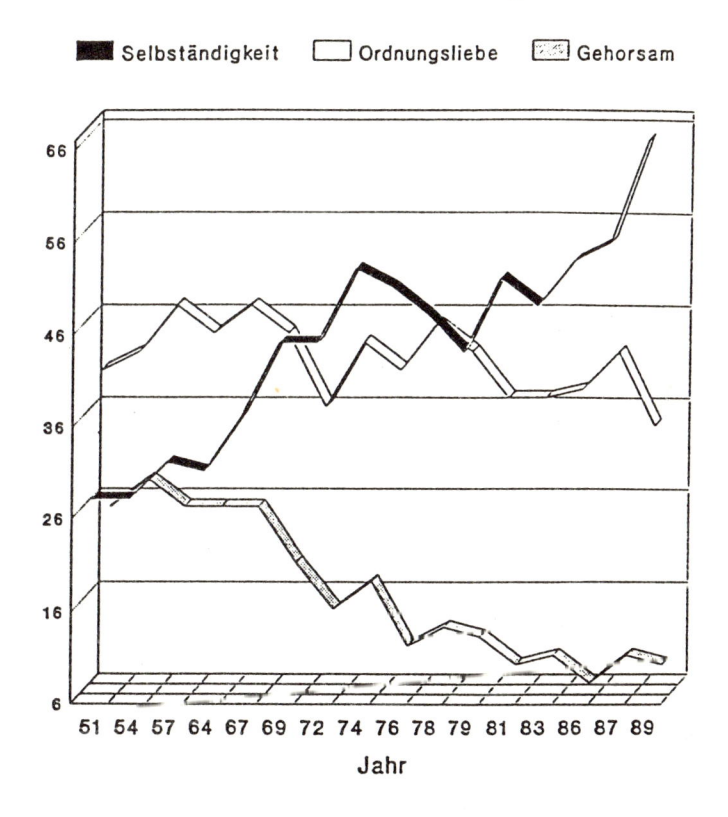

Quelle: EMNID, Items »Selbständigkeit/freier Wille«, »Ordnungsliebe/Fleiß«, »Gehorsam/Unterordnung«

Was die Graphik nicht erkennen läßt, was aber die nachfolgende Tabelle offenbart, ist die Tatsache, daß der Wertewandel (oder: der »Wertewandelsschub«) keineswegs nur eine Sache der jungen Leute war, sondern auch die Älteren ergriff:

Wandel der Bejahung des Erziehungsziels
»Selbständigkeit und freier Wille« (in %)

ALTER	1954	1956	1957	1964	1965	1967	1974
unter 29"	35	37	42	40	42	47	71
30–49	31	35	31	31	30	41	55
50–64	23	26	30	27	28	30	46
65+	16	23	19	20	21	24	33
ALTER	1976	1978	1979	1981	1983	1986	1987
unter 29"	62	66	68	74	61	75	79
30–49	54	46	45	57	55	61	58
50–64	44	43	30	36	36	36	46
65+	32	27	22	23	33	33	27

Quelle: K.-H. Reuband: Von äußerer Verhaltenskonformität zu selbständigem Handeln, in: H.O.Luthe/H.Meulemann (Hrsg.): Wertwandel – Faktum oder Fiktion?, Campus, Frankfurt/New York 1988, S. 82

Die Tabelle zeigt, daß ein sprunghafter Anstieg der Bejahung der Erziehungsziele Selbständigkeit und freier Wille in der Gruppe der unter 29jährigen, wie auch in der Gruppe der 30-49jährigen zwischen 1965 und 1967 stattfand und daß die Altersgruppen der 50-64jährigen und der 65jährigen und Älteren zwischen 1967 und 1974 nachfolgten. Die Tabelle zeigt allerdings gleichzeitig auch, daß während des Gesamtverlaufs des Wertewandels die Abstände zwischen den Generationen nicht eingeebnet wurden, sondern – ungeachtet des in allen Altersgruppen stattfindenden Anstiegs der Selbstentfaltungswerte – erhalten blieben. Es wird von daher verständlich, warum auch heute noch viele Ältere dazu neigen können, den Jüngeren eine Abkehr von den »alten und bewährten« Werten vorzuhalten, obgleich sie selbst ihnen keineswegs mehr in dem früher üblichen Maße anhängen. Sie verdunkeln sich selbst, indem sie dies tun, den Wandlungsweg, den sie selbst zurückgelegt haben, indem sie immer nur denjenigen Abstand im Auge haben, der sie von den Jüngeren trennt.

II

Wir wollen die bloße Beschreibung des Wertewandels an dieser Stelle abbrechen und uns der Beantwortung von *Fragen an den Wertewandel* zuwenden, welche durch die statistischen Fakten aufgeworfen werden.

An erster Stelle soll die naheliegende Frage stehen, ob eigentlich auch in der Zukunft mit einem Fortwähren oder vielleicht sogar mit einem weiteren Fortschreiten des Wertewandels gerechnet werden kann. Präziser ausgedrückt soll gefragt werden, ob damit zu rechnen ist, daß auch in Zukunft junge Menschen dazu neigen werden, in einem besonders starken Maße Selbstentfaltungswerten anzuhängen und ob auch in Zukunft die älteren Menschen zumindest den deutlichen Einfluß von Selbstentfaltungswerten zur Schau stellen werden.

Die Antwort auf diese Frage muß grundsätzlich lauten, daß die höchst bemerkenswerte Stabilität, die der Wertewandel bisher ungeachtet zeitweiliger Rückschläge über eine längere Zeitstrecke hinweg entwickelt hat, für sein weiteres Fortwähren in der Zukunft spricht. Für die Richtigkeit einer bejahenden Antwort spricht aber weiter auch, daß der Wertewandel keinesfalls ein rein deutsches Phänomen war und ist, wenngleich er bei uns gewisse Besonderheiten aufweisen mag. Genauer gesagt ist der Wertewandel – ungeachtet der allerverschiedensten kulturellen Unterschiede, die sich zwischen den Bevölkerungen der verschiedenen Länder feststellen lassen – ein Phänomen aller im »Modernisierungsprozeß« befindlichen Gesellschaften. Anders ausgedrückt kommt dem Wertewandel – als einem »funktionalen Korrelat« der Modernisierung – eine gewisse »Notwendigkeit« oder »Unvermeidlichkeit« zu. Wer angesichts des Wertewandels den »guten alten« Werten nachhängt, befleißigt sich somit, schroff gesagt, einer hoffnungslosen Nostalgie und ist in der Gefahr eines Wirklichkeitsverlusts. Man kann sich, so betrachtet, auch nicht auf eine »konservative« Gesinnung berufen, um einen gegen den Wertewandel gerichteten Standpunkt zu rechtfertigen. Jedenfalls gilt dies dann, wenn man im Konservatismus mehr sehen will, also eine bloße Haltung der Beharrung um jeden Preis.

Diese grundsätzliche Antwort auf die gestellte Frage ist nun allerdings mit zwei Einschränkungen zu versehen.

Einerseits bedeutet die Tatsache, daß die Zukunft dem Wertewandel gehört, keinesfalls gleichzeitig auch, daß sie in voller Uneingeschränktheit den Selbstentfaltungswerten gehört. Wie die vorstehende Graphik zeigt, ist die Rückläufigkeit der Wertegruppe »Gehorsam und Unterordnung« bereits in den 70er Jahren zu einem Stillstand gelangt. Die Bejahung dieser Wertegruppe verharrt seitdem auf einem konstanten, wenngleich verhältnismäßig niedrigen Niveau. Man kann hieraus schließen, daß es für die Pflicht- und Akzeptanzwerte ein unteres Grenzplateau gibt, unter das sie schwerlich sinken können. Daß dies so ist, erscheint völlig plausibel, denn auch in einer »modernen«, von »rationalen« Prinzipien gesteuerten Gesellschaft wird – von der Logik der Sachzusammenhänge her – ein erhebliches Maß an Disziplin gefordert, das nicht unterschritten werden kann, wenn nicht Chaos die Folge sein soll. Interessant ist in diesem Zusammenhang auch, daß der Abstieg der Wertegruppe »Ordnungsliebe und Fleiß« sehr viel moderierter und gewissermaßen zögerlicher war als der Abstieg der Wertegruppe »Gehorsam und Unterordnung«. Man kann hieraus folgern, daß es in modernen Gesellschaften eine Fülle von individuellen Motiven gibt, die zu Gunsten von Ordnungswerten sprechen. Der einzelne erlebt es ja z.B. täglich im Straßenverkehr, daß Ordnungsverlust sofortige Problemfolgen nach sich zieht. Selbst im Bereich der Ästhetik erweist Ordnung ihre entlastende Wirkung. Die meisten Menschen können ein Zimmer erst dann »schön« finden, wenn es »ordentlich« ist. Unordnung schön zu finden, scheint einer kleinen Minderheit vorbehalten zu sein, die »schöpferische« Interessen und Fähigkeiten besitzt und für die eine vorhandene Ordnung somit die Einschränkung ihres eigenen Handlungsspielraums bedeutet.

Die zweite Einschränkung, die der bejahenden Antwort auf die Frage nach dem zukünftigen Vorhandensein des Wertewandels hinzuzufügen ist, betrifft die bereits angesprochene Stabilität des Trends.

Ungeachtet der Tatsache, daß mit einer langfristigen Stabilität des Wertewandelstrends auch in Zukunft zu rechnen ist, kann sich diejenige Rückläufigkeit, die seit der Mitte der 70er Jahre zu beobachten war, unter bestimmten Bedingungen natürlich auch in Zukunft jederzeit wiederholen. Insbesondere scheint eine Aktivierung von Sicherheitsmotiven geeignet zu sein, die Selbstentfaltungswerte – ungeachtet ihrer weiterhin bestehenden grundsätzlichen Präsenz – zu dämpfen und den Pflicht- und Akzeptanzwerten – ungeachtet ihrer grundsätzlichen Zurückdrängung – Auftrieb zu verleihen. Werte können, mit anderen Worten, aufgrund des Wirkens »situativer« Einflußkräfte zeitweilig expandieren oder einschrumpfen, ohne daß sich dies auf ihr »an und für sich« bestehendes Potential auswirken muß.

Sollten sich in der vor uns liegenden Zukunft z.B. aufgrund eines immer mehr anschwellenden Ausländerzustroms, wie auch eines gleichzeitigen Niedergangs der Wirtschaftskraft massive Unsicherheitsgefühle bei der Bevölkerungsmajorität einstellen, die nicht durch eine wirksame Politik aufgefangen werden können, so würde allerdings eine Einwirkungskonstellation entstehen, bei deren längerfristigem Fortbestehen die Kontinuität des Wertewandelstrends durch eine Rücksturz der Werte gebrochen werden könnte. Es würden dann mit hoher Wahrscheinlichkeit Umstrukturierungen der Werte in den Tiefschichten der Persönlichkeiten stattfinden, die der nachfolgenden Wertedynamik möglicherweise über längere Zeiträume hinweg das Gepräge geben würden. Mit einem Wiedereinsetzen des »säkularen« Wertewandels wäre dann möglicherweise erst nach dem Ablauf von Jahrzehnten zu rechnen.

III

Die *zweite Frage an den Wertewandel*, die aufgeworfen werden soll, betrifft die Eindeutigkeit der Richtungsangabe, die vorstehend für den Wertewandeltrend gegeben wurde. »Selbstentfaltung« ist ein verhältnismäßig offener Begriff, der mit den verschiedensten Inhalten angefüllt werden kann. Wir selbst konnten bei unseren empirischen Untersuchungen feststellen, daß das diesem Begriff zuzuordnende Wertespektrum »multidimensional« ist und eine idealistische, wie auch eine individualistische und eine hedonistische Komponente aufweist. Es muß sich angesichts dessen die Frage erheben, ob mit »Selbstentfaltung« eigentlich wirklich etwas gänzlich Eindeutiges gemeint sein kann, oder ob sich nicht vielmehr bei einem näheren Hinsehen dieser Begriff als ein Abstraktum enthüllt, das eine Fülle von konkreten Inhalten überspannt, die bei verschiedenen Menschen, die allesamt als Träger von Selbstentfaltungswerten rubriziert werden können, in einem unterschiedlichen Maße präsent sein mögen.

In der Tat trifft diese Frage etwas Wichtiges, das nicht übersehen werden darf, wenn man sich mit dem Wertewandel beschäftigt und wenn man sich z.B. als Erzieher, als Manager, oder auch als Geistlicher oder Politiker auf ihn einzustellen beginnt. Wir können zwar eine ganze Reihe von Mentalitätsveränderungen bemerken, die sich – unter dem Einfluß des Wertewandels – in der gesamten Gesellschaft mehr oder weniger durchgehend feststellen lassen und die somit das »Klima« der Gesellschaft im ganzen prägen. Ich selbst habe in diesem Zusammenhang von einer »autozentrischen« Mentalität gesprochen, die sich z.B. in weitverbreiteten Neigungen kundtut, sich auch in großorganisatorischen Zusammenhängen persönlich »einbringen«, wie auch in allen Angelegenheiten, die einen selbst betreffen, eine eigene Entscheidungskompetenz in Anspruch nehmen und Gesichtspunkten der individuellen Nutzenabwägung eine Priorität einräumen zu wollen, d.h. also keinesfalls etwa den ungeschriebenen Regeln sozialer Traditionen folgen und sich keinesfalls »besinnungslos« gesellschaftlichen »Autoritäten« beugen zu wollen.

Auf der anderen Seite läßt sich aber nicht verkennen, daß solche Neigungen bei den einzelnen Menschen mit sehr unterschiedlichen Akzentuierungen vorhanden sind und sich mit den verschiedensten zusätzlichen Wertorientierungen, Prioritätenbildungen, Bevorzugungen und Abneigungen verbinden können. Die Dinge komplizieren sich dadurch, daß bei den einzelnen Menschen die Pflicht- und Akzeptanzwerte und die Selbstentfaltungswerte keinesfalls durch wasserdichte Grenzlinien getrennt sind, sodaß man nur »reine« Pflicht- und Akzeptanzethiker wie auch Träger »reiner« Selbstentfaltungswerte finden könnte. Im Gegenteil mischen sich bei der Mehrzahl der Menschen diese beiden Kontrastgruppen von Werten auf die verschiedenste Art und Weise, wobei nicht etwa nur die eine (oder die andere) Seite stark und die andere (oder die erstere) Seite schwach, oder auch beide Seiten gleich stark (oder gleich schwach) entwickelt sein, sondern darüber hinaus auch diejenigen sehr zahlreichen Einzelwerte, die man in jeder der beiden Gruppen feststellen kann, unterschiedlich kräftig ausgeprägt sein können.

Mit anderen Worten kennzeichnet die Formel »Von Pflicht- und Akzeptanzwerten zu Selbstentfaltungswerten« gewissermaßen nur den »Megatrend« des Wertewandels, ohne bereits ein exaktes Detailbild dieses Vorgangs zu vermitteln, der sich vielmehr – auf der »Mikroebene« betrachtet – in zahlreiche individuelle Nuancierungen ausdifferenziert.

Obschon das Bild des Wertewandels also ganz zweifellos umso unübersichtlicher wird, je auflösungsfähiger die Optik ist, mit der man es betrachtet, lassen sich nichtsdestoweniger doch verhältnismäßig große Gruppen von Menschen auffinden, in denen dieses Bild derart große Übereinstimmungen aufweist, daß es gerechtfertigt erscheint, sie zu »Typen« zusammenzufassen. Wir selbst konnten Ende der 70er und Anfang der 80er Jahre vier solcher Typen entdecken: Die »nonkonformen Idealisten« mit stark ausgeprägten Selbstentfaltungswerten und schwachen Pflicht- und Akzeptanzwerten, bei denen der Wertewandel sich gewissermaßen »umsturzartig« vollzogen hat; die meist älteren »ordnungsliebenden Konventionalisten«, die umgekehrt starke Pflicht- und Akzeptanzwerte und schwache Selbstentfaltungswerte aufweisen, bei denen der Wertewandel somit nicht oder nicht mehr »gezündet« hat; die »perspektivenlosen Resignierten«, bei denen beide Werteseiten schwach entwickelt sind und die – aus welchen Gründen auch immer – die Verlierer des Wertewandels sind; endliche letztlich die »aktiven Realisten«, welche starke Selbstentfaltungswerte und gleichzeitig auch starke Pflicht- und Akzeptanzwerte haben, bei denen also vermutlich eine »Wertesynthese« stattgefunden hat und die uns selbst angesichts der Unwahrscheinlichkeit einer solchen Entwicklung als die eigentliche große Überraschung unserer Wertewandelsanalysen erschienen.

Als wir Ende der 80er Jahre unsere Untersuchungen wiederholten, konnten wir zunächst diese vier Typen wiederentdecken. Wir fanden aber darüber hinaus auch Ansätze zu weiteren Typenbildungen, unter denen ein Typus, den wir »Hedomat« (= hedonistischer Materialist) tauften, mit besonderer Deutlichkeit hervortrat.

Mit anderen Worten entdeckten wir auf der Ebene der Typenbildung eine Pluralisierungstendenz, d.h. also ein spürbarer werdendes Durchschlagen desjenigen Differenzierungs- und Individualisierungspotentials, das dem Wertewandel insgesamt innezuwohnen scheint.

Gleichzeitig konnten wir aber auch feststellen, daß der Hedomat-Typ von den früher festgestellten Typen insofern abweicht, als er einzelne Teile der Selbstentfaltungswerte (ihre hedonistische Komponente) mit einzelnen Teilen der Pflicht- und Akzeptanzwerte vereinigt und somit eine »kleine« Wertesynthese einer verhältnismäßig speziellen Art verkörpert.

Geht man davon aus, daß der Wertewandel offensichtlich dazu tendiert, in der Bevölkerung zunehmend zahlreiche »Typen« von Werte-kombinationen hervorzubringen, welche auf vielfältige Weise über die Grenzen zwischen den beiden ursprünglichen Hauptflügeln der Wertedynamik (Pflicht- und Akzeptanzwerte und Selbstentfaltungswerte) hinwegzugreifen vermögen, dann kann man erkennen, daß jede »monistische« Interpretation dieses Vorgangs in die Irre laufen muß. Der durch eine kompakte Formel (»Von Pflicht- und Akzeptanzwerten zu Selbstentfaltungswerten«) beschreibbare Wertewandel im Singular ist eine hilfreiche Konstruktion, mit dem wir uns eine allgemeine Tendenz (oder eben den »Megatrend«) des Wertewandelsgeschehens vor Augen führen können und die uns, wie schon gesagt, verschiedene übergreifende Aspekte des in der Gesellschaft beobachtbaren allgemeinen Mentalitätswandels zu erklären vermag. Im übrigen entwickeln sich im Prozeß des Wertewandelsgeschehens innerhalb der Bevölkerung jedoch die unterschiedlichsten Varianten von Werte-Kombinationen, die sich – und das ist derjenige Punkt, auf den es nunmehr ankommen soll – auf der Ebene des alltäglichen Denkens, Fühlens, Wollens und Bewertens der Menschen mit den allerverschiedenartigsten Einstellungen und Verhaltensdispositionen verbindet.

Grob gesagt gibt es – jenseits derjenigen übergreifenden Mentalitätsmerkmale, von denen bereits die Rede war – z.B. zwischen den »aktiven Realisten« und den »hedonistischen Materialisten« (oder Hedomats) viel mehr Gegensätze als Gemeinsamkeiten, obwohl sie beide als »Produkte« des Wertewandels bezeichnet werden können.

Die »aktiven Realisten«, die gegenwärtig etwa 30% der Bevölkerung der westlichen und der östlichen Bundesländer ausmachen, scheinen, grob gesagt, die »positiven« Potentiale der Selbstentfaltungswerte und der Pflicht- und Akzeptanzwerte in sich zu vereinigen. Wie entsprechende Datenanalysen beweisen, sind sie ebenso disziplinfähig und einfügungsbereit wie auch zu einem – vermutlich konstruktiven – kritischen Engagement gegenüber einer Fülle von gesellschaftlichen Problemthemen bereit und in der Lage. Sie sind ebenso familien- und freizeit-, wie auch berufsorientiert und sie entwickeln in beiden Richtungen eine besonders hohe Aktivität. Sie sind ebenso zur Respektierung von Gesetz und Ordnung, wie auch zur Verteidigung ihrer Rechte und Interessen in der Auseinandersetzung mit Ämtern und Behörden bereit. Im Bereich des alltäglichen Arbeitens sind diese Menschen durch eine ausgeprägte Leistungsbereitschaft gekennzeichnet, die mit hoher Eigeninitiative und mit einem stark entwickelten Interesse an sinnvoller Arbeit gepaart ist. Sie sind in einem hohen Maße dazu bereit, Verantwortung zu übernehmen, falls ihnen ein ausreichender Freiraum zugebilligt wird. Sie besitzen nichtsdestoweniger gleichzeitig aber auch ein deutliches Interesse an einer handlungsfähigen und kompetenten Führung, die sie sich allerdings »kooperativ« vorstellen.

Demgegenüber charakterisieren sich die »Hedomats«, denen zwar nur unter 10% der Gesamtbevölkerung aller Bundesländer zuzurechnen sind, denen jedoch bei den ganz jungen Leuten eine zunehmende Verbreitung zukommt, im krassen Gegensatz zu den aktiven Realisten als Menschen mit starken Interessen an materiellen Dingen, aber sehr geringem Engagement gegenüber gesellschaftlichen oder, allgemeiner gesagt, gegenwartsbezogenen Problemstellungen. Sie stehen den Fragen des öffentlichen Lebens im allgemeinen indifferent gegenüber und ihre Lebensperspektive ist durch die Eckwerte »Bereitschaft zu ordentlicher Leistung ohne besonderen Einsatz« und »konsumfreudiger Lebensgenuß« charakterisiert. Sie verkörpern nichtsdestoweniger aber ein latentes Unzufriedenheits- und Unruhepotential, weil sie der Politik mit einer uninformierten, mit einem diffusen Mißtrauen verbundenen Erwartungshaltung entgegentreten, die leicht in Enttäuschung und Verdrossenheit und in bedingungslose Mitläuferschaft bei Protestaktionen der verschiedensten Art umzuschlagen vermag.

IV

Was oben zunächst noch verhältnismäßig unauffällig als »Offenheit« der Selbstentfaltungstendenz des Wertewandels angesprochen wurde, enthüllt an dieser Stelle eine ausgesprochene Dramatik. Ganz offenbar liegen zwischen den beiden Typen, deren »Psychogramme« vorstehend gegeben wurden, Welten. Gänzlich unabhängig davon, welchen konkreten »Werturteils«-Standpunkt man im einzelnen einnimmt, wird man diesen Psychogrammen gegenüber nicht unbeteiligt und neutral bleiben können. Man wird durch die sichtbar werdenden Eigenschaften der gekennzeichneten Typen vielmehr unweigerlich zu einer Stellungnahme gezwungen, die zwar – je nach dem unterlegten Wertungsmaßstab – unterschiedlich ausfallen mag, die jedoch mit Sicherheit in die Zuweisung unterschiedlicher »Wünschbarkeiten« ausmünden wird. Es läßt sich, darüber hinaus, spekulieren, daß man zu einem Konsens darüber gelangen wird, daß dem Typus des »aktiven Realisten« – unabhängig davon, wie sehr man sich mit ihm persönlich identifizieren mag – eine Vorzugsposition gegenüber dem »Hedomat« zuzuschreiben ist. Wer z.B. vor der Frage steht, ob er sich für seine eigenen Kinder eine Entwicklung in die eine oder in die andere Richtung wünschen soll, wird mit hoher Wahrscheinlichkeit für den aktiven Realisten optieren.

Wir erreichen an dieser Stelle die *dritte Frage an den Wertewandel*. Sie lautet, schlicht gesagt, darf und kann man den Wertewandel beeinflussen?

Er erste Teil dieser Frage ist normativer (oder wertethischer) Natur. Geht man von derjenigen Identifizierung einer möglichen »Konsensbasis jenseits der Werturteile« aus, die gerade eben versucht werden, dann wird man hier zu einer bejahenden Antwort gelangen können. Die Frage soll an dieser Stelle allerdings nicht vertieft werden, da sie letztlich den Kompetenzbereich des empirisch orientierten Sozialwissenschaftlers überschreitet. Es soll genügen, die Möglichkeit einer Konsensfindung aufgewiesen zu haben.

Wesentlich eindeutiger fällt nun allerdings der zweite Teil der aufgeworfenen Frage in den Kompetenzbereich des empirischen Sozialwissenschaftlers hinein, die Frage also, ob man den Wertewandel beeinflussen kann, oder ob, anders ausgedrückt, Mittel und Wege zu einer Steuerung des Wertewandels verfügbar sind, sofern man sich die wertethische Rechtfertigung hierfür zubilligen möchte.

Es muß auf diese Frage zunächst einmal mit einer Verneinung geantwortet werden: Der »Megatrend« des Wertewandels läßt sich nicht verändern, da er, wie weiter oben bereits gesagt wurde, tief in den Grundstrukturen der im »Modernisierungsprozeß« befindlichen Gegenwartsgesellschaften verankert ist. Wollte man ihn zum Stehen bringen oder umkehren, so müßte man nicht nur einen »antimodernen« Standpunkt einnehmen, sondern darüber hinaus auch diese Grundstrukturen in die Luft sprengen. Es kann dieser Megatrend zwar, wie schon festgestellt wurde, eine zeitlang aufgehalten werden, wobei u.U. Rückstürze der Werte in Erscheinung treten können. Im Anschluß an derartige »Störungen« wird sich jedoch mit Sicherheit der Trend irgendwann wiederherstellen – es sei denn, daß der Modernisierungsprozeß selbst aufgrund der Zerstörung seiner Grundkräfte und -impulse vernichtet worden wäre.

Zu einer entgegengesetzten, d.h. bejahenden Antwort wird man demgegenüber nun allerdings gelangen können, wenn man sich denjenigen internen Offenheiten und Unbestimmtheiten des Megatrends zuwendet, mit denen wir uns vorstehend beschäftigt haben.
Kurz gesagt bestehen z.B. vielfältige Möglichkeiten zu einer gesellschaftlichen und politischen Einflußnahme auf die Wachstumschancen der »aktiven Realisten« auf der einen Seite und der »Hedomats« auf der anderen Seite.
Man findet den Zugang zur Auffindung dieser Möglichkeiten, wenn man sich zunächst einmal gewisse Zusatzinformationen vor Augen führt, die sich aus der empirischen Analyse – genauer gesagt: aus der Untersuchung der »Soziodemographie« der verschiedenartigen Werte-Typen – ablesen lassen.
Zwar läßt sich feststellen, daß sich der Hedomat eher in der Gruppe der jüngeren Arbeitnehmer der unteren Mittelschicht findet, während die aktiven Realisten einen verhältnismäßig hohen Anteil leitender Angestellter und mittlerer bis gehobener Durchschnittseinkommen aufweisen.
Die beruflichen und bildungsmäßigen Grenzen zwischen den beiden Typen sind jedoch durchaus fließend, sodaß man keineswegs davon ausgehen kann, ihr Auftreten mit Hinweisen auf die verhältnismäßig wenig steuerbaren Einflußgrößen »Herkunft und schichtspezifisches soziales Milieu« ausreichend erklären zu können. Es scheinen hier vielmehr viel sublimere Einflüsse des »Sozialisationsprozesses« am Werke zu sein, die dafür sorgen, daß junge Menschen »Wertekarrieren« durchlaufen, die ihnen keineswegs »in die Wiege gelegt« waren.
In welche Richtung sich die Werte-Entwicklung junger Menschen bewegt, scheint in einem hohen Grade durch diejenigen Werte-Stimulatoren und -Depressoren bzw. -inhibitoren gesteuert zu werden, welche sich in denjenigen »Handlungsfeldern« finden, in welche die Menschen – entweder aus eigenem Antrieb, oder auch unter dem Druck der Umstände – im Vollzuge ihres Lebensverlaufs hineingeraten.
Es spielen hierbei zwar keineswegs nur solche Handlungsfelder eine Rolle, welche sich unter der direkten Kontrolle irgendwelcher Institutionen befinden, die in der Lage wären, »verantwortliches« gesellschaftliches Verhalten zu praktizieren. So sind für die Sozialisation junger Menschen – durchaus unter dem Einfluß des Wertewandels – heute z.B. »informale« Handlungsfelder sehr bedeutsam, die ihren gesell-

schaftlichen Standort im Rahmen der sog. »peer-groups« von Gleichaltrigen besitzen.

Neben der Familie sind jedoch auch Schulen und sonstige Bildungseinrichtungen, wie z.B. auch Vereine, politische Parteien und natürlich auch die Organisationen des beruflichen Bereichs bei der durch das Angebot von Handlungsfeldern – oder vielmehr: von sozialen »Rollen« in Handlungsfeldern – erfolgenden faktischen Werte-Steuerung von Bedeutung. Es läßt sich die Behauptung aufstellen, daß überall dort, wo die Menschen heute Lern-, Mitglieds- oder Arbeitsrollen im Rahmen organisierter gesellschaftlicher Gebilde wahrnehmen, eine solche Steuerung stattfindet, die ggf. auch in der Richtung eines »gewünschten« Wertetypus erfolgen könnte.

Auch auf die Anschlußfrage, wie denn diejenigen Handlungsfelder – oder Rollen in Handlungsfeldern – beschaffen sein müssen, damit eine Steuerung in einer solchen Richtung stattfinden kann, läßt sich eine Antwort geben. Grob gesagt scheint für die Werte-Entwicklung entscheidend zu sein, in welchem Maße Handlungsfelder eine Verwirklichung individueller Selbstentfaltungsleitbilder im Wege aktiver und verantwortlicher Betätigung begünstigen und Erfolgserlebnisse zu vermitteln vermögen, die auf einer solchen Grundlage aufbauen. Überall wo dies in einem ausreichenden Maße der Fall ist, sind unter den Bedingungen des vorhandenen Megatrends des Wertewandels die Weichen eher in Richtung des aktiven Realisten gestellt. Umgekehrt scheinen die Weichen eher in Richtung des Hedomat (oder auch des perspektivenlosen Resignierten) gestellt zu sein, wo das Selbstentfaltungsstreben der Menschen in den vorhandenen Rollen und den durch sie definierten Verhaltensspielräumen nicht angenommen, aufgegriffen, herausgefordert und kultiviert wird, wo vielmehr das schlichte und fraglose Sich-Einfügen in feststehende Übungen und Gewohnheiten abverlangt wird, oder wo die Unterwerfung unter »etablierte« Autoritätsansprüche erzwungen wird, ohne daß für eine Akzeptanzgrundlage Sorge getragen wird.

Mit anderen Worten müssen die angebotenen Rollen in stärkerem Maße als bisher »Verantwortungsrollen« sein, die dem individuellen Wunsch, »sich einzubringen«, Rechnung tragen. Nochmals anders ausgedrückt müssen die gesellschaftlichen und politischen Institutionen besser als bisher lernen, gegenüber den Menschen auf eine alltäglichpartizipationsoffene und »resonanzbereite« Weise integrationsfähig zu sein.

Die Tatsache, daß den Hedomats bei den jungen Menschen gegenwärtig eine besonders große Ausbreitungschance zukommt, ist ein bedenklich stimmendes Indiz dafür, in welchem Maße wir diesbezüglich gegenwärtig noch von der wünschenswerten Entwicklungsstufe entfernt sind und welche Defizite hinsichtlich einer wertebewußten und werteorientierten »Personalpolitik« im weitesten Sinne des Wortes zur Zeit noch zu beklagen sind.

Insbesondere dort, wo die erwartungsvoll ins Leben hineingehenden jungen Menschen rigorosen »Praxisschocks« und »Motivationsknicks« überantwortet werden, weil man die Bemühung um die Pflege und Entwicklung von Motivation und einer motivationsvermittelten Aufgaben-, Rollen- und Institutionenidentifikation auf der Grundlage gewandelter Werte vernachlässigt oder auch selbstsicher als »modischen Firlefanz« abtut, oder weil man mangels eigener Innovationsbereitschaft und -fähigkeit keine Handlungs- und Entwicklungsperspektiven anbieten kann, die für die Menschen attraktiv sind, die am Tätigsein »Spaß« haben wollen, sind die Voraussetzungen für die Ausbreitung der Hedomat-Typs (oder sogar für ein Absinken in die perspektivenlose Resignation) gegeben. Daß gegenwärtig in den alten Bundesländern jährlich mehr als 1000.000 junge Menschen vorzeitig ihre Lehre abbrechen oder ihren Lehrberuf wechseln, liefert einen konkreten Hinweis dafür, wieviel in einem bestimmten Bereich im Hinblick auf das Angebot »angemessener« Rollen und Handlungsfelder noch getan werden kann und muß. Ähnliche Hinweise lassen sich aber auch in anderen Bereichen auffinden. Das nachhaltige Stagnieren der Mitgliederzahl der Parteien bei einem hohen Niveau des »politischen Interesses«, das Absinken der Mitgliederzahlen der Gewerkschaften bei hoher Einschätzung der Arbeit als Selbstverwirklichungsmedium, das Schrumpfen der Zahl der freiwilligen Helfer der Wohlfahrtsverbände bei einer nachweislich hohen Bereitschaft zum sozialen Engagement, das Abbröckeln der Kirchentreuen bei einem hohen Ausmaß »religionsproduktiver« Bedürfnisse (G. Schmidtchen) läßt erkennen, daß unsere Institutionenwelt ungeachtet zahlreicher Entwicklungen in der richtigen Richtung immer noch bei weitem zu stark an herkömmlichen Autoritätstraditionen, Organisationsgrundsätzen und Führungsphilosophien festhält und an den aktuellen Wertverwirklichungsbedürfnissen und -interessen der »Menschen draußen« vorbeidenkt und -handelt.

V

Eine zusätzliche Welle solcher Realitätsverfehlungen ergießt sich gegenwärtig über die neuen Bundesländer, deren Bevölkerung oft lautstark die Fähigkeit zu einem aktiven und selbstverantwortlichen Handeln abgesprochen wird, obwohl die empirischen Daten beweisen, daß der Anteil der aktiven Realisten im Osten Deutschlands ebenso hoch ist wie in den Altbundesländern.

Eben dieselben Vorbehalte hegt man hinter vorgehaltener Hand aber vielfach auch noch gegenüber den Menschen im Westen. Es herrscht in den verantwortlichen Kreisen verschiedentlich noch ein anthropologischer Pessimismus oder Zynismus vor, der sich als »Realismus« mußversteht und sich aufgrund dieses Mißverständnisses auf der Höhe der Zeit fühlt.

Es ist zu hoffen, daß sich demgegenüber baldmöglichst die Wahrheit herumspricht, daß es hier um Denk- und Einstellungs-»Relikte« handelt, die enorme versteckte gesellschaftliche und sozialökonomische Kosten verursachen, weil sie massenhafte De-Motivierungen bei Menschen nach sich ziehen, die unter veränderten Umständen in der Lage wären, anwachsende selbständige Beiträge zur gesellschaftlichen, politischen und ökonomischen Weiterentwicklung zu leisten.

Die Problematik eines Ungleichgewichts zwischen veränderten sozialen Erwartungen und Handlungsbereitschaften einerseits und resonanzfähigen Institutionen andererseits läßt sich z.B. durchaus bis in die Frage weiterverfolgen, warum heute zunehmend viele junge Menschen der Verführungskraft der Drogen zum Opfer fallen. Es ist dies natürlich deshalb – und nur deshalb – der Fall, weil ihrem individuellen Entfaltungsstreben allzu wenig konstruktiv in die Gesellschaft hineinführende Verwirklichungschancen angeboten werden, weil sie auf den Pfaden der gesellschaftlichen »Normalität« allzu wenige produktiv ausfüllbare Möglichkeiten des »Sich-Einbringens« und somit keine attraktiven persönlichen Zukunftsperspektiven vorfinden – sei es, weil sie arbeitslos sind, oder sei es, weil sie zwar eine Arbeit haben, ohne ihr aber mehr als eine Routinebefriedigung abgewinnen zu können, oder weil sie z.B. in den Sportvereinen, die auf einen prestigeträchtigen Leistungssport konzentriert sind, allzu wenige »Spielräume« angeboten bekommen, oder weil sie in ihrem häuslichen Umfeld allzu wenige ältere Partner finden, die auf eine ernsthaft aufgeschlossene und freundschaftliche Weise »für sie da« sind, oder weil sie in einer von abstrakten Lehrprogrammen gesteuerten verwissenschaftlichten Schule über viele Jahre hinweg Lernprozesse vollziehen müssen, über deren Lebenssinn und existenzielle Verwertbarkeit ihnen niemand eine befriedigende Auskunft erteilen kann.

Ein keineswegs unernst gemeintes Schreckbild soll diese Betrachtung für den Augenblick beenden: Wie die Kulturanthropologie weiß, müssen die gesellschaftlichen Institutionen stets in der Lage sein, diejenigen menschlichen Werte und Bedürfnisse, welche sie letztlich selbst hervorgebracht haben, auch dann aufzugreifen und »in Form« zu bringen, wenn diese neue und unerwartete Eigenschaften enthüllen, die dem, was ursprünglich einmal intendiert gewesen sein mochte, nicht mehr entsprechen. Eine Gesellschaft, in welcher dieser eigentliche Prozeß des Fortschritts nicht mehr stattfindet, weil sich die Institutionen den ihnen »ungewohnt« erscheinenden menschlichen Bedürfnissen und Werten verweigern, kann das »recycling« des Energiegehalts ihres menschlichen Potentials nicht mehr leisten und muß somit sukzessive verkümmern, während die Energien des Wertewandels mehr oder weniger freischwebend und dysfunktional verpuffen.

Natürlich ist gegenüber einem solchen Schreckbild Optimismus angesagt. Es darf angenommen werden, daß diejenige evolutionäre Vernunft, die dem Wertewandel innewohnt und in seiner fortschreitenden Stabilisierung zum Ausdruck kommt, auch seine zukünftige Aufgreifung durch die sich selbst weiterentwickelnde Institutionenwelt bewirken wird.

Dies alles gilt aber nur langfristig, oder, wie die Ökonomen zu sagen pflegen, »in the long run«.

Lord Keynes meinte hierzu sarkastisch: »In the long run we are all dead«.

Ein Handeln, das der in den krausen Linien der Gesellschaftsgeschichte durchschimmernden Vernunft auf die Sprünge hilft, scheint also nahegelegt.

Verlaufsanalyse eines Traditionsbruchs

Untersuchungen zum Einsetzen des Wertewandels in der Bundesrepublik Deutschland in den 60er Jahren

I

Auch das nachfolgende Textstück beschäftigt sich unmittelbar mit dem Wertewandel, oder, genauer gesagt, mit dem Wertewandelsschub seit der ersten Hälfte der 60er Jahre.[1] Die Blickrichtung ist nunmehr aller-

---

1 Vgl. hierzu die folgende Textauswahl: H. Klages: Wertwandel und Gesellschaftskrise in der sozialstaatlichen Demokratie. In: H.Matthes (Hrsg.): Krise der Arbeitsgesellschaft? Verhandlungen des 20. Deutschen Soziologentages. Frankfurt/ New York 1982, S. 341 ff.; H. Klages: Wertorientierungen im Wandel. Rückblick, Gegenwartsanalyse, Prognose. Frankfurt/ New York 1985; H. Klages: Wertedynamik. Über die Wandelbarkeit des Selbstverständlichen. Zürich 1988; H.Klages/ W.Herbert: Wertorientierung und Staatsbezug. Untersuchungen zur politischen Kultur in der Bundesrepublik Deutschland. Frankfurt/ New York 1983; H.Klages/ G.Franz/ W.Herbert: Sozialpsychologie der Wohlfahrtsgesellschaft. Zur Dynamik von Wertorientierungen, Einstellungen und Ansprüchen. Frankfurt/ New York 1987; H.Klages/ P.Kmieciak (Hrsg.): Wertwandel und gesellschaftlicher Wandel. Frankfurt/ New York 1979; G.Franz: Wirtschaftslage, Aspirationsdynamik und politischer Anspruchsdruck in der Bundesrepublik Deutschland. Zeitreihenanalysen zur Veränderungsdynamik persönlicher und politischer Einstellungen im ökonomischen Wandel. Speyer 1983 (= Speyerer Forschungsberichte); G.Franz/ W.Herbert: Lebenszyklus, Entwicklung von Wertstrukturen und Einstellungsrepertoires. In: A.Sticksrud (Hrsg.): Jugend und Werte. Weinheim 1984; G.Franz/ W.Herbert: Werte, Bedürfnisse, Handeln: Ansatzpunkte politischer Verhaltenssteuerung. Frankfurt/ New York 1986, S. 73 ff.; G.Franz/ W.Herbert: Wertewandel und Mitarbeitermotivation. In: Harvard Manager, 1. Quartal, 1987, S. 96 ff.; G.Franz/ W.Herbert: Wertorientierungen und Wertbewußtsein in der Gesellschaft. In: Katholische Sozialethische Arbeitsstelle (Hrsg.): Leben gestalten in einer sich wandelnden Welt, 1989, S. 7 ff.; W.Herbert/ W.Sommer: Bildungssystem und Wertwandel. Untersuchungen über Zusammenhänge zwischen Veränderungen des Bildungssystems und dem Wandel von Einstellungen und Werten. In: W.Sommer/ A.Graf v.Waldburg-Zeil (Hrsg.): Neue Perspektiven der Bildungspolitik. München/ Köln/ London, 1984; W.Herbert: Wertwandel in den 80er Jahren. Entwicklung eines neuen Wertmusters. In: H.O.Luthe/ H.Meulemann: Wertwandel – Faktum oder Fiktion. Bestandsaufnahme und Diagnosen aus kultursoziologischer Sicht. Frankfurt/ New York 1988, S. 140 ff.; W.Herbert: Orientierung zwischen der Wirklichkeit gesellschaftlicher

dings umgekehrt. Nicht die 90er Jahre kommen ins Blickfeld, sondern zunächst diejenigen Jahre, in denen der Wertewandelsschub begann. Die Fragestellung ist hierbei, was die Ursachen des Wertewandels waren. Diese Fragestellung wird Sondierungen nötig machen, die noch weiter in den zeitlichen Vorraum des Wertewandels zurückgreifen. Wir werden also Gesellschaftsgeschichte in erklärender Absicht zu betreiben haben. Der Ertrag dieses Vorgehens wird uns allerdings wieder in die Gegenwart zurückführen und auch die Antwort auf die Frage nach der Zukunft der Wertewandelsdynamik erleichtern.

Die empirische Arbeitsgrundlage, von der ausgegangen wird, liefert die Graphik »Wandel der Erziehungswerte 1951-1989«, die sich auf S. 17 im vorstehenden Textstück befindet und die an dieser Stelle nicht nochmals abgedruckt werden soll.

Wir wollen auch im vorliegenden Zusammenhang von der Möglichkeit Gebrauch machen, die Bejahungsniveaus, welche den abgefragten Erziehungszielen zu verschiedenen Erhebungszeitpunkten zuteil wurden, als Indikatoren des Wertewandels zu verwenden. Allerdings wollen wir uns an dieser Stelle die Dinge bewußt etwas schwerer machen als vorhin. Wir wollen zunächst die Frage stellen, welcher Aussagegehalt eigentlich normativ gemeinten Äußerungen von Befragten über erstrangig bedeutsame Erziehungsziele zugemessen werden kann und welche Qualität ihnen von daher als Wertewandelsindikatoren zuzusprechen ist.

Aufgrund vorangegangener vergleichender Untersuchungen, auf die hier nicht weiter eingegangen werden soll, kann hierzu vorweg vermerkt werden, daß den in der Gesellschaft vorherrschenden Erziehungszielen grundsätzlich der Charakter von hochgradig informativen Indikatoren der jeweils vorherrschenden Wertorientierungen – und somit ggf. auch eines gesellschaftlichen Wertewandels – zukommt. Diese Feststellung gilt in einem ganz besonderen Maße für die im vorliegenden Fall in Frage kommenden Erhebungen, welche mit ihrer Fragerichtung die in vorangegangenen Analysen aufgedeckten Hauptpole des mit der *Kurzformel »von Pflicht- und Akzeptanzwerten zu Selbstentfaltungswerten«* beschreibbaren bisherigen Wertewandels in der Bundesrepublik in einer sehr direkten Weise anvisieren. Es besteht insoweit eine

---

Verhältnisse und der Lebenssituation der Menschen. In: Hessische Blätter für Volksbildung 2, 1989, S. 16 ff.; M.Weber: Wertewandel und Wertepolitik, in: CIVIS, H.4, 1990, S. 58 ff.

geradezu ideale Möglichkeit, von den in der Graphik in Erscheinung tretenden besonders starken Wandlungen ausgesetzten Verläufen her direkt auf das Phänomen dieses Wert(e)wandels zu schließen, oder sie, noch direkter ausgedrückt, unmittelbar als dessen Abbildung zu interpretieren.

Um keine Mißverständnisse aufkommen zu lassen, muß dem einschränkend hinzugefügt werden, daß die Erziehungsziele ganz gewiß keine »Frühindikatoren« des Wertewandels darstellen. Dem Datenvergleich läßt sich vielmehr entnehmen, daß sie ihn eher mit einiger Verspätung abbilden, was ohne weiteres verständlich sein wird, wenn man sich vor Augen führt, daß es sich hierbei keineswegs nur um rein »individuelle« und »subjektive« Wertdokumentationen handelt, sondern vielmehr um solche, die in der Regel – zumindest bei Verheirateten – bereits durch ein Stadium intrafamilialer Interaktion und Konsensbildung hindurchgegangen sind und die somit sowohl einen verhältnismäßig hohen Grad der Bewußtheit, wie auch ein hohes Maß der begrifflichen Abklärung und der Abstimmung mit den praktischen Möglichkeiten des alltäglichen Verhaltens aufweisen.

Sieht man hiervon einmal ab und öffnet man sich ohne weitere Vorbehalte dem, was die Graphik unmittelbar aussagt, so gelangt man – beim Vorhandensein einer entsprechenden Deutungssensibilität – sehr bald zu dem Schluß, daß ihr *Informationsgehalt* außerordentlich groß ist. Es läßt sich ohne allzu starke Übertreibung sagen, daß sich allein über diese Graphik »ein ganzes Buch schreiben ließe«.

Eben dies kann und soll allerdings an dieser Stelle nicht geschehen. Es sollen vielmehr aus der Fülle der sich anbietenden Beobachtungs- und Deutungsaspekte einzig und allein *zwei Facetten* herausgehoben werden, deren *erste* sich zunächst noch im Vorraum der eigentlichen Themenstellung dieses Textes bewegt.

Es geht hierbei um die für sich betrachtet höchst erstaunliche Tatsache, daß der Wert(e)wandel, der mit völliger Unmißverständlichkeit spätestens um die Mitte der 60er Jahre einsetzte, von den Institutionen der organisierten Öffentlichkeit erst in den allerletzten Jahren als ein gesamtgesellschaftlicher Vorgang von einschneidender Bedeutung entdeckt wurde, während die Hinweise auf ihn vorher – wo sie überhaupt zur Kenntnis genommen wurden – eher als Ausdruck eines »progressiven« (oder »linken«) Wunschdenkens distanziert worden waren. Vergleicht man diese *verzögerte Bewußtwerdung* z.B. mit der äußerst agilen, stets »auf dem Sprung« befindlichen gesellschaftlichen Diskussion in den USA, so stößt man auf ein dramatisches Gefälle der sozialen Selbstreflexion, das mit hoher Wahrscheinlichkeit u.a. auch damit zu tun hat, daß der öffentliche Einfluß des sozialwissenschaftlichen Denkens in den USA – zugunsten anderer verhältnismäßig gesellschaftsindifferenter Disziplinen – ungleich viel stärker ausgeprägt ist als in Deutschland.

Was im vorliegenden Zusammenhang viel eher interessieren und deshalb auch ins Zentrum der nachfolgenden Ausführungen rücken soll, ist nun allerdings *zweitens* die nicht minder erstaunliche *Tatsache eines* in der vorstehenden Graphik ohne Schwierigkeit erkennbaren *sehr plötzlichen und scheinbar »unvermittelten« Einsetzens* der Scherenbewegung der polaren Erziehungswerte (und d.h. gleichzeitig auch: des Wert(e)wandels) um die Mitte der 60er Jahre im Anschluß an eine längere, zumindest seit 1951 andauernde Periode einer verhältnismäßig deutlich ausgeprägten Wertekonstanz.

Es ist eben dieser Sachverhalt, der u.a. auch mir selbst in den zurückliegenden Jahren wiederholt den Anlaß bot, von einem *»Wertwandlungsschub«* (oder auch »Wertewandelsschub«) zu sprechen.

Ich lege nun allerdings im vorliegenden Zusammenhang sehr großen Wert darauf, den Leser mit einem solchen Hinweis nicht in die Bahn einer verhältnismäßig indifferenten Akzeptierung bereits »etablierter« Deutungsformeln zu locken, sondern ihn vielmehr umgekehrt für den *»kontra-intuitiven« Charakter* eines unvermutet plötzlichen (oder »abrupten«) *Einsetzens des Wertewandels* zu sensibilisieren und ihm von hier aus den Zugang zu analytischen Bereichen anzubieten, die in der bisherigen Wert(e)wandlungsdiskussion gewöhnlich ausgeklammert wurden, die jedoch erschlossen werden müssen, wenn gegenwärtig beobachtbare theoretische und methodologische Sackgassen dieser Forschungsrichtung überwunden werden sollen.

Warum dem plötzlichen Einsetzen des Wertewandelsschubs ein »kontra-intuitiver« Charakter zugeschrieben wird, mag in erster Annäherung einsichtig werden, sobald man sich nur einige *grundlegende Vorstellungen* über den Charakter von Wertorientierungen vor Augen führt, die nicht nur im Bereich der sozialen »Alltagstheorien«, sondern auch in der Wissenschaft gängig sind und denen »normalerweise« ganz zweifellos auch ein erheblicher Informationswert zukommt:

1) Einer vorherrschenden Auffassung zufolge sind »Werte« (oder vielmehr: gesellschaftliche »Wertorientierungen«) typischerweise über lange Zeiträume hinweg *stabil und nur sehr langsam wandelbar*. Ein »Wertewandel« im Sinne eines innerhalb einer verhältnismäßig begrenzten Zeitspanne verortbaren Vorgangs einschneidenden Charakters ist von daher im Grunde genommen kaum erwartbar und allenfalls als ein höchst untypisches, dem »Wesen« der Werte an und für sich zuwiderlaufendes Ausnahmephänomen vorstellbar.

2) Mit dieser einen Grundvorstellung verbindet sich mit einer gewissen Zwangsläufigkeit die zweite, daß der Wandlungscharakter von Werten *in der Regel »*gradueller*« Natur* ist, d.h. daß abrupte Werte-Änderungen zumindest oberhalb der individuellen »Mikroebene« normalerweise nicht auffindbar sind. In der Wert- und Wertewandelsforschung nimmt – spätestens seit P.A.Sorokins grandiosen Rekonstruktionen einer Universalgeschichte der Wertedynamik[2] – die Annahme einer graduellen Werteveränderung verschiedentlich die Form einer »zyklischen« Wertewandelstheorie an.[3] Man verbleibt aber auch dort auf der Traditionslinie einer graduellen Wandlungsperspektive, wo man sich die Wertedynamik als eine Abfolge von »Wellen« vorstellt, bei denen sich möglicherweise Überlagerungen länger- und kürzerfristiger Bewegungen feststellen lassen.[4] Ein Zyklen- oder Wellentheoretiker des Wertewandels wird dementsprechend der hier vertretenen Dateninterpretation allenfalls mit einem großen Widerwillen zustimmen können. Er wird vielmehr aufgrund seiner Denkprämissen volens nolens den Versuch unternehmen müssen, das aus den Daten unmittelbar ablesbare abrupte Einsetzen des Wertewandels um die Mitte der 60er Jahre »wegzuinterpretieren«, indem er den erkennbaren Verlauf als einen Ausschnitt aus einer längerfristigen Wellenbewegung erklärt, die sich den Daten gewissermaßen als eine »idealtypische« Verlaufsgestalt unterlegen läßt. Er wird dazu neigen, die Abweichungen der Daten von einer solchen Gestalt als »zufällig« oder »akzidentiell« abzutun, und er

---

2   Einen kurzgefaßten Überblick vermittelt P.A.Sorokin: Society, Culture, and Personality: Their Structure and Dynamics, New York 1962, insb. S. 607 ff.

3   Vgl. hierzu z.B. W.Bürklin: Wertwandel oder zyklische Wertaktualisierung, in: H.O.Luthe u. H.Meulemann (Hrsg.): Wertwandel – Faktum oder Fiktion?, a.a.O., S. 193 ff.

4   Eine derartige Vorstellung findet sich – unter Zugrundelegung der Kondratieff'schen Zyklentheorie – bei W.L.Bühl: Sozialer Wandel im Ungleichgewicht, Stuttgart 1990, S. 73, 138 u. 232 ff.

wird am Ende womöglich dazu übergehen, den widerstrebenden Empiriker als einen »theoriefremden Datenknecht« zu denunzieren.

II

In der Tat würde die Wertewandelsschub-Hypothese, von der hier ausgegangen wird, auf einer sehr schwachen Grundlage stehen, wenn sie sich ausschließlich auf den aus der vorstehenden Graphik ablesbaren prima vista-Eindruck eines abrupten Einsetzens des Wertewandels verlassen wollte. Ein solcher »rein empirisch« begründeter Rigorismus müßte es sich gefallen lassen, aus einer »theoriegeleiteten« Perspektive der gerade eben gekennzeichneten Art mit einem »Empirismus«-Vorwurf belegt zu werden, dessen er sich selbst auf seiner eigenen Grundlage nur sehr schlecht erwehren könnte, weil faktische Datenverläufe ganz ohne Zweifel in der Regel Varianzelemente aufweisen, denen man einen Zufallscharakter zuschreiben muß, um überhaupt zu einer »Interpretation« gelangen zu können. Man kann sich mit gutem Recht auf den Standpunkt stellen, daß es eines der Grundanliegen der statistischen Datenanalyse ist, genau dieses Problem zu bewältigen.

Natürlich könnte nun zwar der »reine« Empiriker den Versuch unternehmen, zwei verschiedene *Deutungsmodelle* des Wertewandels – ein zyklisches und ein nicht-zyklisches – einander gegenüberzustellen und sie auf ihr »fit« mit den Daten hin zu überprüfen, um auf diesem Wege das »bessere« Modell herauszufinden. Im vorliegenden Fall würden sich einem solchen »induktiven« Vorgehen allerdings wohl schon deshalb große Hemmnisse in den Weg stellen, weil das zyklische Modell, das einen weit hinter den Beginn der in der Graphik ausgewiesenen Zeitreihen zurückreichenden Zeitraum zugrunde legen müßte, aufgrund der Begrenztheit der verfügbaren Daten nicht eindeutig testbar wäre. Der Zyklustheoretiker würde sich somit gegenüber der Kontrollstrategie des »reinen« Empirikers ohne Schwierigkeit immunisieren können, ohne aber seine Inanspruchnahme einer »überlegenen« theoretischen Position aufgeben zu müssen, denn er könnte dem Empiriker ja ohne weiteres mit einiger Sorglosigkeit anheimstellen, selbst für die Beschaffung längerer Zeitreihen Sorge zu tragen, um seine Überprüfungsabsicht realisieren zu können.

Es mag verständlich erscheinen, wenn in einer solchen Lage die Möglichkeit ausgeschlagen wird, die mit dem »Ernstnehmen« des Eindrucks eines abrupten Einsetzens des Wertewandels verbundene Wertewandelsschub-Hypothese rein empirisch abzusichern. Vielmehr wird der *Weg des »Erklärens«* eines solchen Verlaufs eingeschlagen, ein Weg also, bei dem es darauf ankommt, auf der »theoretischen« Ebene einen Deutungszusammenhang zu konstruieren, der im Idealfall neben der »Zusammenfassung der Einzelergebnisse unter allgemeine Gesetze« auch ihre »Ordnung nach Prinzipien« zuläßt, aus denen sich solche Gesetze ableiten lassen.[5] Anders ausgedrückt soll der Weg eingeschlagen werden, der denkbaren Behauptung, es gäbe ausschließlich graduelle Wertewandlungen, auf ihrer eigenen Ebene zu begegnen, wobei es allerdings nicht das Ziel sein kann, ein generelles Urteil über den Erkenntniswert des einen oder des anderen Deutungsansatzes abzugeben. Vielmehr soll es ausschließlich das unmittelbare Ziel sein, einen Deutungszusammenhang aufzubauen, welcher es erlaubt, *das plötzliche Einsetzen* eines gravierenden Wertewandels in der Gesellschaft der Bundesrepublik Deutschland um die Mitte der 60er Jahre unter Nutzung des insgesamt verfügbaren theoretischen und empirischen Wissens auf eine plausible Weise zu erklären und es somit – auf dem Niveau rational fundierter Intersubjektivität – verstehbar werden zu lassen. Daß das Gelingen eines solchen Unternehmens angesichts der dem »theoretischen« Wissen eo ipso anhaftenden Generalisierungsfähigkeit ungeachtet seiner Ausrichtung auf einen einzigen historischen »Fall« möglicherweise sehr tiefgreifende Konsequenzen für die Theorie »des« Wertewandels (oder »der« Wertedynamik) haben muß, sollte klar sein. Die hier ins Blickfeld kommende potentielle »Theoriediskussion« stellt jedoch, um dies sehr ausdrücklich zu sagen, im vorliegenden Zusammenhang keine aktuelle Zielsetzung dar.

---

5 Vgl. das Stichwort »Theorie« in J.Hoffmeister (Hrsg.): Wörterbuch der philosophischen Begriffe, Hamburg 1955 (2. Aufl.), S. 609 f.

III

Was an dieser Stelle in Anbetracht des beabsichtigten Unternehmens volens nolens angesprochen werden muß, ist allerdings noch ein anderes, sehr viel allgemeineres Problem der *sozialwissenschaftlichen Theoriebildung* und der theoretischen »Erklärung«.

Einer vorherrschenden Auffassung zufolge gilt ein Phänomen dann als »erklärt«, wenn die für sein Vorhandensein verantwortlichen »Variablen« dingfest gemacht sind und die mit dem »Explanandum« bestehenden Ableitbarkeitsbeziehungen zumindest im Sinn der Varianzzurechnung beschrieben werden können. Diese Definition läßt sich unmittelbar in die Praxis der empirischen Datenanalyse umsetzen, und sie hat in der gegenwärtigen Sozialwissenschaft von dort her ihre typische Ausprägung erfahren. Die mathematische Kurzform für dieses »Erklärungs«-Verständnis lautet $x = f(a-n)$. Im Grunde genommen ist mit einer solchen Formel bereits auch schon in nuce deutlich gemacht, was – auf der gegebenen Grundlage – eine »Theorie« genannt werden kann, nämlich ein System untereinander durch Ableitbarkeitsbeziehungen verbundener Aussagen und Sätze, mit deren Hilfe Erkenntnisse über gesetzmäßige Zusammenhänge zwischen erfahrbaren Tatsachen gewonnen werden können, die empirisch kontrollierbare Hypothesen zulassen.[6]

Sieht man sich im Bereich der bisher vorliegenden Ansätze zu einer »Theorie« des Wertewandels um, dann erkennt man allerdings sofort, daß die im gegenwärtigen Zusammenhang beabsichtigte »Erklärung« auf einer solchen Grundlage nicht ohne weiteres gewonnen werden kann. Der vorherrschende Erklärungsansatz ist, kurz gesagt, der einer *»Modernisierungs«-Theorie (oder -These)*, der zufolge für den Wertewandel strukturelle Änderungen in der Gesellschaft verantwortlich sind, die insbesondere in der sozio-ökonomischen Sphäre auffindbar seien. Ein typisches Beispiel für die Empirisierungsform der auf den Modernisierungsprozeß als »Explanans« des Wertewandels abstellenden Modernisierungstheorie ist eine Vierzig-Nationenstudie von G.Hofstede, die u.a. eine beeindruckend hohe Rangkorrelation zwischen der in den untersuchten Ländern feststellbaren Ausprägung des »Individualismus«-

---

[6] Vgl. das Stichwort »Theorie« in G.Hartfiel u. K.-H.Hillmann: Wörterbuch der Soziologie, Stuttgart 1972 (3. Aufl.), S. 758 ff.

Syndroms und der Höhe des jeweiligen Bruttosozialprodukts pro Kopf ermittelt hat.[7]

Es kann nun zwar kaum einen legitimen Zweifel daran geben, daß eine solche Erkenntnis einen sehr hohen Informationswert besitzt. Ebenso wenig läßt sich jedoch auch daran zweifeln, daß dieser Informationswert dem, was im vorliegenden Zusammenhang erwartet werden muß, nicht gerecht werden kann.

Hier wie auch in allen anderen Fällen, in denen ähnlich gedacht und interpretiert wird, läuft die modernisierungstheoretisch fundierte Erkenntnis letztlich ausschließlich auf die Einsicht hinaus, daß die aktuellen sozio-ökonomischen Entwicklungen mitsamt ihren gesellschaftlichen Voraussetzungen und Folgen in weltweiter Perspektive einen gerichteten Einfluß auf die sozialen Wertorientierungen genommen haben und mit hoher Wahrscheinlichkeit auch weiterhin nehmen werden, ohne daß aber über die Mechanismen dieser Einflußnahme irgend etwas Greifbares ausgesagt würde. Von einer »*Verlaufs*«-*Erklärung*, wie sie im vorliegenden Zusammenhang beabsichtigt sein muß, kann hierbei somit überhaupt keine Rede sein. Allenfalls läßt sich – was im Fall der Untersuchung von G.Hofstede auf der Hand liegt – aus den beobachtbaren Abhängigkeitsbeziehungen z.B. eine Regressionsgerade oder -kurve ableiten, welche eine Vorstellung über die Gestalt der bestehenden Abhängigkeitsbeziehung vermittelt, d.h. also auch die Entwicklung einer Funktionsgleichung ermöglicht, mit deren Hilfe die Gestalt der Beziehung in der Form einer allgemeinen Gesetzlichkeitsaussage festgehalten werden kann.

Typischerweise liegt hier aber eine »nomologische« Aussage vor, von der jegliche Raum-Zeitbindung im Sinne ihrer Zurechenbarkeit zu irgendeiner der in die Untersuchung einbezogenen 40 Nationen zu einem bestimmten Zeitpunkt abgelöst ist. Von einer solchen Abhängigkeitsaussage eine Hilfestellung bei der Erklärung des plötzlichen Einsetzens des Wertewandels in der Bundesrepublik Deutschland in der Mitte der 60er Jahre erwarten zu wollen, wäre offensichtlich abwegig oder sogar auf eine gefährliche Weise kontra-produktiv, da dies möglicherweise zu der offenkundig falschen Annahme verführen würde, während des Wertewandelsschubs habe es in diesem Lande einen ungewöhnlich starken

---

7   Siehe G.Hofstede: Culture's Consequences. International Differences in Work-Related Values, Beverly Hills & London 1980 (First Printing), S. 213 ff.

Schub des ökonomischen Wachstums gegeben, der einer wirtschaftlichen Stagnation in der vorausliegenden Zeitperiode nachfolgte.

Wenngleich die Modernisierungstheorie nach der im vorliegenden Text vertretenen Auffassung aufgrund ihres »allgemeinen« Erklärungsgehalts als eine Orientierungsgrundlage für die Beantwortung der gestellten Frage durchaus in petto gehalten werden sollte, muß ihr also gleichzeitig auch mit großer Vorsicht und im Bewußtsein ihres unausreichenden Charakters begegnet werden.

Was demgegenüber erforderlich ist, ist ein Deutungsansatz, der den *Besonderheiten eines »Verlaufs« in seiner »historischen« Einzelfall-Charakteristik* gerecht wird und der aufgrund dieser seiner spezifischen Kapazität u.a. auch in der Lage ist, die kontra-intuitive Plötzlichkeit des Eintritts des Wertewandelsschubs zu bewältigen. Mit anderen Worten steht ein Deutungsansatz zur Debatte, der verstehbar werden läßt, warum in der Bundesrepublik Deutschland zu einem ganz bestimmten Zeitpunkt, nämlich um die Mitte der 60er Jahre, entgegen allen gängigen Erwartungen und Vorstellungen ein abrupter Wandel der in der Bevölkerung vorherrschenden Wertorientierungen einsetzte, der sich mit der Kurzformel von »Pflicht- und Akzeptanz- zu Selbstentfaltungswerten« beschreiben läßt.

Zur Vermeidung von Mißverständnissen sei dieser Verdeutlichung die ausdrückliche Erläuterung hinzugefügt, daß allerdings ein *Deutungsansatz »theoretischen« Charakters* gesucht wird, der auf eine »Erklärung« abstellt, welcher u.a. die Bezugnahme auf generelle »Gesetzmäßigkeiten«, wie auch umgekehrt ein Potential für die Erzeugung generalisierungsfähiger Einsichten zurechenbar sein sollen. Es geht, mit anderen Worten, um die letztlich sozialwissenschaftliche Erklärung eines »singulären Falls«, nicht also etwa um die geschichtswissenschaftliche Deskription eines Unikats. Es mag etwas harsch klingen, wenn dies mit einiger Unverbindlichkeit gesagt wird. Der Grund hierfür ist jedoch nicht in einem Bemühen um die Herausstellung disziplinärer Besonderheiten, sondern vielmehr in dem Wunsch zu sehen, den Kern eines verhältnismäßig spezifischen Erkenntnisanliegens deutlich zu machen, das ohne die Inkaufnahme einiger Umständlichkeiten der Definition und Abgrenzung eher mißverständlich bleiben würde.

IV

Derjenige verlaufsbezogene Deutungsansatz, der zur Erreichung dieses Ziels besonders geeignet erscheint, läßt sich in erster Annäherung als ein »*Mehrebenenansatz*« charakterisieren.

Es wird hierbei *erstens* von der durch »empirische Evidenz« begründeten Annahme ausgegangen, daß ein abrupter Wertewandel nicht ausschließlich »situativ«, d.h. durch gleichzeitig ablaufende Modernisierungsprozesse erklärt werden kann. Vielmehr wird die Hypothese aufgestellt, daß ein solcher Vorgang einer längeren und tiefreichenden »Vorbereitungsphase« des strukturellen sozio-ökonomischen Wandels bedarf, um das zunächst noch intakt vorhandene, vermutlich in einer Gleichgewichtslage befindliche bisherige soziale Wertsystem »aufzuweichen« oder gar zu »erschüttern«.

Es wird gleichzeitig aber *zweitens* davon ausgegangen, daß ein »abrupter« Wertewandel nichtsdestoweniger nur unter der Bedingung ausreichend erklärt werden kann, daß im Zeitraum seines Eintretens, d.h. also struktur- und prozeßanalytisch gesehen synchron, eine signifikante »Aufgipfelung« oder »Häufung« sozio-ökonomischer Wandlungsvorgänge stattfindet, die in der Lage ist, einen besonders hohen »Wandlungsdruck« in einer bestimmten historischen Situation zu erzeugen.

Es wird weiterhin aber *drittens* davon ausgegangen, daß es zur »Umsetzung« von potentiell wertwandlungsauslösenden längerfristigen und kürzerfristigen sozio-ökonomischen Strukturwandlungen in einen Wertewandel einer entsprechenden »Offenheit« in den personeninternen Systembedingungen auf der Mikroebene der Gesellschaft bedarf. Es ist dies eine »sozialpsychologische« Erklärungsebene, auf die in der Soziologie gewöhnlich verzichtet wird, bei deren Weglassung aber die akute Gefahr einer »materialistischen«, oder »kollektivistisch-teleologischen«, »die« Gesellschaft als solche (oder gar die sozial-ökonomischen Strukturbedingungen) substantialisierenden und psychisierenden Deutung droht.

Es wird endlich *viertens* davon ausgegangen, daß es zur Erklärung eines »datierten«, d.h. auf ganz bestimmte Zeitpunkte im historischen Ablauf zurückführbaren Wertewandels weiterhin der Identifizierung von »unmittelbar auslösenden« situativen Bedingungen bedarf. Es dies die »zeitgeschichtliche« Erklärungsdimension, auf die ebenfalls nicht verzichtet werden kann, wenn eine »Verlaufsanalyse« im vollen Sinne des Wortes angestrebt wird. Im Unterschied zur zweiten Erklärungsebene liegt hier jedoch keine strukturanalytische, sondern vielmehr eine historische Gleichzeitigkeit vor, die auf die Übereinstimmung von »Ereignissen«, nicht also auf die Parallelität von Verläufen abstellt.

Im folgenden sollen diese vier Erklärungsebenen oder -dimensionen genutzt werden, um zu einer verlaufsbezogenen Deutung des »abrupten« Einsetzens des Wertewandelsschubs in der Bundesrepublik Deutschland in der ersten Hälfte der 60er Jahre zu gelangen. Im vorliegenden Textzusammenhang kann diesbezüglich allerdings keine Vollständigkeit angestrebt werden. Die Ausführlichkeit und der Grad der analytischen Schärfe der Darstellung werden vielmehr von dem – keinesfalls durchgängig gleichartigen – aktuellen Kenntnisstand des Autors bestimmt. Es wird ein *Entwurf* geboten, der in vieler Hinsicht der Ergänzung und Weiterführung zugänglich ist.

V

Die *Phase der sozio-ökonomischen Vorbereitung (oder der »Vorfeldprozesse«) des Wertewandels* in der Bundesrepublik Deutschland seit der ersten Hälfte der 60er Jahre ist nur schwer exakt bestimmbar und kann mit hoher Wahrscheinlichkeit grundsätzlich bis auf das Einsetzen der »industriellen Revolution« in Deutschland in den 70er Jahren des 19. Jahrhunderts zurückgeführt werden. Man kann sich mit gutem Grund auf den Standpunkt stellen, daß die in den unmittelbar nachfolgenden Jahrzehnten stattfindende Umschichtung großer Teile der Bevölkerung von den ländlichen Gebieten in die neu entstehenden Industriestädte in Verbindung mit ihrer die strukturellen Bedingungen von Jahrtausenden umkehrenden Wegführung von der landwirtschaftlichen Existenz und Produktionsweise und ihrer Hinführung zur »Maschinenkultur« eine Fülle von tiefgreifenden »sozio-moralischen« Folgen hatte, die es erlauben, von einem fundamentalen gesellschaftlichen »Einschnitt« (oder auch von einer »Kulturschwelle«) zu sprechen.[8]

---

[8] Aufschlußreiche Hinweise zur Kulturschwellenlehre finden sich z.B. in A.Gehlen: Die Seele im technischen Zeitalter. Sozialpsychologische Probleme der industriellen Gesellschaft, Hamburg 1959 (= rowohlts deutsche enzyklopädie, Bd.53), passim

Es wäre allerdings wohl gänzlich falsch, diesen Vorgang auf einen ganz bestimmten eng bemessenen Zeitraum eingrenzen zu wollen. Würde man dies tun wollen, würde man also z.b. nur nach den »Wertwandlungsfolgen der industriellen Revolution des 19. Jahrhunderts« fragen, so würde man nur verhältnismäßig bescheidene Resultate erzielen können. Man würde sich dann insbesondere mit der »Jugendbewegung« seit dem Jahrhundertende zufrieden geben müssen, die man zwar durchaus als einen Vorläufer des Wertewandels der ersten Hälfte der 60er Jahre ansehen kann, die doch keinesfalls dessen gesamtgesellschaftliche Tiefe und Wirkungskraft entfaltete. Es muß vielmehr von der grundlegenden *Vorstellung eines »kumulativen« Prozesses* ausgegangen werden, der sich nach dem 2. Weltkrieg mit einer verstärkten Wucht in der Bundesrepublik fortsetzte und der seit den 50er Jahren eine zunehmend in die sozialen »Tiefenschichten« hinein wirkende gesellschaftstransformierende Kraft entfaltete.

Eine umfassende »Gesellschaftsgeschichte« der Bundesrepublik, die für den vorliegenden Zweck geeignet wäre, liegt noch nicht vor und kann an dieser Stelle auch nicht in Angriff genommen werden. Nachfolgend sollen ausschließlich – im Wege einer sekundäranalytischen Auswertung vorliegender wissenschaftlicher Forschungsergebnisse – die *Resultate dreier exemplarischer Sondierungen* vorgetragen werden, aus denen sich allerdings, nach Meinung des Autors, mit großer Eindeutigkeit ablesen läßt, mit welcher sehr hohen Erfolgsquote bei der Bearbeitung dieses bisher noch weitgehend unerschlossenen Feldes gerechnet werden kann:

1) Folgt man *H.Schelskys Analysen aus den 50er Jahren*, dann rief der Wandel der Technik seit der Einführung der Maschinen und der Fabrikarbeit im 19. Jh. einen einschneidenden »Wandel der Berufs- und Arbeitswelt und damit wiederum auch der sozialen Gruppierungen und Schichtungen, Organisationen und Prestigeformen« hervor, der u.a. die Entstehung »neuer Formen der Arbeitshaltung, wie auch neuer sozialer Ansprüche und Lebensnormen« mit sich brachte. In der industriellen Revolution entstand zunächst eine »breite Schicht der ungelernten Handarbeiter, zu der dann eine im Verlauf der technischen Entwicklung immer stärker werdende Schicht der industriellen Facharbeiter trat, die ihr besonderes Berufskönnen aus den handwerklichen Lehren mit in die Fabrik brachte. ... Hinzu kam auf einer anderen Ebene des Betriebes die Gruppe der kaufmännischen Berufe.« Die berufliche

Gliederung der in der Industrie Beschäftigten war somit verhältnismäßig einfach und übersichtlich. Die drei genannten Blöcke von Berufstätigen waren in sich verhältnismäßig wenig differenziert, so daß sich ein verhältnismäßig einheitliches Sozialbewußtsein »der« ungelernten und gelernten Arbeiter und »der« Angestellten ausbilden konnte, das zumindest bei den Arbeitern zeitweilig die Form eines »Klassenbewußtseins« annehmen konnte.[9]

Seitdem hat aber, wie Schelsky im Jahr 1956 ausführt, »die Entwicklung der technischen Verfahren in unserer Jahrhunderthälfte ... diese Berufs- und Sozialgliederung bereits vielfach durchbrochen. So ist heute insbesondere eine breite Schicht der angelernten Arbeiter entstanden, die in sich sehr unterschiedliche Berufsleistungen und Fähigkeiten vereint. ... Weiterhin hat die stärkere Verlagerung der Produktionsleistung in die Vorplanung sowie die steigende Spezialisierung und Technisierung von Verwaltung und Verteilung eine zumeist auf irgendwelcher Fachschul- oder Sonderausbildung beruhende Schicht technischer Angestellten hervorgebracht und auch die anderen Büro-Berufe derart ausgefaltet und differenziert, daß sowohl arbeitstechnisch als auch sozial kaum noch von einer einheitlichen Gruppe der Angestellten gesprochen werden kann.« Eine der auffälligsten Folgen dieser Entwicklung ist, daß »das soziale Selbstverständnis der Gegenwart eine Klassenstruktur der Gesellschaft nicht mehr bejaht.«

Hinzu kommt aber, daß sich auch »der einzelne heute nicht mehr einer Klasse und der Zugehörigkeit zu ihr ausgeliefert und sein Leben durchgängig von Klassengesichtspunkten her bestimmt fühlt«.[10] Diese Entwicklung wird durch eine zunehmende berufliche Mobilität, wie auch durch eine sich ständig ausdehnende, die Lebensrisiken der liberalen Gesellschaft absichernde Sozialpolitik und eine die Einkommensunterschiede tendenziell nivellierende Steuerpolitik verstärkt.[11] Zusammengenommen bewirkt die vereinigte Stoßkraft dieser Wandlungen viel mehr als nur die Auflösung der Klassengesellschaft und des Klassenbewußtseins. Sie bringt vielmehr, weit darüber hinausreichend, ei-

---

9 H. Schelsky: Beruf und Freizeit als Erziehungsziele in der modernen Gesellschaft (1956), hier zitiert nach: H.Schelsky: Auf der Suche nach Wirklichkeit, Düsseldorf-Köln 1965, S. 160 ff.
10 H. Schelsky, a.a.O., S. 161
11 H. Schelsky: Die Bedeutung des Schichtungsbegriffs für die Analyse der gegenwärtigen deutschen Gesellschaft (1953), hier zitiert nach H.Schelsky: Auf der Suche nach Wirklichkeit, a.a.O., S. 331 ff.

nen »*Entschichtungsvorgang*« in Bewegung, der auf eine »soziale Nivellierung in einer verhältnismäßig einheitlichen Gesellschaftsschicht« (oder: auf eine »nivellierte Mittelstandsgesellschaft«) hinzielt, »die ebenso wenig proletarisch wie bürgerlich ist.«. Der Nivellierung des realen wirtschaftlichen und politischen Status »folgt weitgehend eine Vereinheitlichung der sozialen und kulturellen Verhaltensformen in einem Lebenszuschnitt«, den man zwar von gewissen Kriterien her noch als »kleinbürgerlich-mittelständisch« bezeichnen kann, dem jedoch grundsätzlich die neuartige Chance zuzurechnen ist, »an den materiellen und geistigen Gütern des Zivilisationskomforts«, »an der Fülle und dem Luxus des Daseins ... teilhaben zu können«.[12]

Wenn man will, so kann man diese Diagnose sozialer Wandlungen im zeitlichen Vorraum des Wertewandelsschubs als eine *direkte Analyse struktureller Entstehungsbedingungen der Selbstentfaltungsorientierung* lesen. Selbstverständlich rechnet zu deren Voraussetzungen ja fundamental die Ablösung des einzelnen von feststehenden, ihm ein stationäres Selbstverständnis aufnötigenden sozialen Zurechnungen, wie auch seine Emanzipation aus den Fesseln einer geschichtlich überlieferten »kleinbürgerlichen« Daseinskargheit, mehr positiv ausgedrückt, die Verfügbarmachung der Welt in ihren wesentlichen Erlebnis-, Erfahrungs- und Genießbarkeitsdimensionen. Schelsky bestätigt diese Entgrenzungsperspektive, indem er ausdrücklich darauf hinweist, in der expandierenden »Freizeit« werde »der Mensch« der Gegenwartsgesellschaft nicht nur mit neuartigen Konsumchancen, sondern geradezu mit einer »Konsumpflicht« konfrontiert, die mit einer bewußt betriebenen »Enthemmung des Konsumstrebens« und mit der organisierten Bekräftigung des sich andeutenden »Grundanspruchs des Zeitgenossen«, der unbegrenzten gleichberechtigten Teilhabe an allen sich anbietenden Daseinschancen, Hand in Hand geht.[13]

Allerdings betont Schelsky gleichzeitig, es gebe gegen diese Entwicklung auch *sozialpsychologische Widerstandskräfte*, die durch die in Gang befindliche Nivellierung und Entgrenzung selbst hervorgerufen würden. »Gegen nichts wehrt sich das Sozialbewußtsein der kleinbürgerlichen ... Menschen mehr als gegen die soziale Standortlosigkeit ohne gesellschaftlichen Rang und Geltung.« Es werde deshalb »typischerweise in

---

12 H. Schelsky: Die Bedeutung des Schichtungsbegriffs ..., a.a.O., S. 332
13 H. Schelsky: Beruf und Freizeit ..., a.a.O., S. 175

dieser nivellierten Gesellschaft die Rangfolge der Prestigeschichtung der alten Klassengesellschaft gewahrt und festgehalten, ja in vielen Fällen betont man die Zugehörigkeit zu bestimmten alten Prestigegruppen heute stärker als früher, obwohl hinter diesen Formen der ‚Einbildung' kaum noch soziale Realitäten stehen. Diesem Festhalten an veralteten sozialen Leitbildern entspricht das Verharren der weitgehend gewandelten Gesellschaft in ihren alten politischen Ideen und Frontenstellungen, wie überhaupt gerade die nivellierte Mittelstandsgesellschaft ideologisch zu Restaurationen jeder Art neigt«.[14]

Und hier haben wir natürlich genau diejenige Spannung zwischen Modernisierungsfakten und »traditionellen« Situationsdefinitionen und -deutungen vor uns, von der wir oben sprachen und der wir eine »Verspätungs«-Wirkung im Bereich der Werte zuschrieben. Schelskys aus den 50er Jahren stammende hellsichtige Analyse liefert uns, zusammenfassend geurteilt, auf eine schlagende Weise einen (Teil-)Beleg für unsere Vermutung der Existenz eines den Wertewandel zugleich vorbereitenden wie auch hemmenden sozio-ökonomischen und sozio-kulturellen »Vorfeldes«. Es handelt sich hierbei wohlgemerkt um einen Teilbeleg, der dieses Vorfeld keinesfalls bereits im ganzen ausleuchtet. Andererseits kann man aber davon ausgehen, von Schelskys Analyse her bereits ein sehr bedeutsames Teilstück dieses Vorfeldes in den Blick bekommen zu können.

2) Wir bekommen ein weiteres, in vieler Hinsicht ergänzendes Teilstück dieses Vorfeldes in den Blick, wenn wir uns den *Ergebnissen empirischer Nachbarschaftsstudien aus den 50er Jahren* zuwenden.

Unter der Überschrift »Das Dilemma des ‚Moral Control'« konnte es hier zu einer Gegenüberstellung des Nachbarschaftsverkehrs der Großstadt und der alten bäuerlichen Nachbarschaft kommen, wobei vor allem ein Fehlen der meisten früheren Sanktionierungsinstrumente einer konformitätssichernden nachbarlichen Sozialkontrolle ins Auge fiel.[15]

Mehr noch ließen sich in den untersuchten Wohngebieten sehr deutliche *Abwehrhaltungen gegen die Ausübung sozialer Kontrolle* durch »unbefugte« Andere, ja selbst »Gegennormen« gegen sie feststellen, so daß

---

14 H. Schelsky: Die Bedeutung des Schichtungsbegriffs ..., a.a.O., S. 334
15 H. Klages: Der Nachbarschaftsgedanke und die nachbarliche Wirklichkeit in der Großstadt, Stuttgart u.a. 1968 (2. Aufl.), S. 164

explizit von einer »Abdrosselung der Formierungskraft moralischer Werthaltungen«[16] gesprochen werden konnte.

Konkret machte sich dies z.B. in der weitverbreiteten Ablehnung von nachbarlichem »Klatsch«, wie auch der Beobachtung durch andere und der Neigung anderer bemerkbar, sich ein Urteil über eigenes Verhalten »anzumaßen« und sich hierüber am Ende noch »das Maul zu zerreißen«. Solchen früher gänzlich selbstverständlichen Begleiterscheinungen des nachbarlichen Zusammenwohnens begegnete man bereits in den 50er Jahren mit ehrlicher Empörung. »Den Leuten« im Umfeld der eigenen Wohnung, denen man vorher mit einer geradezu ängstlichen Fügsamkeit die Funktion zugebilligt hatte, eine übergewichtige moralische Autorität zu verkörpern, wurde bereits um diese Zeit auch dort, wo man sich noch nicht in die Anonymität großer Wohnblocks zurückgezogen hatte, jegliche moralische Zuständigkeit abgesprochen.

Es mutet im Rückblick nicht übertrieben an, wenn in dem betreffenden Forschungsbericht festgestellt wurde, in den untersuchten Wohngebieten lasse sich eine überwiegende Auffassung von der »Unmoral der Ausübung moralischer Kontrolle« auffinden.[17] Wiederum ist also festzustellen, daß von den Befunden aus scheinbar sehr direkte Verbindungslinien zu der Beschreibung wesentlicher Merkmale des nachfolgenden Wertewandels gezogen werden können.

Wiederum müssen allerdings bei alledem die nichtsdestoweniger immer noch bestehenden *Trenn- und Widerstandslinien* betont werden, die offensichtlich verhinderten, daß der Wertewandelsschub bereits in den 50er Jahren einsetzen konnte.

Sieht man den zitierten Untersuchungsbericht sorgfältig durch, so findet man nämlich keinerlei Hinweise auf eine direkte Verknüpfung zwischen der erkennbar werdenden »Entnormativierung«[18] und demjenigen Selbstentfaltungsanspruch, der sich als ein direktes Kennzeichen des Wertewandels interpretieren läßt. Nirgends wird in den Aussagen der Befragten die Abwehr der moralischen Kontrolle durch die Nachbarn mit einer Inanspruchnahme des Rechts auf eine sozial autonome Individualsphäre begründet, die eigentlich auftauchen müßte, wenn der

---

16 H. Klages: a.a.O., S. 166
17 H. Klages: a.a.O., S. 167
18 Der Begriff ist im vorliegenden Zusammenhang übernommen aus G. Nunner-Winkler: Entwicklungslogik und Wertwandel: ein Erklärungsansatz und seine Grenzen, in: H.O.Luthe und H.Meulemann (Hrsg.): a.a.O., S. 235 ff.

Wertewandel bereits stattgefunden haben würde. Die Begründungen dieser Abwehr beziehen sich vielmehr ausschließlich auf eine fehlende Fähigkeit der Nachbarn, die »richtigen« moralischen Maßstäbe anzuwenden, wie auch auf die zahlreichen Konflikte, die es deshalb in der Nachbarschaft gebe.

Mit anderen Worten fand in den 50er Jahren in den großstädtischen Wohngebieten der Bundesrepublik eine Neutralisierung der vormals höchst machtvollen nachbarlichen Sozialkontrolle und eine damit verbundene faktische Entnormativierung statt, ohne daß sich hiermit zunächst die aus heutiger Perspektive eigentlich höchst naheliegende Inanspruchnahme des Rechts auf eine nur eigener Entscheidung entspringende Lebensgestaltung verband. Das Sozialbewußtsein hielt zunächst noch durchaus an der vererbten Gewohnheit fest, die moralische Be- (und Ver-)urteilung der Lebensführung anderer als »normal« anzusehen, was sich z.B. an der Neigung der Befragten erkennen ließ, selbst gänzlich ungehemmt über Andere zu »lästern« und sie z.B. wegen ihrer abweichenden Lebensführung pauschal als »Kanacken« anzusprechen. Der Unterschied zu früheren Zeiten bestand darin, daß man nunmehr den Besitz der »richtigen« moralischen Beurteilungsmaßstäbe exklusiv für sich selbst und wenige Andere beanspruchte, ohne sich jedoch über den faktischen Individualisierungshintergrund dieser Neigung und über die ihr zugrunde liegenden strukturellen Modernisierungsprozesse irgend eine Rechenschaft abzulegen. Man stellte vielmehr nur verhältnismäßig naiv auf der Grundlage der alltäglichen eigenen Erfahrung fest, daß »die Anderen« offenbar großenteils andere (lies: »falsche«) Auffassungen vom richtigen und »anständigen« Leben hatten und daß man somit – um der Vermeidung von Konflikten willen – klugerweise davon Abstand zu nehmen hatte, ihnen allzu viel Einblick in die eigene Daseinsgestaltung zu geben. Die faktische Individualisierung (im Sinne einer zunehmenden Vielfalt von Lebensstilen) wurde also noch nicht in ein Bewußtsein zunehmender Individualität und in die Hochhaltung der Werte der persönlichen Autonomie und der Tolerierung »abweichender« Lebensgestaltungen umgesetzt. Die Wertesphäre verharrte, mit anderen Worten, zunächst noch in einem herkömmlichen Gehäuse. Sie wies eine »*Verspätung*« gegenüber Einstellungen und Verhaltensweisen auf, welche die Vorbedingungen für einen Wertewandel bereits in gedrängter Form zur Schau stellten.

3) Den *dritten* und letzten Beleg für ein von Spannungen und von Widerständen gegen einen Wertewandel gekennzeichnetes gesellschaftliches Vorfeld des Wertewandelsschubs wollen wir einer Werte-Untersuchung aus der jüngsten Zeit entnehmen, in welcher ein Rückblick auf die in Frage kommende Zeitspanne mit Hilfe verschiedener Datensätze versucht wird.

K.-H. Reuband, der Autor der Untersuchung, wertet zunächst die schon im Jahr 1951 einsetzenden Untersuchungen von EMNID über die elterlichen Erziehungsziele in der Bevölkerung der Bundesrepublik aus und gelangt hierbei zu einer Bestätigung der Feststellung eines Wertewandelsschubs. Es zeigt sich nämlich, daß zwischen 1951 und der Mitte der 60er Jahre die Häufigkeit, mit der das Erziehungsziel »Selbständigkeit« genannt wurde, auf niedrigem Niveau stabil blieb, während es unmittelbar anschließend »schnell an Bedeutung gewann«.[19]

Zu einem völlig anderen Ergebnis gelangt Reuband allerdings, wenn er den *elterlichen Erziehungsstil* unter sekundäranalytischer Auswertung vergangenheitsbezogener Daten, die in einigen Untersuchungen mit Hilfe retrospektiver Fragen gewonnen worden waren, »auf der Verhaltensebene« untersucht. In den betreffenden Untersuchungen waren die Auskunftspersonen nach dem Erziehungsstil ihrer Eltern befragt worden. Bei der Auswertung der Daten, die einen Rückblick bis zum Jahr 1910 ermöglichten, zeichnet sich das überraschende Ergebnis ab, daß die familialen Sozialisationspraktiken bereits zu diesem frühen Zeitpunkt einem deutlichen Liberalisierungstrend unterlagen. Der Autor gewinnt den Eindruck, daß sich der Wandel des faktisch, d.h. auf der Verhaltensebene gehandhabten elterlichen Erziehungsstils »in relativ kontinuierlicher Weise seit der Jahrhundertwende« vollzog.

Die auffällige *Diskrepanz zwischen der Werte-Entwicklung und der Entwicklung des faktischen Verhaltens* wird von Reuband – ganz im Sinne unserer »Verspätungs«-These – auf einer grundsätzlichen Ebene erörtert und zu Recht zum Gegenstand theoretischer Erwägungen erhoben. Er konstatiert hierbei explizit eine von strukturellen Rahmenbedingungen über die Verhaltensebene bis zur kulturellen Dimension des Wertewandels hin reichende Kausalverkettung. Den Anfang machen

---

19 K.H. Reuband: Von äußerer Verhaltenskonformität zu selbständigem Handeln. Über die Bedeutung kultureller und struktureller Einflüsse für den Wandel in den Erziehungszielen und Sozialisationsinhalten, in: H.O.Luthe und H.Meulemann (Hrsg.): Wertwandel–Faktum oder Fiktion?, Frankfurt/M. 1988, S. 78

»familiale Veränderungen«, die aus veränderten sozio-ökonomischen Verhältnissen resultieren: »Kinder sind nicht mehr wie früher Personen, die entscheidend zum Lebensunterhalt beitragen oder gar im elterlichen Betrieb arbeiten. Die elterliche Autorität, die sich auf die Leitung des Haushalts als gemeinsame ökonomische Basis gründet, wird durch eine rein familienbezogene (von der Mutter ausgeübte, H. K.) ersetzt. Kinder ... wachsen (darüber hinaus, H. K.) in einer kleiner gewordenen und materiell besser abgesicherten Familie auf. Nicht nur, daß sie (vielfach H.K.) über ein eigenes Zimmer verfügen und damit zugleich als Störquelle aus der Umwelt der Erwachsenen separiert werden können, sie sind auch später von der Notwendigkeit befreit, zum Lebensunterhalt der Familie beizutragen. ... Die affektive Bindung der Eltern an Kinder ... ist stärker. Man versucht, ihren Besonderheiten möglichst gerecht zu werden«.[20]

»All dies wird«, so fährt Reuband fort, »nicht ohne Konsequenzen bleiben. In einer Familie, die mit vielen Kindern auf engem Raum lebt, werden andere Anforderungen an Freiraum und Verhaltenskonformität in der Alltagspraxis erwachsen als dort, wo wenige Kinder mit jeweils eigenem Zimmer sind. Ebenso wird man überall dort nachsichtiger mit Kindern umgehen, wo die Sachwerte, die sie im Spiel zerstören können, ohne materiellen Aufwand schnell ersetzt werden können.« Zwischen solchen durchaus sehr nachdrücklich in den Stil der Interaktion zwischen Eltern und Kindern hineinwirkenden Wandlungen und einem Wandel der Erziehungswerte braucht allerdings offensichtlich, so folgert Reuband aus seinen Daten, keinesfalls eine unmittelbare Verbindung zu bestehen. »Eine parallele Verschiebung auf der Ebene der Erziehungsziele muß nicht notwendigerweise stattfinden«.[21] Faktisch blieben die Erziehungsziele und -werte über einen längeren Zeitraum hinweg ungeachtet des gewandelten Erziehungsverhaltens konstant. Die in einem veränderten Familienklima aufwachsenden jungen Menschen konnten somit individualisiertere Persönlichkeitsmerkmale entwickeln, obwohl die geltende Erziehungsmoral, die in sie hineinsozialisiert wurde, immer noch den überkommenen Standards folgte.

Blitzartig öffnet sich, so läßt sich ergänzen, aus der Perspektive solcher »kontra-intuitiven« Erkenntnisse eine Brücke zum Verständnis der

---

20 K.H. Reuband: a.a.O., S. 75 f.
21 K.H. Reuband: a.a.O., S. 77

»Jugendbewegung« der Zeit vor dem ersten Weltkrieg, deren Grunderfahrung die »doppelte Moral« der Älteren war. Die objektive Möglichkeit einer solchen Bewegung, in der ganz zweifellos ein Ringen um neue Werte vorhanden war, war eindeutig mit eben denjenigen Widersprüchen und Spannungen verknüpft, die wir als ein Typikum des Vorfelds eines Wertewandels bezeichnet haben.

VI

Die vorstehenden exemplarischen Sondierungen lassen das gesellschaftsgeschichtliche Vorfeld des Wertewandels in seiner sozio- und psychodynamischen Verfassung erkennbar werden: strukturelle Wandlungen im Gefolge der industriellen Revolution haben für große Teile der Bevölkerung nicht nur eine radikal veränderte alltägliche Arbeits- und Lebenspraxis mit sich gebracht, sondern auch ihre beruflichen Entwicklungsperspektiven und ihre Wahrnehmungen bezüglich des erreichbaren Lebensstandards aus der Ebene des scheinbar unumstößlich Feststehenden abgelöst und dynamisiert. Individualisierungsprozesse haben stattgefunden, welche u.a. auch die einstellungs- und verhaltensregulierende Kraft der permanenten Sozialkontrolle in der traditionalen Lebenswelt weitgehend außer Kraft gesetzt haben. Im Gefolge eines veränderten Fortpflanzungsverhaltens, der Entstehung der modernen Kernfamilie und erweiterter materieller Spielräume hat sich der familiale Erziehungsstil liberalisiert. Dies alles hat überraschenderweise jedoch zunächst noch nicht zu einer Änderung der überlieferten, von Pflicht- und Akzeptanzwerten geprägten Mentalitätsgrundlage beigetragen, die ganz offenbar »in sich selbst« über systemisch gelagerte Abwehr- und Widerstandsmechanismen verfügte, die ihr trotz eines ansteigenden »Außendrucks« ein Überleben gestatteten. Allerdings sind, wie anzunehmen ist, intrapsychische »Spannungen« eingetreten, die die Fortexistenz des traditionalen Wertsystems in Frage stellen. Dem aus der gesellschaftshistorischen Perspektive auf die Gegenwart hinwandernden, die zurückliegende Entwicklung nachvollziehenden Blick drängt sich die Erwartung auf, daß aufgrund der eingetretenen Veränderungen eine »Anpassung« der Wertorientierungen der Menschen »ins Haus stehen« sollte.

Begeben wir uns nun von der Ebene der vorbereitenden Vorfeldprognose in die *Ebene der strukturanalytischen »Gleichzeitigkeit«*, d.h. also in denjenigen Zeitraum, in welchem – in der ersten Hälfte der 60er Jahre – der Wertewandelsschub einsetzte, so stoßen wir in der Tat auf eben diejenige »Aufgipfelung« oder »Häufung« synchroner sozialökonomischer Wandlungsprozesse, deren Notwendigkeit für die Auslösung eines Wertewandels oben betont worden war.

In der Tat sind die 60er Jahre – mit einem besonderen Schwerpunkt in der ersten Hälfte des Jahrzehnts – für die Gesellschaftsgeschichte der Bundesrepublik von einer ganz besonderen wandlungscharakterisierenden Bedeutung. Man wird kaum zu weit gehen, wenn man diese Dekade als eine *Entwicklungsphase gesellschaftlicher »Revolutionen«* anspricht und damit das Selbstverständnis der »60er« bestätigt.

Wenn wir uns an dieser Stelle darauf beschränken, im Sinne einer kurzgefaßten Auflistung wenigstens die wesentlichen derjenigen Entwicklungen zu registrieren, die in diesem Zusammenhang ins Auge fallen, so ergibt sich folgendes:

1) Die *anhaltende Prosperität* wird bewußtseinsfähig und als ein dominierendes »Thema« der Bundesrepublik entdeckt. Während die konservative und die linke Sozialkritik uni sono den um sich greifenden »Materialismus« bzw. »Konsumterror« attackieren, erleben die breiten Bevölkerungsschichten mit einer wachsenden Deutlichkeit die befreiende Erfahrung der »Konsumentensouveränität«. Das Konsumverhalten überschreitet, mit anderen Worten, die Ebene der materiellen Existenzerhaltung und -verbesserung und wird erstmals von echter individueller Entscheidungsspontaneität bestimmt. Diese Entwicklung wird durch die Ablösung der bisherigen »Anbietermärkte« durch »Nachfragermärkte« verstärkt.

2) Zugleich überschreitet die seit längerem *abnehmende Arbeitszeit* denjenigen kritischen Punkt, an welchem es existentiell glaubwürdig wird, von einer beginnenden »Freizeitgesellschaft« zu sprechen.

3) Die mit der expandierenden Freizeit verbundene individuelle Emanzipationserfahrung wird – auch in ihrer subjektiven Erlebnisfähigkeit – ganz außerordentlich verstärkt durch die *Motorisierungsrevolution*, die im Zeitbewußtsein ihren Niederschlag in der überall auftauchenden Rede von der »Vollmotorisierung« findet. Die »mobile Gesellschaft«, von der die zeitgenössische Soziologie spricht, kann nunmehr

vor allem an den zeitlich expandierenden Wochenenden auf allen Autobahnen beobachtet werden.

4) Das Lebensgefühl der breiteren Bevölkerungsschichten wird gleichzeitig aber auch sehr nachdrücklich durch die jetzt bewußtseinsfähig werdende Erfahrung einer weitgehenden institutionellen Absicherung der entscheidenden Daseinsrisiken durch den »*Sozialstaat*« bestimmt, der für die politischen Parteien seit der Großen Rentenreform von 1957 zum bevorzugten Vehikel der Wählerstimmenwerbung geworden ist. Die bis dahin noch immer sehr nachhaltig wirksame Neigung, jeden »Spargroschen« auf die »hohe Kante« zu legen, um für Notfälle und -zeiten gewappnet zu sein, ist nunmehr antiquiert. Zwar steigt die Sparquote weiterhin an, aber die Sparmotive wandeln sich fundamental. Es sind nunmehr die kostspieligen »Gebrauchsgüter« der Wohlstandsgesellschaft, für deren Anschaffung man spart. Motive der Selbsteinschränkung um der sozialen Absicherung willen verlieren ihre vormalige mentalitätsbeeinflussende Kraft.

5) Durch die »*Bildungsrevolution*«, die durch eine höchst intensive »Bildungswerbung« vorbereitet wird, wird die sozialwissenschaftliche Interpretationsfigur der »offenen Gesellschaft« mit unbeschränkten individuellen Aufstiegs- und Entwicklungschancen zu einem Element des Sozialbewußtseins der breiten Bevölkerungsschichten. Das einzelne Individuum sieht sich nunmehr offiziell aufgefordert und durch eigene Erfahrungen ermutigt, sich auf seine eigenen »höchst persönlichen« Anlagen und Fähigkeiten zu besinnen und seine Zukunft von ihnen her zu entwerfen. Man kann sich einen stärkeren Stimulus in Richtung der »Selbstentfaltung«, die hier direkt zu einer sozial wirksamen Zielkategorie des individuellen Handelns erhoben wird, kaum vorstellen.

6) Dieses gesamte Wirkungsgefüge wird in einem ganz außerordentlichen Maße verstärkt und gewissermaßen multipliziert durch die »*Medienrevolution*«, konkret: durch das Fernsehen, das in der fraglichen Periode seinen Siegeszug durch die Gesellschaft antritt und sehr schnell vollendet. Das Fernsehen liefert dasjenige entscheidende Fenster in eine lockende, von Überfluß und individueller Unabhängigkeit bestimmte Zukunft, welches das individuelle Bewußtsein benötigt, um die Bremskraft historischer Erfahrungen zu überwinden, die in den Berichten der Älteren fortlebt. Daß dem Fernsehen diese Sozialfunktion zufällt, spiegelt sich in den Programmen der 60er Jahre wider, die im Rückblick von einem naiv anmutenden Zukunftsoptimismus, zugleich

aber auch von Reformfreude und von einer anschwellenden Kritik am
»Festhalten am Alten« geprägt sind.

VII

Es kann ohne weiteres davon ausgegangen werden, daß die vorstehend
skizzierten sozio-ökonomischen Wandlungsprozesse, die synchron mit
dem Wertewandel stattfanden, den ohnehin bereits auf der Wertesphäre
lastenden Wandlungsdruck ganz außerordentlich verstärkten und
daß in Verbindung hiermit die vermutlicherweise bereits vorher vorhandenen
intra-psychischen Spannungen stark erhöht wurden. Die Existenz
des zu Beginn der 60er Jahre immer noch verhältnismäßig unangefochten
fortbestehenden traditionalen Wertsystems wurde hierdurch,
wie man folgern darf, in einem solchen Maße in Frage gestellt, daß eine
Anpassung der Wertesphäre »nur noch eine Frage der Zeit« war.

Wie weiter oben schon angedeutet wurde, würde allerdings die Gefahr
kollektivistischer oder historisch-materialistischer Fehlurteile bestehen,
wenn diesbezüglich eine Automatik angenommen würde, wenn
also z.B. davon ausgegangen würde, bei der Überschreitung eines bestimmten
Schwellenwerts der Intensität sozio-ökonomischer Änderungen
könne mit völliger Sicherheit eine »adäquate« Anpassungsbewegung
erwartet werden. Kurz gesagt würden in einem solchen Fall die
»systemisch« gelagerten *Resistenzkapazitäten* der Wertesphäre – einschließlich
ihrer Bedeutsamkeit für die individuelle »Identität« – unterschätzt.
Ein solcher Einwand läßt sich ohne Schwierigkeit aus der
Ebene der theoretischen Grundsatzüberlegung in die Ebene der historischen
Erfahrung transponieren. So ließen sich z.B. allein aus der Geschichte
des Judentums unabsehbar viele Belege für die fortgesetzte
Resistenz eines kulturell unterbauten Wertesystems trotz externer sozio-ökonomischer
und politischer »Anpassungszwänge« und existentieller
Infragestellungen gewinnen. Von hier aus ließen sich zahlreiche weitere
Beispiele für die Widerstandskraft ethnisch ausdifferenzierter
Wertsysteme erschließen.

Aus allen diesen Beispielsfällen lassen sich allerdings gleichzeitig
auch *zwei elementare Bedingungen für die Werte-Resistenz und den Wertewandel*
ableiten: *erstens* besitzen individuelle Wertorientierungen ganz

offenbar nur unter der Voraussetzung eine stabilitätsgewährleistende Widerstandskraft gegen Infragestellungen aus der Sphäre der »objektiv erfahrbaren Wirklichkeit«, daß zwischen ihren emotionalen und ihren kognitiven Komponenten ein Verhältnis gegenseitiger Unterstützung und Bestätigung vorhanden ist und daß das alltägliche Handeln noch in einem ausreichenden Maße als »Wertevollzug« verstehbar ist. Die Menschen müssen, mit anderen Worten, das was sie subjektiv als »wichtig« ansehen, gleichzeitig auch noch als »richtig« und als eine bewährungsfähige »Leitlinie« für ihr eigenes Verhalten ansehen können, die ihnen befriedigende Lösungen in Konflikt- und Problemsituationen vermittelt und die mit ihrem Bedürfnis nach Selbstachtung vereinbar ist. Überall wo dies nicht mehr der Fall ist, wird die Eigenstabilität von Werten beeinträchtigt und das Vorhandensein eines intakten »Wertsystems« wird in Frage gestellt sein.

Zweitens dürfen die Individuen bei einem starken Anpassungsdruck, der auf traditionalen Werten lastet, aber auch nicht »alleingelassen« werden. Es muß vielmehr in der Regel irgendwelche »kulturellen« und »gesellschaftlichen« Außenstützen geben, die die Entstehung des Eindrucks der »Isoliertheit« und »Vereinsamung«, oder gar der »Entfremdung« verhindern und die dem »standhaften« Einzelnen die Gewißheit vermitteln, über Institutionen und Bezugsgruppen verfügen zu können, die sein »in Treue festes« Ausharren im kontra-faktischen Wertemilieu (mit-)tragen und – zumindest symbolisch – belohnen.

Daß in der ersten Hälfte der 60er Jahre ein massiver Wertewandel stattfand, läßt umgekehrt darauf schließen, daß diese beiden Bedingungen nicht mehr – oder nicht mehr ausreichend – erfüllt waren. Es muß, mit anderen Worten, davon ausgegangen werden, daß die vorhergehende Korrespondenz zwischen den emotionalen und den kognitiven Komponenten der gesellschaftlichen Wertorientierungen durch »*Einbrüche*« *neuer Elemente* nachdrücklich gestört war und daß gleichzeitig die institutionellen und sozialen Außenstützen der traditionalen Werte so stark reduziert waren, daß von ihnen keine ausreichenden Stabilisierungswirkungen mehr ausgehen konnten.

Es kann und soll an dieser Stelle nicht der Versuch unternommen werden, diese Annahmen im einzelnen zu belegen. Es dürfte jedoch bereits aus dem Vorangegangenen klar geworden sein, daß sowohl die gekennzeichneten Vorfeldprozesse, wie auch insbesondere die Wandlungsvorgänge in den 60er Jahren eine Fülle solcher »sozialkultureller«

Veränderungen mit sich brachten, wenngleich sie von ihrer Ausgangsbasis her betrachtet ursprünglich »sozio-ökonomischer« Natur gewesen sein mochten. Es ist dies an der »Bildungsrevolution« demonstrierbar, deren auslösendes Motiv zwar die Aufdeckung eines »Manpower«-Defizits und die Befürchtung eines hieraus resultierenden Zurückfallens der Bundesrepublik im internationalen Wettbewerb war, in die aber unmittelbar auch Motive der Verwirklichung individueller Grundrechte auf Chancengleichheit und der Aufhebung herkömmlicher sozialer Schranken der Persönlichkeitsentwicklung einfließen konnten. Man kann dies ebenso gut aber auch an der »Medienrevolution« erläutern, die mit der Ausbreitung des Fernsehens jedem Einzelnen den unbeschränkten Zugang zu allen verfügbaren Horizonten der Selbstidentifikation und Wunschprojektion und gleichzeitig auch die unmittelbare Teilhabe an der Streit- und Kritikkultur eines liberalen Intellektuellentums ermöglichte. Die emanzipierenden Wirkungen der übrigen »Revolutionen« auf das Handeln, Denken und Fühlen der Menschen waren bereits angesprochen worden.

Nachfolgend seien – in Ergänzung zu diesen wenigen Bemerkungen – noch einige Hinweise auf *sozialpsychologische Theorieansätze* angefügt, von denen her sich plötzliche persönlichkeitsinterne Konversionen im Bereich zentraler Wertorientierungen grundsätzlich erklären lassen.

Eine beträchtliche Rolle spielt in diesem Zusammenhang naturgemäß *erstens* die auf L.Festinger zurückgehende *Theorie der kognitiven Dissonanz*, der zufolge Personen bei Widersprüchen oder Konflikten zwischen ihren »Kognitionen« ein Spannungsgefühl empfinden, das sie dazu antreibt, die innere Harmonie durch Änderungen im Bereich der kognitiven Struktur wieder herzustellen.[22]

Das verhältnismäßig späte, dann aber u.U. überraschend plötzliche Auftreten von Wertänderungen kann beim Rückgriff auf die Theorie der kognitiven Dissonanz dadurch erklärt werden, daß betroffene Personen zunächst versuchen werden, die wichtigeren Elemente ihres Selbst, d.h. also insbesondere ihre zentralen Werte, gegen Gefährdungen zu schützen. Ein Aufgeben dieser Elemente wird für sie erst dann in Frage kommen, wenn die von ihnen subjektiv erlebte Dissonanzstärke einen sehr hohen Schwellenwert überschreitet. Die Strategie der

---

22 Vgl. zu einer kompakten Einführung U. Girg: Dissonanztheorie, in: H.Werbik u. H.J.Kaiser (Hrsg.): Kritische Stichwörter zur Sozialpsychologie, München 1981, S. 53 ff.

Dissonanzreduktion wird sich in diesem Augenblick aber gewissermaßen umkehren. Die fraglichen Werte können dann unversehens von schutzwürdigen Objekten zu Störenfrieden des elementaren Konsonanzbedürfnisses und zu Objekten eines gegen sie gerichteten intra-psychischen Exorzismus werden.

Ein *zweiter* Ansatz, der enge Bezüge zu dieser Theorie aufweist, ist um den Begriff des *»forced compliance«* kristallisiert. U.a. aufgrund von Beobachtungen in Verbindung mit »brain washing«-Praktiken, wie sie im postrevolutionären China praktiziert wurden,[23] gelangte man zu der stark verallgemeinernden Einsicht, daß Individuen, die unter dem Eindruck der Isolierung und des Ausgeliefertseins an übermächtige Einwirkungen stehen und Angst empfinden, zu einer Unterwerfungshaltung veranlaßt werden können, die dann nach innen weiter wirkt, indem sie alle entgegenstehenden Werte und Einstellungen unterdrückt oder auslöscht. Auch hier ist der entscheidende Wirkungsmechanismus letztlich ein Bedürfnis nach Dissonanzreduktion.[24]

Das »forced compliance«-Theorem kann ggf. auch noch erklären, wieso Menschen, die – möglicherweise aus gänzlich pragmatischen Erwägungen – ein ihren »eigentlichen« Werten nicht entsprechendes Verhalten annehmen, nach einiger Zeit Werte zur Schau stellen, die mit diesem Verhalten übereinstimmen. Die Fähigkeit des Ansatzes, verhältnismäßig späte, dafür aber plötzlich einsetzende Wertänderungen zu erklären, leitet sich unmittelbar aus seiner engen Beziehung zur Theorie der kognitiven Dissonanz ab.[25]

An Ergebnisse, die aus der Forschung im Rahmen der Dissonanztheorie vorlagen, knüpft *drittens* die Theorie der *Selbstwahrnehmung* von D.J.Bem an, der ein zusätzliches Potential für die Erklärung von Wertänderungen zuzurechnen ist, die abrupt an vorangegangene Verhaltens- und Einstellungsänderungen anschließen.

Der Ausgangspunkt dieser Theorie ist abermals die Annahme, daß Personen ein Verhalten entwickeln, das ihren verinnerlichten kognitiven und affektiven Leitprinzipien nicht entspricht, wobei allerdings nicht auf das Vorhandensein von äußerem Druck abgestellt werden

---

23 Vgl. hierzu R. Lifton: Thought Reform and the Psychology of Totalism: A Study of »Brainwashing« in China, New York 1963
24 Vgl. D. Westen: Self & Society. Narcissism, Collectivism, and the Development of Morals, Cambridge u.a. 1985, S. 377 f.
25 Vgl. hinsichtlich einer direkten Subsumierung des forced compliance-Ansatzes unter die Dissonanztheorie U. Girg: a.a.O., S. 59 ff.

muß. Es wird vielmehr davon ausgegangen, daß das »Innenleben« der Person stets eine gewisse Fragmentierung aufweist, so daß u.U. ein Verhalten, das den Werten widerspricht, zumindest zeitweilig einer »nützlichen Nichtbeachtung« unterliegen kann.

Natürlich steigt aber die Wahrscheinlichkeit einer »Entdeckung« eingetretener Inkonsistenzen mit ihrem Ausmaß und ihrem Gewicht, so daß sich dem Individuum in irgendeinem Augenblick die Aufgabe aufdrängen wird, sich mit sich selbst zu konfrontieren. Die Theorie von Bem stellt auf diejenigen Fälle ab, in denen in diesem »Augenblick der Wahrheit« eine Anpassung der Selbstwahrnehmung an das eigene Verhalten erfolgt. Verallgemeinert ausgedrückt ziehen diejenigen Personen, bei denen eine solche Reaktion stattfindet, »ihr eigenes Handeln in einer gegebenen Situation zur Interpretation« heran, um »kognitiv unklare .... Innenzustände« zu klären.[26] Wie Locksly und Lenauer experimentell ermittelten, kommt es hierbei zu Uminterpretationen im Bereich der Selbstzuschreibung von Persönlichkeitseigenschaften.[27] Wenngleich »innere Revolutionen« solcher Art die Wertesphäre zunächst noch nicht unmittelbar betreffen müssen, ist der Weg zu ihr doch nicht mehr allzu weit. Man kann die These aufstellen, daß jemand, dem die Durchhaltung eines faktischen Verhaltens wichtig genug ist, um sein Selbstbild umzuschreiben, auch vor einer Werte-Revision nicht zurückschrecken wird. Legt man die zentralen Aussagen der Dissonanztheorie zugrunde, dann wird die Bereitschaft und Fähigkeit zu einer solchen Revision zu den Bedingungen der erfolgreichen Selbstbildanpassung gehören, da ohne sie diejenige innere Spannung, die die Person vermeiden will, ja letztlich nur an einen zentraleren Ort verlagert und somit potenziert werden würde. Der Ökonomie der intendierten Anpassung würde damit aber erkennbarerweise entgegengearbeitet werden.

Die Behauptung, daß innere Mechanismen, die ggf. auch eine Werte-Konversion herbeizuführen vermögen, gewissermaßen zur Normalausstattung der Person gehören, findet sich endlich einer *vierten* verhältnismäßig verzweigten, von S.Freud herkommenden und somit in vieler Hinsicht anders gelagerten Position. Nach D.Westen besetzt das Individuum sowohl ein »ego ideal« mit der Funktion »to establish value and meaning« wie auch ein »ego real«, dessen Aufgabe es ist, für das

---

26 Vgl. E. Witte: Sozialpsychologie, München 1989, S. 344
27 E. Witte: ebenda

ständige »adjustment to reality« Sorge zu tragen. Das Verhältnis zwischen diesen beiden Ego's ist natürlicherweise spannungsgeladen und konfliktbelastet. Jede gesunde Person verfügt jedoch über eine »*integrating function*«, in deren Zentrum sich ein »self-system« befindet, das den Ausgleich zwischen den beiden konfligierenden Seiten zu leisten vermag.[28] Die Fähigkeit zu einer in das Innere der Person hineinwirkenden Anpassung an das »Realitätsprinzip« (S.Freud) ist dem Menschen also, nach dieser Auffassung, als eine stets präsente Fähigkeit von Haus aus mitgegeben, was nicht ausschließt, daß sie in praxi vor allem in bestimmten Ausnahmesituationen, d.h. also überwiegend nicht permanent und graduell, sondern vielmehr intermittierend und gewissermaßen »katastrophenartig« in Erscheinung tritt.

VIII

Das Bedeutsame an der sozialpsychologischen Erklärungsebene ist, daß sie dasjenige »mikrostrukturelle Nadelöhr« ausleuchtet, durch das jede makrostrukturell oder -dynamisch gelegte Modernisierungstheorie hindurch muß, wenn sie den Erfordernissen einer ablaufbezogenen und somit prozessual konkretisierten Theorie des Wertewandels entsprechen will. Wie die vorstehende – keinesfalls erschöpfend gemeinte – Auflistung einzelner Deutungsansätze erkennen läßt, findet sich das Potential für die Erklärung des abrupten Einsetzes des Wertewandelsschubs der ersten Hälfte der 60er Jahre nach einer längerfristigen Vorbereitungsphase in der Tat im wesentlichen auf eben dieser Ebene. Mit anderen Worten läßt sich hier der in Erscheinung tretende plötzliche Kontinuitäts- oder Traditionsbruch im Wertebereich nur bei der Hinzufügung dieser Ebene prozessual »verstehen«. Von dieser Ebene her ist unmittelbar nachvollziehbar, wieso sich der Wertewandel nicht den verhältnismäßig »glatten« Aufschwüngen der wandlungsdruckhaltigen Modernisierungsprozesse anschmiegt, sondern eine phasentypische Aufeinanderfolge von Resistenz und schnellem Umsprung an den Tag legt. Daß jeder Versuch, dieser Abweichung durch die Konstruktion einer beide Phasen überspannenden Hüllkurve mit stetigem Verlauf zum

---

28 D. Westen: a.a.O., S. 103 ff.

Verschwinden zu bringen, die Grenze der legitimen Vereinfachung hoffnungslos überschreiten und den realen Prozeßcharakter des Wandels verfälschen muß, ist letztlich nur von hierher begreifbar.

Die verlaufsbezogene Erklärung des abrupten Einsetzes des Wertewandlungsschubs in der ersten Hälfte der 60er Jahre ist damit allerdings noch keineswegs zu ihrem Abschluß gelangt, denn die sozialpsychologische Erklärungsschicht liefert keineswegs bereits eine *Erklärung des konkreten Eintrittsdatums des Wertewandelsschubs*. Zwar läßt sich aus den dargestellten Erklärungsansätzen folgern, daß ein gesellschaftlicher Wertewandel unter der Bedingung verhältnismäßig gleichartiger individueller Betroffenheiten durch den Modernisierungsvorgang innerhalb einer Bevölkerung oder einzelner ihrer Teile mit einer hohen Wahrscheinlichkeit innerhalb eines eng bemessenen Zeitraums einsetzen wird, der bei gebührendem Abstand ggf. auch als »Zeitpunkt« interpretierbar sein wird. Um welchen konkreten *Zeitpunkt auf der historischen Zeitachse* es sich hierbei handeln wird, läßt sich hieraus allerdings nicht unmittelbar ableiten, zumal kaum eine »deterministische« Beziehung zwischen dem Anwachsen des vorhandenen Wandlungsdrucks und dem Einsetzen eines Wertewandels zugrunde gelegt werden kann. Man wird vielmehr den realen Gegebenheiten näherkommen, wenn man davon ausgeht, daß der Wirkungsverbund zwischen den dargestellten Makro- und Mikroaspekten des Modernisierungsprozesses zwar eine »Disposition« für den Wertewandel schafft, die diesen »jederzeit« eintreten lassen kann, ohne daß seine zeitliche Lokalisierung jedoch bereits ausreichend bestimmbar wäre. Man kann sich vielmehr – ungeachtet der völligen Sicherheit seines bevorstehenden Eintretens – langfristige Schwebe- oder Verharrungszustände »auf der Schwelle« zum Wertewandel vorstellen, die die Frage der Datierung unbeantwortbar werden lassen – es sei denn, daß zusätzliche Bedingungen eintreten, die als unmittelbare »Auslöser« interpretierbar sind.

Natürlich mag man sich auf den Standpunkt stellen, daß die Datierungsfrage »unwesentlich« oder »akzidentiell« sei, sofern die Kausalitätsfrage – im Sinne eines allgemeinen Gesetzmäßigkeitsdenkens – eindeutig beantwortbar sei. Man wird dann aber auf die Frage nach denjenigen Eigenschaften, die »Vorgänge« oder »Ereignisse« irgendwelcher Art zu »Auslösern« eines Wertewandels werden lassen, keine Antwort erteilen können. Die ablaufbezogene Erklärung wird dann, mit anderen Worten, an einem Punkt abgebrochen werden müssen, dem bei einem ins »Gesellschaftsgeschichtliche«, wie auch ins »Handlungspraktische« hinein geöffneten Erkenntnisinteresse eine erhebliche Bedeutung zuzumessen sein wird. Man wird sich sehr gut vorstellen können, daß ein erheblicher Teil der wissenschaftlichen und außerwissenschaftlichen Interessenten einen solchen Abbruch als denkbar unbefriedigend empfinden würden. Schon dies allein sollte ein ausreichender Anlaß sein, von einem solchen Abbruch Abstand zu nehmen.

Wenden wir uns denjenigen zusätzlichen Bedingungen zu, die als unmittelbare *»Auslöser« des Wertewandels* in Frage kommen, so legt sich ein Übergang zum *Wissen der Gegenwartsgeschichtsschreibung* nahe. Konkret muß zunächst abgefragt werden, ob die Gegenwartsgeschichtsschreibung als Disziplin etwas über solche Bedingungen im Zeitraum des Einsetzens des Wertewandels zu berichten weiß. Sollte dies der Fall sein, so könnte von der Annahme ausgegangen werden, Hinweise auf die gesuchte Lösung in der Hand zu halten. Es würde dann zwar ein Verlaß auf die dem Sozialwissenschaftler fremde Arbeitsweise und Deutungstreffsicherheit der Gegenwartshistoriker vorliegen. Zumindest könnte der Sozialwissenschaftler aber von der Hypothese des »sachdienlichen« Charakters der betreffenden Aussagen ausgehen.

Die Voraussetzung für das Gelingen eines solchen Vorhabens ist natürlich, daß eine eindeutige *Datierung des Einsetzens des Wertewandelsschubs* stattfinden kann. Greifen wir auf die Daten über den Wandel der Erziehungsziele in der Bundesrepublik zurück, von denen wir ursprünglich ausgingen, so werden wir verhältnismäßig deutlich auf die Jahre 1964/65 verwiesen. Hierbei ist allerdings, wie schon einmal gesagt, in Betracht zu ziehen, daß die Erziehungsleitbilder eher als »Spätindikatoren« des Wertewandels einzustufen sind. Man wird die somit in Betracht zu ziehende zeitliche Differenz zwar nicht als allzu groß anzusehen haben. Würde man sie vernachlässigen, so würde man jedoch den beabsichtigten Zugriff auf die Aussagen der Gegenwartsgeschichte nicht mit der erforderlichen Präsision vollziehen können.

In der Tat stellt sich beim Blick auf das gesamte vorliegende empirische Material zum Wertewandel der Eindruck ein, daß eine beträchtliche Zahl von Daten auf das Jahr 1963 als das eigentliche Startjahr des Wertewandelsschubs verweisen.

Legt man dementsprechend – ohne allzu akribisch entscheiden zu wollen – die Zeitspanne zwischen 1963 und 1965 als die Startphase des Wertewandelsschubs zugrunde und forscht man in den Arbeiten repräsentativer Vertreter der Gegenwartsgeschichtsschreibung nach, ob sie für diese Jahre Vorgänge und Ereignisse registrieren, die als unmittelbare »Auslöser« des Wertewandels in Frage kommen können, so wird man sehr reichlich belohnt. Was übereinstimmend aus den nachfolgenden Feststellungen von R.Morsey, H.-P.Schwarz und K.Hildebrand abgelesen werden kann, ist die Erkenntnis, daß das *Ende der »Ära Adenauer« im Jahr 1963* das entscheidende Stichwort liefert, von dem her ein plötzlich ausbrechender Stimmungsumschwung und Mentalitätswandel in der Bundesrepublik verstanden werden kann.

Das mit diesem Ende unmittelbar verknüpfte gesellschaftsgeschichtliche Grundthema wird von R.Morsey schlagwortartig in den Mittelpunkt gerückt, wenn er folgendes schreibt: »Seit Anfang der 60er Jahre hat sich .... das politische Klima in der Bundesrepublik, das durch Nüchternheit und Pragmatismus gekennzeichnet gewesen war, von Grund auf verändert, war ein Wertwandel erfolgt. Nicht mehr der Gedanke an weiteren Aufbau und sicheren Ausbau des innerhalb so weniger Jahre Erreichten bestimmte das geistige Klima, sondern *aktivistisches Begehren* nach ‚Bewegung‘, ‚Aufbruch‘ und ‚Emanzipation«‘.[29]

H.-P.Schwarz ergänzt diese Feststellung unter direkter Bezugnahme auf das »öffentliche Klima des Jahres 1963«, indem er feststellt: »Alle sahen einen *Generationswechsel*. Allein erwartet wurde auch ein Wechsel des politischen Stils: hin zu mehr Dialog, zu lebhafterer Mitsprache des Parlaments, zu größerer Offenheit der Regierung für die Stimmen der Gesellschaft ...... Der scheidende Kanzler galt als autoritärer, nicht mehr flexibler Vertreter einer Welt von gestern. .... Die großen Stichworte lauten jetzt ‚Bewegung‘ und ‚Zukunft‘. ‚Die‘ Hoffnung auf Veränderung lag in der Luft, und manche sahen sie in Ludwig Erhard inkarniert. Die liberale Ära hatte begonnen«.[30]

K.Hildebrand spannt einen weiter ausgreifenden analytischen Bogen, indem er feststellt, daß am Ende der Ära Adenauer die neue Republik »auf einmal recht orientierungslos und vor allem ohne die Spur jenes geschichtsmächtig wirkenden Selbstgefühls der Franzosen von der Existenz des ‚ewigen Frankreich‘ oder der Briten von der Überlegenheit des englischen way of life« war. »Unaufhörlich wurden jetzt«, so fährt er fort, »die fundamentalen Forderungen nach Bewußtseinswan-

---

29 R. Morsey: Die Bundesrepublik Deutschland, München 1987, S. 102
30 H.-P. Schwarz: Die Ära Adenauer. Epochenwechsel 1957-1963, Wiesbaden 1983, S. 321 f.

del und Demokratisierung laut. .... Das Schlagwort vom rationalen Aufbruch ging um, wenn sich darunter vorläufig auch nicht mehr als die absolute und unversöhnliche Kritik an allem Bestehenden verbarg. Innerhalb erstaunlich kurzer Zeit trat an die Stelle einer maßvollen, manchmal fast selbstgenügsamen Bescheidung der neuen Bürgerlichkeit die ehrgeizige und anmaßende Geisteshaltung eines revolutionären Kults. Diese Mentalität zeichnet ‚sich durch den besonders intensiven Glauben' aus, ‚die totale Erlösung des Menschen sei möglich und stehe im absoluten Gegensatz zum gegenwärtigen Zustand seiner Sklaverei'. Ja, ‚die totale Erlösung sei das einzig wahre Ziel der Menschheit, dem alle anderen Werte als Mittel unterzuordnen sind'. .... Überall herrschte im scheinbar sicheren Besitz des Erworbenen ein nahezu grenzenloses Verlangen nach dem Neuen. .... Der alte Traum, die Last der .... Existenz abzuwerfen und als ‚neuer Mensch' vom Zwang der Notwendigkeiten frei zu sein, schien bei scheinbar nicht endenwollender Prosperität der Wirtschaft und nahezu vollkommener Verfügbarkeit der Dinge durchaus im Bereich der Möglichkeit zu liegen. .... *Ein Fieber der Veränderung* griff plötzlich in einer dicht bürokratisierten, mitunter steril erscheinenden Leistungs- und Arbeitswelt um sich«.[31]

Die *gemeinsame Substanz* der Aussagen dieser drei Zeitzeugen ist beinahe schon überdeutlich mit Händen zu greifen. Erstens wird in diesen Aussagen klar, daß eine offensichtlich schon seit längerem vorbereitete Spannung im Verhältnis zwischen Gesellschaft und Politik wie auch innerhalb der Gesellschaft selbst in den fraglichen Jahren – mit einem Schwerpunkt im Jahr 1963 – mit einer überraschenden Plötzlichkeit bewußtseinsfähig wurde. Zweitens wird deutlich, daß in dieser Zeit ein Bedürfnis nach einem fundamentalen Wandel, nach einer tiefgreifenden Abkehr von bisherigen Werten gesellschaftsweit um sich zu greifen begann und das allgemeine »Klima« zu bestimmen begann. Und drittens wird die Richtung, die der Wertewandel nahm, in den Begriffen deutlich, mit denen das nunmehr »in der Luft liegende«, die Menschen wie ein »Fieber« ergreifende Denken und Fühlen beschrieben wird.

Es ist wohl kaum eine klarere Kennzeichnung des gesuchten unmittelbaren »Auslösers« des Wertewandelsschubs in der ersten Hälfte der 60er Jahre denkbar. Die verlaufsbezogene Analyse, die im vorliegenden

---

31 K. Hildebrand: Von Erhard zur Großen Koalition 1963-1969, Wiesbaden 1984, S. 421 ff.

Text intendiert war, kann somit abgeschlossen werden. Das plötzliche Auftreten dieses Wertewandelsschubs nach einer längeren, bis zur industriellen Revolution des ausgehenden 19. Jh. zurückführenden Vorbereitungsphase, kann als »erklärt« gelten. Die durchgeführte Analyse hat die Modernisierungsthese, von der ausgegangen wurde, zwar nicht »erschüttert«. Sie hat diese These jedoch – im Wege eines multidisziplinären »Mehrebenenansatzes« – differenziert und erklärungskräftig gemacht.

Die Suche nach Mikro-Makro-Bezügen erwies sich hierbei, wie erinnerlich sein wird, als entscheidend wichtig. Gleichzeitig hat aber am Ende auch das Insistieren auf datierungsfähigen »Auslösern« mentaler Umwälzungen seine Früchte getragen. Die Geschichtswissenschaft wird somit als letztlich unverzichtbarem Partner in einen *Forschungs-Kooperationsverbund* integriert, in welchem sich die Soziologie, die Sozialpsychologie wie grundsätzlich auch die Wirtschaftswissenschaft und die Politikwissenschaft befinden.

Daß sich dieser Koordinationsverbund in einem einzigen Kopfe abspielen mußte, mag zu Recht als der Schwachpunkt des Unternehmens ausgemacht werden. Die Hoffnung auf eine Integration von Köpfen, die Umfangreicheres und Besseres zu leisten vermögen, steht somit am Ende dieser Untersuchung.

Die neuen Leiden der Politik:
Demokratie im Übergang

Wandlungen im Verhältnis der Bürger zum Staat

Thesen auf empirischer Grundlage

I

Das Thema »Wandlungen im Verhältnis der Bürger zum Staat« läßt vielfältige Annäherungen zu. Schon angesichts der Eigenständigkeit der Disziplinen, die sich mit dem Staat beschäftigen, lassen sich höchst unterschiedliche Behandlungsperspektiven auffinden. Aber auch davon abgesehen, enthält jedes einzelne Teilstück der Themenstellung für sich betrachtet sehr viel Komplexität. Entscheidungen für bestimmte Thematisierungsgesichtspunkte sind also unvermeidlich, wenn man sich nicht dem Risiko ausliefern will, einer ins Unanschauliche entfliehenden Abstraktheit oder einer möglicherweise zwar interessanten, letztlich aber unbefriedigt lassenden Oberflächlichkeit anheimzufallen.

Ich selbst habe das Thema durch einen Untertitel eingegrenzt, den ich erläutern möchte: Ich nähere mich dem Thema als empirisch orientierter Sozialwissenschaftler, wobei ich von den Bürgern ausgehe und von ihnen aus bzw. mit ihnen auf den Staat hinblicke. Im Zentrum dessen, was ich ansprechen will, stehen die »Einstellungen« der Bürger zum Staat und deren Wandlungen, so wie sie sich aufgrund der Ergebnisse der empirischen Umfrageforschung darstellen. Die für den Staatsrechtslehrer vorrangig interessante vom Staat selbst ausgehende Betrachtung, derzufolge sich Wandlungen im Verhältnis des Bürgers zum Staat bevorzugt am Wandel des Staats- und Verfassungsrechts ablesen lassen, wird hier gewissermaßen umgekehrt. Nichtsdestoweniger ist die staatsrechtliche Betrachtung für den empirisch orientierten, Umfrageergebnisse aufarbeitenden Sozialwissenschaftler keinesfalls irrelevant. Im Gegenteil muß er sich darüber im klaren sein, daß die Einstellungen der Bürger zum Staat natürlich nicht aus »heiterem Himmel« oder aufgrund irgendeiner rein intrapsychischen Entwicklungsgesetzlichkeit entstehen. Sie besitzen vielmehr einen Entstehungshintergrund, in welchen »der Staat« selbst als ein wesentlicher Ursachenfaktor eingeht. Wenn Detlef Merten darauf hinweist, daß der »aufgeklärte Absolutismus« im Europa des späten 18.Jh. dezidiert auf einen »Wandel« des Verhältnisses der Bürger zum Staat hinzielte und daß im weiteren historischen Verlauf ein »privatnütziger Liberalismus« zur staatsrechtlichen Leitmaxime erhoben wurde, der »durch individuelle Freiheit die ideelle und materielle Entwicklung des Einzelnen und damit auch der Gemeinschaft fördern« wollte,[1] dann ist dies auch für den an Ursachenerklärungen interessierten empirisch orientierten Sozialwissenschaftler ein unmittelbar bedeutsamer Hinweis. Er wird es als unstrittig zu betrachten haben, daß die Einstellungen der Bürger zum Staat, mit Hans Herbert v. Arnim gesprochen, einem »wechselseitigen Beziehungsgeflecht zwischen Staat und Gesellschaft«[2] entstammen, das er aus seiner Analyse nicht ausklammern darf, wenn er nicht einer empiristischen Blickverengung und Beschränktheit zum Opfer fallen will.

Es sei dem allerdings gleich eine These hinzugefügt, mit der der Sozialwissenschaftler diese kausalgenetische Perspektive durch eigene Erkenntnisse anreichert. Die These lautet, daß der auf die Umschaffung des »Untertanen« in den selbstbewußten »Bürger« zielende Staatswille der Vergangenheit eine Entwicklung in Gang setzte, die der Staat im weiteren Fortgang immer weniger »souverän« zu steuern vermochte, die vielmehr eine Eigendynamik entfaltete, die je länger desto mehr auf den Staat selbst zurückschlug und ihn zu verwandeln begann.

Doch davon später. Für den Augenblick möchte ich noch eine zweite Klärung vorwegschicken, mit der ich auf die sog. »Renaissance der Staatsdiskussion« Bezug nehme, die sich in letzter Zeit in der politischen Wissenschaft entfaltet hat.

Insbesondere von Joachim Jens Hesse wurde darauf aufmerksam gemacht, daß es angesichts der Komplexität des Gegenstands eigentlich kaum noch zulässig sei, vom modernen »Staat« im Singular zu sprechen, da man hierbei Gefahr laufe, eine »Einheit und Geschlossenheit«

---

1 Detlef Merten: Das Verhältnis des Staatsbürgers zum Staat, in: Kurt A. Jeserich u.a. (Hrsg.): Deutsche Verwaltungsgeschichte, Band V: Die Bundesrepublik Deutschland, Stuttgart 1987, S. 53-69.
2 Hans Herbert v. Arnim: Staatslehre der Bundesrepublik Deutschland, München 1984, S. 4.

des Staatsbereichs zu unterstellen, die in der Wirklichkeit gar nicht antreffbar sei.³ Ähnliche Einwände mögen, wie hinzugefügt werden kann, für den Gegenstandsbereich des »Bürgers« formuliert werden, denn auch »den« Bürger im Singular wird man nur mit Mühe aufzufinden vermögen, wenn man sich der enormen Fülle der Details der verfügbaren Untersuchungsergebnisse ‚ohne Schutzbrille' ausliefert.

Eine solche ‚Schutzbrille' wird im folgenden allerdings – sowohl nach der Seite des Staats wie auch nach der Seite der Bürger hin – zum Einsatz gebracht, so daß, wie ich meine, der – an und für sich sehr ernstzunehmende – Einwand mangelnder Komplexitätsberücksichtigung nicht zu schrecken braucht. Ich kann an dieser Stelle zur Schilderung des Konstruktionsprinzips dieser ‚Schutzbrille' nur einige Stichworte angeben. Eine besondere Rolle spielt hierbei, daß der sog. »intertemporale Vergleich«, den man ja im Auge haben und durchführen muß, wenn man einen »Wandel« untersuchen will, einen außerordentlich starken komplexitätsreduzierenden Effekt hat. Wenn man in der Lage ist, »Trends« aufzuspüren, dann kann man diese zu seinem Gegenstand machen und die Binnendifferenzierung der Dinge, an denen die Änderungen stattfinden, in den Hintergrund treten lassen. Dies ist ein methodischer Trick, den uns Max Weber mit seiner Lehre von der »idealtypisierenden« Betrachtung gelehrt hat. Ich kann dem – bezüglich des Bildes, das die Bürger vom Staat haben – aber gleich noch eine inhaltliche Erkenntnis hinzufügen, mit der ich bereits zu der eigentlichen Themenbehandlung überleite: Das Bild vom Staat, das die Mehrheit der Bürger der Bundesrepublik besitzt, ist gegenüber der zerklüfteten Staats- und Verwaltungswirklichkeit – wie uns die Untersuchungsergebnisse zeigen – sehr stark vereinfacht, um nicht zu sagen übervereinfacht (konkret gesagt denkt man vorrangig an Bonn, oder in Zukunft auch an Berlin, wenn man an den Staat denkt). Ich kann und will mich mit diesem für sich betrachtet sehr gewichtigen Befund im Augenblick jedoch nicht weiter beschäftigen, sondern erwähne ihn nur als eine empirische Begründung und Rechtfertigung dafür, daß ich es wage, dem Leser mit dem Thema »Das Verhältnis der Bürger zum Staat« (im Singular) zu konfrontieren.

---

3 Joachim Jens Hesse: Aufgaben einer Staatslehre heute, in: Th.Ellwein, J.J.Hesse, R.Mayntz, F.W.Scharpf (Hrsg.): Jahrbuch zur Staats- und Verwaltungswissenschaft, Band 1/1987, Baden-Baden 1987, S. 55 ff.

II

Ich komme nunmehr zur eigentlichen Themenbehandlung, die sich naturgemäß zunächst der Aufgabe zuwenden muß, einen historischen Bezugshorizont aufzubauen, auf dessen Hintergrund dann im Wege eines Vergleichs Aussagen über »Wandlungen« im Verhältnis der Bürger zum Staat vorgenommen werden können.

Da ich »auf empirischer Grundlage« vorgehen will, kann dieser historische Bezugshorizont nicht in allzu weiter zeitlicher Ferne liegen, da die Dichte der verfügbaren Daten schnell abnimmt, wenn man in die Vergangenheit zurückgeht. Insbesondere wird – dies allerdings auch aus anderen Erwägungen – der Zeitraum seit der Gründung der Bundesrepublik nur schwerlich verlassen werden können.

Eine weitere Entscheidung, die getroffen werden will, betrifft die Auswahl einer geeigneten Datenbasis. Ich wähle den Weg, mich den Ergebnissen einer den Fachleuten wohlbekannten und inzwischen gewissermaßen »klassisch« gewordenen internationalen Vergleichsstudie zuzuwenden, die von den Amerikanern Gabriel A. Almond und Sidney Verba im Jahr 1959, d.h. also vor nunmehr rund dreißig Jahren, in insgesamt fünf Ländern durchgeführt wurde (die Länder waren: die USA, Großbritannien, Italien, Mexiko und eben auch die Bundesrepublik).[4]

Ich will und kann die sehr detaillierten Ergebnisse dieser Studie hier nicht im einzelnen vortragen, sondern beschränke mich auf die Widergabe einiger ganz wesentlicher Punkte, ohne hierbei irgendwelche Zahlen zu nennen.

Besonders wichtig muß natürlich erscheinen, daß sich Almond und Verba aufgrund ihrer Analyse dazu veranlaßt sahen, eine Gruppe von Nationen mit einer vollentwickelten demokratischen Kultur von einer zweiten Gruppe von Nationen mit einer unvollständig entwickelten demokratischen politischen Kultur zu unterscheiden. In die erste Gruppe ordneten sie die USA und Großbritannien ein, in die zweite Gruppe der Länder mit unvollständig entwickelter politischer Kultur dagegen Italien, Mexiko wie auch die Bundesrepublik. In der Bundesrepublik gebe es zwar, so erläuterten sie diese überraschende Entscheidung, ein gut entwickeltes demokratisches Parteiensystem wie auch – seitens der

---

[4] Gabriel A. Almond and Sidney Verba: The Civic Culture. Political Attitudes and Democracy in five Nations, New Jersey 1963.

Bürger – eine hohe Wahlbeteiligung und eine beträchtliche Bereitschaft, sich politische Kenntnisse anzueignen. Auf der anderen Seite sei jedoch die Bereitschaft, sich aktiv zu engagieren, sehr gering. Auch der »system affect«, d.h. also die persönliche Identifikation mit dem »System« als solchem, sei sehr niedrig ausgeprägt. Eine überwiegende Passivität verbinde sich mit einer pragmatischen, genauer gesagt: »überpragmatischen« Grundorientierung, aus der heraus man den Staat in erster Linie als einen Leistungsproduzenten ansehe und aufgrund seines jeweiligen Leistungs-Output bewerte. Legitimitätsgewährung erfolge im wesentlichen nur auf dieser Grundlage. Almond und Verba fügten hinzu, dies sei eine verhältnismäßig schwache Grundlage, die Gefahren für die Stabilität der Demokratie nicht ausschließe.

Meine Absicht ist nun nicht, dieses Ergebnis, dem dramatische Züge nicht abzusprechen sind, zu diskutieren oder zu kritisieren. Ich nehme es vielmehr als gegeben hin und frage ganz schlicht: Kann man davon ausgehen, daß die Daignose, die in diesem Ergebnis zum Ausdruck kommt, auch heute noch zutrifft, oder hat sich diesbezüglich ein zwischenzeitlicher Wandel ereignet, der zu einer Revision dieser Diagnose veranlaßt? Es ist dies, wenn Sie so wollen, diejenige verhältnismäßig zugespitzte »Forschungsfrage«, mit der ich nunmehr an die Weiterbehandlung des Themas herangehe.

Eine allererste umfassend gemeinte Antwort können wir dem Buch »The Civic Culture Revisited« entnehmen, welches Almond und Verba im Jahre 1980 herausbrachten.[5] David P. Conradt, der eine größere Zahl von Allensbacher Umfragen, wie auch Studien von Rudolf Wildenmann, Max Kaase, Hans-Dieter Klingemann und anderen auswertet, glaubt sich in diesem Buch, zusammenfassend gesagt, zu der Feststellung berechtigt, daß sich die Bundesrepublik in dem Zeitraum zwischen dem Ende der 50er Jahre und den späten 70er Jahren im Hinblick auf die Qualität ihrer politischen Kultur den Vereinigten Staaten und Großbritannien angenähert habe und gegenwärtig – »by all measures« – als ein »Modellfall demokratischer politischer Stabilität« betrachtet werden könne. (Er meint, noch darüber hinausgehen und Almond und Verba eine teilweise allzu skeptische Einschätzung der früheren Lage in der Bundesrepublik bescheinigen zu sollen. Ich erwähne

---

5 Gabriel A. Almond/Sidney Verba (eds.): The Civic Culture Revisited, Boston – Toronto 1980.

dies aber nur der Vollständigkeit halber, nicht also deshalb, um auf diese Frage einzugehen.)

Naheliegenderweise stellt Conradt bei seiner Revision der Problemdiagnose Almonds und Verbas die Frage nach der Grundorientierung der Bürger gegenüber dem staatlichen Bereich als den Mittelpunkt und fragt insbesondere nach der Entwicklung des »system affect« und des »system support«, d.h. also nach den Bedingungen der Legitimitätsgewährung seitens der Bürger. Er kann hierzu neuere Daten zitieren, nach denen die »Zustimmung zur parlamentarischen Demokratie« wie auch die Bejahung der Demokratie als der »besten Form« der Regierung in der Bevölkerung der Bundesrepublik inzwischen ausgesprochen hoch ausfällt und eigentlich über jeden Zweifel erhaben ist. Es könne darüber hinaus, so meint Conradt, aber auch nicht – oder doch zumindest nicht mehr – von einer Passivität der Bürger der Bundesrepublik gesprochen werden, denn es lasse sich nachweisen, daß das »politische Interesse« von den 50er Jahren bis zum Ende der 70er Jahre hin kontinuierlich angestiegen sei. Außerdem sei die ohnehin von Anfang an ungewöhnlich hohe Wahlbeteiligung noch weiter angewachsen; weiter habe die Häufigkeit, mit der im privaten Kreis politische Themen erörtert werden, deutlich zugenommen und gemäßigt »unkonventionelle« Formen politischer Aktivität, wie die Beteiligung an Bürgerinitiativen und an genehmigten Demonstrationen, hätten sich sprunghaft ausgeweitet. Insgesamt gesehen biete die politische Kultur der Bundesrepublik ein total verändertes, ins Positive gewendetes Bild.

Wenn ich selbst nun im folgenden dieser glanzvollen Notengebung gegenüber einige Vorbehalte anmelde, so möchte ich zunächst zwei Dinge klarstellen: Erstens finde ich, daß sie sich in einer höchst angenehmen Weise von der germanophoben Ängstlichkeit abhebt, mit der man in Paris gelegentlich jedes grüne Räuspern als ein Grollen des teutonischen Furors interpretiert. Und zweitens ist an der Solidität der angeführten empirischen Daten ganz gewiß nicht zu zweifeln.

Fraglich muß allerdings erscheinen, ob diese Daten von Conradt und anderen völlig zutreffend interpretiert worden sind und ob sie hinreichen oder nicht vielmehr ergänzt werden müssen, wenn die Frage nach möglichen Wandlungen im Verhältnis der Bürger zum Staat seit dem Ende der 50er Jahre in einer befriedigenden Weise beantwortet werden soll.

Ich möchte – an dem letzteren Punkt ansetzend – auf den folgenden Seiten ein in mehrfacher Richtung ergänztes und verbreitertes Datenbild ausbreiten, wobei ich mir allerdings darüber im klaren bin, daß dies unter den augenblicklichen Umständen nur in einer sehr gerafften Form geschehen kann. Ich werde weiterhin kaum irgendwelche Zahlen nennen. Ich werde die beobachtbaren Entwicklungen auch nicht in allen Einzelheiten ihrer Verläufe beschreiben, sondern unter Inkaufnahme mancher Vereinfachungen und Vergröberungen thesenhaft auf den Nenner ihrer vorherrschenden Trendrichtung bringen. Ich werde endlich auch darauf verzichten, diejenigen Quellen, auf die ich mich naturgemäß stützen muß, zu nennen.

Unter Rückgriff auf das bereits Gesagte können wir zunächst in der Tat davon ausgehen, daß die Bejahung der institutionellen Grundlagen der Demokratie der Bevölkerung der Bundesrepublik seit geraumer Zeit als gesichert gelten kann. Wir wollen dies unter allen Umständen als ein sehr wichtiges Entwicklungs- oder Wandlungsergebnis festhalten, da ja schließlich, – aus der Perspektive der Gründungsjahre der Bundesrepublik gesehen – auch andere Verläufe denkbar gewesen wären.

Wenn man sich nun aber fragt, ob dieses erfreuliche Ergebnis auch bedeutet, daß die Bevölkerung eine starke und gefühlsmäßig verankerte Staatsbeziehung entwickelt hat und daß sie sich persönlich mit dem Staatswesen identifiziert, so wird man doch deutlich zu zögern haben. Ich sage ganz bewußt: »zu zögern« haben, denn das Datenbild läßt weder eine spontan bejahende noch eine spontan verneinende Beantwortung der Frage zu, sondern enthält Ambivalenzen, die eine komplexere Diagnoseformel erforderlich werden lassen.

In der Tat erhält man zwar auf die entsprechende Frage von der Mehrheit die Antwort, daß man den Staat in der Bundesrepublik »sympathisch« finde. Eine positive gefühlsmäßige Beziehung zum Staatswesen ist also da, und wir selbst haben uns angesichts dessen vor einigen Jahren dazu veranlaßt gesehen, einen Speyerer Forschungsbericht mit dem Titel »Staatssympathie« zu veröffentlichen.

Die Staatssympathie konzentriert sich jedoch mit völliger Unmißverständlichkeit auf den »Sozialstaat«, genauer gesagt: auf seine Leistungsseite, und sie ist sehr eng an die subjektive Gewißheit gebunden, der Staat sei leistungsfähig und leistungswillig, und er berücksichtige die eigenen Bedürfnisse und Ansprüche auf angemessene Weise.

Wir können ohne weiteres eine stark angewachsene Sozialstaatsakzeptanz- und Sozialstaatsbeanspruchungsbereitschaft als einen deutlich hervorstechenden Kernsachverhalt der »Wandlungen« des Verhältnisses der Bürger zum Staat festhalten. Mit breiterem Blickwinkel ausgedrückt, ist die Sozialstaatsakzeptanz der Bürger mit dem objektiven Wachstum des Sozialstaats mitgewachsen. Man kann aufgrund der Datenlage, wie ich meine, ruhig noch einen Schritt weitergehen und feststellen, daß sich im Verlauf der zurückliegenden Zeit eine »Anspruchshaltung« gegenüber dem Staat als Sozialstaat aufgebaut hat, die in einem zunehmenden Maße »institutionalisiert« und das heißt – sozialpsychologisch gesehen – u.a. auch: mit einem guten Gewissen ausgestattet wurde. Natürlich gibt es den »verschämten Armen« als Sozialfigur auch heute noch, aber er ist für das, was sich entwickelt hat, nicht mehr charakteristisch. Charakteristisch ist vielmehr derjenige Bürger, der seine rechtlich verbürgten Ansprüche nüchtern zur Kenntnis nimmt und einfordert und der darüber hinaus immer wieder die Frage aufwirft, ob der Staat denn eigentlich »genug« für ihn tue oder ihn nicht vielmehr »ungerechterweise« zugunsten anderer Gruppen in seinen Ansprüchen beschneide.

Zu der gewachsenen Sozialstaatsakzeptanz und -inanspruchnahmebereitschaft gehört – neben einer außerordentlich gesteigerten Sensibilität für faktische oder vermeintliche Ungerechtigkeiten - aber auch eine sehr stark gesteigerte Bereitschaft und Neigung zur Verantwortungszuweisung an »zuständige« oder für »zuständig« erachtete Personen und Instanzen, sozialpsychologisch ausgedrückt: zur »externalen Attribution«.

Man hat die Problematik dieser Entwicklung in den letzten Jahren verschiedentlich als eine Tendenz zur »Staatsüberforderung« gekennzeichnet, und es verknüpfte sich hiermit manchmal die Vorstellung, der Staat sehe sich einer unaufhaltsam zunehmenden »Anspruchslawine« gegenüber, unter der er früher oder später unweigerlich begraben werden müsse.

Man sieht heute ein, daß diese Vorstellung, die auf eine Zusammenbruchstheorie des modernen Sozialstaats hinauslaufen mußte, überdramatisierend war. Ungeachtet dessen besteht jedoch Anlaß, von einer beobachtbaren Tendenz zur Mobilisierung der Bedürfnisse und zu einer Umkehr der Verantwortungszurechnungen zugunsten des sich von Selbstverantwortung entlastenden Einzelnen zu sprechen. Das von W.

Glatzer so benannte »sozialpsychologische Mißgeschick« des Sozialstaats besteht hierbei nicht nur darin, daß auf seiten der Bürger eine Neigung zur Überforderung der staatlichen Möglichkeiten festzustellen ist, sondern auch darin, daß die den Staat belastende Verantwortungszuweisung, wie die Daten recht deutlich erkennen lassen, eine fatale Asymmetrie aufweist. Die dem Psychologen sattsam bekannte Neigung der Menschen, positive Erfahrungen sich selbst, negative Erfahrungen dahingegen anderen zuzurechnen, läßt sich inzwischen im Verhältnis des Bürgers zum Staat allenthalben nachweisen. Der Staat kommt hierbei notgedrungen in eine Klemme, die natürlich auch eine Klemme der politischen Effektivität und der Legitimierungsfähigkeit sein muß. Denn wenn die Bürger schon zunehmend dazu neigen, den Staat aufgrund sozialstaatlicher Leistungen zu bewerten, dann muß sich eine hiermit verbundene Neigung, ihm bei Selbstzuschreibung des Guten Negativerfahrungen zuzurechnen, in der Gesamtbilanzierung der Staatsleistungen durch die Bürger im Sinne eines Abwertungseffektes niederschlagen.

Es war in der letzten Zeit in der öffentlichen Diskussion des öfteren von Widersprüchen zwischen der objektiven Regierungsleistung und der mangelnden Bereitschaft der Bürger die Rede, diese Leistung zu honorieren, und es wurde in diesem Zusammenhang die mangelnde Fähigkeit der gegenwärtigen Bundesregierung kritisiert, ihre Leistungen richtig zu »verkaufen«.

Sicherlich läßt sich eine solche mangelnde Fähigkeit da und dort konstatieren, das will ich gar nicht bestreiten. Im Hintergrund der sichtbar gewordenen Diskrepanzen zwischen der »objektiven« Staats- oder Regierungsleistung und ihrer »subjektiven« Würdigung durch die Bürger steht aber diejenige allgemeinere und grundsätzlichere sozialpsychologische Wandlungstendenz, von der ich gerade gesprochen habe und die man kennen und ins Kalkül zu ziehen hat, wenn man nicht zu schwerwiegenden Fehleinschätzungen der Ursachen aktueller Probleme gelangen will.

III

Fragen und veränderte Wertungen ergeben sich bei näherem Zusehen nun aber nicht nur hinsichtlich der dem Staatswesen seitens der Bürger zukommenden Legitimitätsgewährung, sondern vielmehr auch – in enger Verbindung hiermit – bezüglich der Beteiligungsbereitschaft der Bürger.

Ganz sicherlich können wir insgesamt von einem tendenziellen Verschwinden des »Untertanen« früherer Provenienz und von einem gewaltig angewachsenen bürgerlichen Selbstbewußtsein sprechen.

Dieser sehr erfreulichen Entwicklung kann man allerdings ganz offensichtlich keinesfalls alles das als Deutung aufpfropfen, was man aus der Perspektive der klassischen demokratietheoretischen Denktraditionen vom idealen – oder »mündigen« – Staatsbürger erwarten zu sollen glaubte (und teilweise immer noch glaubt).

Insbesondere darf man das reale Wachstum eines bürgerlichen Selbstbewußtseins nicht mit der Bereitschaft verwechseln, die Beschäftigung mit den »öffentlichen Angelegenheiten« zu einem persönlichen (Dauer-)Anliegen vorrangiger Natur zu erheben und sich hierin von einem seinen Privatangelegenheiten verhafteten »bourgeois« zu einem republikanisch gesonnenen, sich substanziell »politisch« verstehenden »citoyen« zu wandeln.

Alle Daten, die wir besitzen, fügen sich demgegenüber in ein ernüchterndes Bild. Ungeachtet der Tatsache, daß medienvermittelte Kenntnisse aktueller politischer Vorgänge verbreitet sind, sind die Kenntnisse über die Strukturprinzipien und Funktionsbedingungen des politisch-administrativen »Systems« nach wie vor überwiegend marginal. Man hat in diesem Zusammenhang zutreffend von einer verbreiteten »politischen Ignoranz« gesprochen. Die Bemühungen der »reeducation« und der an sie anschließenden »politischen Bildung« um verbesserte Systemkenntnisse wurden schon den 60er Jahren als »gescheitert« erklärt - eine Bewertung, die nie widerrufen wurde. Es läßt sich auch feststellen, daß es bezüglich aktueller politischer Geschehnisse eine hohe »Vergessensrate« gibt. Politiker können mit einiger Sicherheit davon ausgehen, daß Dinge, die zeitweise hohe Erregungswellen verursachen, von der Mehrheit ein halbes Jahr später kaum mehr erinnert werden. d.h. also den Zugang zum sogenannten »Langzeitgedächtnis« gar nicht gefunden haben – ganz anders, als dies mit Erfahrungen der Fall ist, die mit der persönlichen Lebensgeschichte verbunden sind. Ungeachtet der Tatsache, daß vor allem die CDU/CSU in den 60er und 70er Jahren steigende Mitgliederzahlen verbuchen konnte, ist aber auch die Bereitschaft zur direkten Mitwirkung im politischen Prozeß über die gesamte Bevölkerung hinweg betrachtet verhältnismäßig gering geblieben. Die zeitweiligen Steigerungstendenzen des Engagements im Rahmen politischer Parteien sind überdies längst wieder zu einem Stillstand gekommen. Im Gegenteil muß man _ trotz aller differenzierenden Zahlen, die es hierüber gibt – davon ausgehen, daß der sogenannte »Wechselwähler«, d.h. also derjenige Wähler, der je nach momentaner Interessenlage zwischen den um ihn werbenden Parteien entscheidet, der also keine eigentliche »Parteibindung« mehr besitzt, in den letzten Jahren kräftig expandiert ist. Man wird kaum fehlgehen, wenn man davon ausgeht, daß er inzwischen schon 30 bis 40 % des gesamten Wählerpotentials umfaßt und weiterhin im Anwachsen ist, d.h. also dabei ist, zu einem dominierenden Wählertypus zu werden, auf den sich die Parteien gegenwärtig zwangsläufig einzustellen beginnen.

Innerhalb des durch solche Daten vorbereiteten Deutungskontextes ist auch das in der Tat beobachtbare Anwachsen des »politischen Interesses« zu verorten.

Man muß, um dieses Wandlungsphänomen richtig zu verstehen, nochmals auf den bereits angesprochenen Wandel der Staatstätigkeit, konkret: auf die Entwicklung des »Sozialstaats« zurückkommen. Wie die Daten zeigen, verbindet sich die Akzeptanz des Sozialstaats mit einem enorm angewachsenen Bewußtsein existenzieller Abhängigkeit vom Staat. Es ist angesichts dessen nur natürlich, daß man sich für das, was politisch geschieht, mehr interessiert als früher. Das Interesse konzentriert und beschränkt sich jedoch mit völliger Unmißverständlichkeit auf diejenigen Dinge, die einen   als Privatperson! – unmittelbar oder mittelbar »betreffen« und insofern auch »angehen« (daß wir alle inzwischen mehrfach am Tage von »Betroffenen« reden, oder uns selbst als »betroffen« deklarieren, ist ein ohne großen Wissenschaftsapparat nachprüfbarer Beleg für diesen Wandel, in welchem sich »objektive« Entwicklungen mit Bewußtseinsreaktionen verschränken). Grob gesagt interessiert man sich für anstehende Begünstigungen und Berechtigungen, wie auch umgekehrt für möglicherweise auf einen zukommende Belastungen und Risiken, wobei gleich hinzugefügt werden kann, daß die Belastungs- und Risikosensibilität im ganzen genommen außerordentlich angestiegen ist, so daß sich auch der Kreis der Dinge und Ereignisse, die in diesem Zusammenhang relevant sind oder erscheinen, immens ausgeweitet hat. Im Gefühl fundamentaler Abhängigkeit vom politisch-administrativen Raum – oder vom »Staat« – , wie auch in richtiger Einschätzung eigener Unfähigkeit, den politischen Prozeß als Einzelperson wirksam zu beeinflussen, entwickelt sich eine gewissermaßen »chronische Wachheit und Reizbarkeit«, welche das Potential jederzeit möglicher Umschläge in die Hypersensibilität und die aus ihnen folgenden Abreaktionszwänge in sich trägt (dem Kenner wird nicht entgehen, daß ich in diesem Augenblick mit Gehlen'schen Kategorien analysiere).

Natürlich macht auch der heutige Bürger noch von den Entlastungschancen der »Vertrauens«-Gewährung Gebrauch. Man könnte sogar die These wagen, daß unter den heutigen Bedingungen einer gewaltig erhöhten Abhängigkeit des Einzelnen vom Funktionieren der ihn umgebenden organisierten Daseinsordnung ein unentrinnbarer Zwang zur unentwegten Vertrauenszuweisung an andere zu den elementaren (Über-)Lebensbedingungen überhaupt gehört.

Das pauschale Vertrauen in die professionelle Sachkompetenz, das man alltäglich dem Arzt, dem Omnibusfahrer, dem Flugzeugführer oder dem Architekten und Baustatiker entgegenbringt, gewährt man dem Politiker aber typischerweise nicht. Wie wir vielmehr bei eigenen Untersuchungen feststellen konnten, wird das spezifische Vertrauen, das man dem Politiker entgegenbringt, von Bedingungen und Anforderungen mitgeprägt, die das, was die Politik faktisch zu leisten vermag, deutlich überfordern. Dieses Vertrauen ist nämlich erstens stark persönlichkeitsabhängig, d.h. von der Frage mitbestimmt, ob man einen Politiker aufgrund seines Auftretens und seiner allgemeinen »Ausstrahlung« als »vertrauenswürdig« einstufen kann. Dieses Vertrauen ist zweitens aber auch – und dies verknüpft sich hiermit – mit quasi-moralischen Zuverlässigkeits- und Treueerwartungen aufgeladen, wie man sie im privaten Leben allenfalls an gute Freunde richtet. Kürzer ausgedrückt werden in dieser Vertrauenszuweisung Kategorien des privaten Lebens auf die Politik – und damit auf den Staat – projiziert. Staatsphilosophisch ausgedrückt und in der Sprache des frühen 19.Jh. formuliert ist es also der Privatmensch, der dem Staat seinen Stempel aufdrückt, anstatt sich selber zum Citoyen und damit ins Politikgemäße hinein zu wandeln. Daß die Medien hieran einen gerüttelten Anteil haben, die einem »Willy« oder »Helmut« hautnah ins Wohnzimmer liefern und die hiermit eine fast schon unwiderstehlich suggestive Vertrautheitsillusion produzieren, ist unbestritten. Ebenso wenig kann übersehen werden, daß die schon einmal angesprochene Selbstdarstellung des Staates auch diese Entwicklung sehr stark begünstigt. Hinweise solcher Art können allerdings das Phänomen selbst nicht entschärfen. Sie legen vielmehr mächtige Stabilisatoren und Antriebskräfte des Phänomens im objektiven Staatsgetriebe frei, genauer gesagt in demjenigen Beziehungsfeld zwischen dem Staat und den Bürgern, das offenbar heute eine prekäre Eigendynamik zu entwickeln begonnen hat.

Daß bei alledem von innerer »Souveränität«, oder auch von »Autorität« des Staates im herkömmlichen Verständnis nicht mehr die Rede sein kann, ist klar. Im Verhältnis des Bürgers zum Staat beginnt vielmehr mit einer gewissen Unausweichlichkeit enttäuschtes Vertrauen und eine aus ihm fließende, zunehmend habituell werdende Mißtrauensneigung gegenüber »Politikern« und »Behörden«, schlechthin eine zunehmende Rolle zu spielen. Ohnehin sorgt ja der gesellschaftliche »Wertewandel«, den wir seit Anfang der 60er Jahre beobachten können, für eine wachsende Inanspruchnahme von Souveränitätsrechten durch das sich selbst als Mittelpunkt setzende Individuum, d.h. also, landläufig ausgedrückt, für einen immer selbstsicherer werdenden »Individualismus«, der das Selbstentfaltungsstreben des Einzelnen mit allen erdenklichen Souveränitätsattributen ausstattet.[6] Es ist nicht so, daß angesichts dieser neuen Grundeinstellung Pflichten und Opfer eo ipso abgelehnt würden. Man ist zu ihnen aber nur noch unter der Bedingung bereit, daß sie die Nagelprobe der individuellen Meinungs- und Urteilsbildung bestehen.

Ebenso wie man heute zur »Akzeptanz« der Anordnungen von Vorgesetzten überzeugt werden will, so will man auch Anforderungen, Belastungen oder Wunschversagungen von Staats wegen nur dann akzeptieren, wenn man von ihrer Sinnhaftigkeit und Unvermeidbarkeit persönlich überzeugt worden ist. Wir sind, mit anderen Worten, auf dem Wege, zu einem Volk von lauter kleinen Autokraten – oder vielmehr: Autozentrikern – zu werden.

---

6 Vgl. hierzu H. Klages: Wertedynamik: Über die Wandelbarkeit des Selbstverständlichen, Zürich u. Osnabrück 1988, S. 56 ff.

Man kann sich nun natürlich zu Recht auf den Standpunkt stellen, daß die Inanspruchnahme einer solchen Individualsouveränität durch die »anthropozentrische« Auffassung[7] gedeckt ist, welche in der Tat die Definition des Verhältnisses zwischen Staat und Bürgern im Grundgesetz leitet. In Ihrer Verbindung mit einer vorherrschend werdenden Mißtrauensdisposition läßt diese Inanspruchnahme jedoch ein explosives Gemisch entstehen, in welchem Inobödienz, zu deutsch: Protest- und Verweigerungsbereitschaft, den Anschein einer Tugend erhält, die man entwickeln – oder doch zumindest deklarieren – muß, um der »Würde« des Menschen teilhaftig zu werden.

Während der letzten Jahre hatte man selbst als ‚abgebrühter' Sozialwissenschaftler Anlaß zum Staunen, als bekannt wurde, daß über die Hälfte der repräsentativ befragten Berliner »Sympathie« für die damals noch nicht pazifizierten Hausbesetzer entwickelten. Inzwischen sind solche Befragungsergebnisse jedoch schon beinahe alltäglich geworden. Ein Gutachten, das Max Kaase im Jahr 1987 für das BMJFG lieferte, beziffert das Potential des »zivilen Ungehorsams« in der Jugend bis zu 30 %, und einer aus dem Jahr 1986 stammenden Allensbacher Umfrage zufolge wird das »Gewaltmonopol« des Staates inzwischen von 44 % aller Bundesbürger über 16 Jahre abgelehnt. Neben dem Ausmaß dieser Infragestellung der inneren Souveränität des Staates muß aber auch die Neigung des Staates selbst überraschen, sich solchen Entwicklungen nicht etwa entgegenzustemmen, sondern sie umgekehrt durch Duldung und Billigung noch zu legitimieren und dadurch wiederum zu bekräftigen. Daß ein Regierender Bürgermeister Radikalen, die eine »Hafenstraße« besetzt halten, »kooperativ« entgegenkam, kann nicht mit dem vergleichenden Hinweis auf das taktisch gebotene Verhalten gegenüber Luftpiraten erklärt werden, denen man durch hinhaltende Verhandlungen den Aktionsspielraum beschneidet. Hier zeigt sich vielmehr das Wirken einer machtvollen »Spiral«-Bewegung im Verhältnis zwischen Bürgern und Staat, die im gegenwärtigen Augenblick durchaus noch im Gange ist und die einem Ziel zustrebt, das, wie ich meine, zur Zeit kaum irgend jemandem klar vor Augen steht – auch denen nicht, die als Akteure unmittelbar beteiligt sind.[8]

---

7 Vgl. hierzu: Hans Herbert v. Arnim: a.a.O., S. 44 ff. (unter Bezugnahme auf Roman Herzog).
8 Vgl. hierzu H. Klages: Überlasteter Staat – verdrossene Bürger? Zu den Dissonanzen der Wohlfahrtsgesellschaft, Frankfurt/New York 1981, insb. S.13 ff.; vgl. zur

IV

Ich gelange nunmehr zum Auswertungsteil meiner Analyse, den ich mit einem Rückblick einleiten will. Ich war von den Untersuchungsergebnissen Almonds und Verbas ausgegangen, die in der Auffassung nachfolgender Beobachter angesichts von Wandlungen im Verhältnis der Bürger zum Staat seit den 50er Jahren obsolet geworden sein sollen – soweit sie überhaupt jemals zutreffend waren.

Was ich nunmehr festgestellt habe, weist aber doch wieder auf Almond und Verba zurück. Insbesondere ihrer Feststellung, dem Staat werde von den Bürgern aufgrund aktueller Leistungsbeweise (und nicht aufgrund seiner Autorität oder innerer Identifikation mit ihm) Legitimität zuerkannt, müssen wir, so scheint es, nach wie vor einen hohen Richtigkeitsgehalt zuschreiben. Aber auch ihre Feststellung einer vorherrschenden politischen Passivität der Bürger wurde – ungeachtet aller zwischenzeitlichen »Mobilisierungen« – nicht durch die Entwicklung widerlegt. In der Tat gab es zwar im Hinblick auf beide Bereiche des Verhältnisses der Bürger zum Staat »Wandlungen«, aber sie sind nicht von einer Art, die es erlauben würde, von einer deutlichen Annäherung an eine ideale »civic culture« im Sinne klassischer demokratietheoretischer Vorstellungen zu sprechen. Die an den Staat gerichteten Erwartungen und Forderungen mögen vielfältiger und teils auch sublimer geworden sein; die Bürger sind dafür aber auch ungeduldiger geworden. Ihr Aktivitätsniveau gegenüber Staat und Politik mag – zusammen mit ihrem gestiegenen Selbstbewußtsein – angewachsen sein, ohne daß sie sich deshalb aber dem Staat mehr verpflichtet und zugehörig fühlen würden. Sie sind im Gegenteil, wie ich sagte, »autozentrischer« geworden, und sie unterliegen in einem verstärkten Maße den Problemen der Erwartungsenttäuschung und der Angst davor, getäuscht und gefährdet zu werden.

Sind die Verhältnisse so, dann scheint es aber auch – so könnte man folgern – nahezuliegen, die Warnung Almonds und Verbas vor Gefahren für die Stabilität der Demokratie – ich erwähnte dies vorhin – zu wiederholen.

---

empirischen Überprüfung der hier wie auch andernorts entwickelten Thesen des Autors verschiedene Beiträge in Hans Haferkamp (Hrsg.): Wohlfahrtsstaat und soziale Probleme, Köln und Opladen 1984.

Ich meine nun allerdings, daß ein solches Insistieren auf alten Warnungen nicht den unter den gegenwärtigen Umständen interessanten und wesentlichen Punkt treffen würde. Sicherlich mag man eine solche Warnung aussprechen, aber man muß dann auch spezifizieren, was man damit meint. Almond und Verba meinten noch ganz eindeutig die Gefahr einer Wiederkehr des Faschismus und *die* ist heute sicherlich gebannt. Überdies scheinen Warnungen vor einem Stabilitätsverlust der Demokratie aber auch schon angesichts der Tatsache interpretations- und spezifizierungsbedürftig geworden zu sein, daß die Demokratie selbst in Bewegung gekommen ist – was allerdings zum guten Teil auf eben diejenige Dynamik zurückführbar zu sein scheint, die den Feldern der Begegnung zwischen den Bürgern und dem Staat innewohnt.

Und hier scheint auch tatsächlich der springende Punkt zu liegen, an dem man ansetzen muß, wenn man die vorgetragenen empirischen Befunde evaluieren will. Die Frage muß lauten, ob der Wandel der Demokratie, der sich mit der Entwicklung und dem Wandel der Verhältnisse der Bürger zum Staat vollzogen hat und alltäglich weitervollzieht, als eine Dynamik verstehbar ist, in welcher sich die Grundlagen des Menschlichen und des Politischen gewissermaßen unter der Hand in einer Weise verändern, die man bei bewußter Entscheidung nicht wollen können würde.

Es dürfte erkennbar sein, daß dies eine Frage ist, die nicht nur weitgespannt ist, sondern die auch über die Grenzen des rein empirisch Beantwortbaren hinauszielt. Wenn den Dingen eine »Dynamik« innewohnt, dann bedeutet dies u.a. auch, daß augenblicklich erhebbare Einzelbefunde u.a. gar nicht allzuviel aussagen, daß vielmehr nur der Trend der Entwicklung zählt und das, was sich als Prognose einigermaßen sicher ausmachen läßt. Ich löse aber selbst noch diese letztere Bedingung auf, indem ich der Spekulation auf den nachfolgenden Seiten freien Lauf lasse. Ich steige damit vom Podest des methodisch abgesicherten Empirikers herab und mache jedermann, der beobachten und schlußfolgern kann, zum Mitanalysator und -bewerter. Ich selbst entlaste mich dabei von den Zwängen, welche das Bedürfnis nach methodischer Sicherung mit sich bringt.

Ich meine, daß alles das, was ich aufgezeigt habe, vor allem die Frage entstehen läßt, ob und wie denn in Zukunft ein Staat, in dessen Handeln die schwieriger werdende Legitimitätsbeschaffung einen immer größeren Raum einnimmt, den *Sachaufgaben*, die sich stellen, gewachsen sein kann.

Daß sich heute eine Spannung zwischen der Aufgabe der Legitimitätsbeschaffung und der auf die Bewältigung von Sachaufgaben hinweisenden necessitas rerum anbahnt, läßt sich insbesondere an der Konkurrenz der Volksparteien um die Wählerstimmen in einem sensibler und selbstbewußter werdenden gesellschaftlichen Umfeld ablesen. Was sich hier insgesamt, im Zusammenspiel zweier korrespondierender Seiten, entwickelt, belegt man inzwischen immer unbefangener mit dem Ausdruck »*Stimmungsdemokratie*«.

»Stimmungsdemokratie« – das meint einmal die Beschleunigung aufeinanderfolgender Wellen von Meinungen, Gefühlen, Forderungen und Ansprüchen in der Bevölkerung unter dem Einfluß der »Thematisierungszyklen« der Medien, zugleich aber auch die Bereitschaft der politischen Parteien, das, was da kurzfristig an sogenannten »Emotionen« ankommt, aufzugreifen und auf die politische Agenda zu setzen, d.h. also in das Staatshandeln einfließen zu lassen, sei es auch auf Kosten derjenigen Problemlösungen grundsätzlicher Natur, die eigentlich nur mit einem »längeren Atem« und möglicherweise auch unter Verzicht auf Popularität und Wählerwirksamkeit angehbar wären.

Genauer betrachtet scheinen hier zwei sehr unterschiedliche Dimensionen von »Politikfähigkeit« miteinander ins Gehege zu kommen: Einerseits nämlich die Fähigkeit, die Wünsche, Interessen und »Bedürfnisse« in der Bevölkerung und die Programmentwicklung der Politik in Entsprechung zu den Leitvorstellungen »klassischer« Demokratiegrundsätze auf einen gemeinsamen Nenner zu bringen; andererseits aber die Fähigkeit eines effizienten und effektiven staatlichen Handelns, dessen Kriterium die »Brauchbarkeit« von Entscheidungen für Problemlösungen ist. Wenn man von der Diagnose auszugehen hat, daß die letztere zugunsten der ersteren Politikfähigkeit ins Hintertreffen gerät, dann muß dies nicht unbedingt sehr akute und dramatische Gefährdungen der Stabilität oder gar der Existenz des »politischen Systems« im ganzen mit sich bringen. Die damit verbundenen Probleme liegen aber auf der Hand. Wenn man will, dann kann man diese Probleme durch ein Zukunftszenario akzentuieren, das von einer immer heftigeren und bedingungsloseren Konkurrenz der Volksparteien um knapper werdende Wählerstimmen ausgeht und das das zunehmende Überhandnehmen eines anpassungsopportunistischen Populismus im politischen

Raum mit allen seinen absehbaren Folgen als Perspektive der Wandlungen im Verhältnis der Bürger zum Staat an die Wand malt (man kann ein solches durchaus ernst gemeintes Szenario z.B. in einem neueren Buch von Karl Steinbuch mit dem Titel »Unsere manipulierte Demokratie« finden).

In der Tat lassen sich einzelne Symptome einer fortschreitenden Bedingungslosigkeit des Wettbewerbs der Parteien um die Wählerstimmen und ihrer immer einschränkungsloseren Ausrichtung auf das Ziel der Wählerstimmenmaximieung auffinden. Die Wahlkämpfe werden härter und aufwendiger; sowohl Heiner Geißlers Überlegungen über die Erfolgsvoraussetzungen bei der Erschließung von Wählerschichten, wie auch das intensive Nachdenken über gesellschaftliche Lebensstil- und Milieugruppen im Umkreis von Peter Glotz lassen erkennnen, daß sich in den Parteien eine sozialwissenschaftlich reflektierte Technologie der Wählerbeeinflussung entwickelt, in deren Kontext politische Programmansätze nicht mehr wie früher aus Ideen, Leitbildern, oder ideologischen Traditionen, sondern primär aus einer wahlpolitischen Erfolgsprognose abgeleitet werden.

Man muß nun allerdings auch eine Reihe ebenfalls höchst aktueller gegenläufiger Entwicklungen sehen, um nicht einer einseitigen Beurteilung zum Opfer zu fallen.

Ich denke hierbei weniger an die Rückzugsgefechte von Parteitraditionalisten, die es gegenwärtig in allen Lagern gibt, als vielmehr an Symptome einer neuartigen politischen Pragmatik, in welcher sich der Wunsch zur Reduzierung der mit der Legitimitätsbeschaffung verbundenen materiellen und immateriellen Kosten und Belastungen mit dem Bedürfnis vereinigt, der an der Brauchbarkeit von Entscheidungen orientierten »Staatspraxis« und damit auch jener anderen Art von Politikfähigkeit wieder stärker zu ihrem Recht zu verhelfen.

In den Parteien selbst machen sich Widerstände gegen die immer exzessiver werdende Inanspruchnahme durch die häufigen Wahlkämpfe bemerkbar. In die Richtung einer Verbesserung des Aufwand-Ertrags-Verhältnisses im Bereich der Legitimitätsbeschaffung zielen Überlegungen über eine Zusammenlegung von Wahlterminen, wie auch aktuelle Bemühungen um eine Verbesserung der »politischen Kultur« der Politiker, die Entlastungen von dem prekären Sachzwang zur persönlichen gegenseitigen Abwertung und Diffamierung mit sich bringen könnte. Natürlich gehört auch das gegenwärtig immer hörbarer werdende Nachdenken über eine »große Koalition« in denselben Zusammenhang. (Hätte man sie, dann wären »unpopuläre« Maßnahmen im Interesse wirksamer Problemlösungen leichter möglich, wo wird gesagt.)

Letztlich gehört in eben diesen Zusammenhang z.B. aber auch ein sehr machtvoller und fundamentaler (wenngleich verhältnismäßig lautloser), schon seit längerer Zeit laufender Vorgang, den Erfordernissen der »Staatspraxis« durch die Loslösung der Normenproduktion von der unter parteipolitischen Einfluß geratenen Gesetzgebung Rechnung zu tragen. Ich beziehe mich an dieser Stelle auf einen Vortrag, den Fritz Ossenbühl vor einiger Zeit in Speyer gehalten hat.[9] Ossenbühl dokumentierte das Vorhandensein und die Bedeutung dieses Vorgangs unter Hinweis auf eine auffällige Zunahme von Ermächtigungen der Verwaltung zur selbständigen Normensetzung, die inzwischen durch Entscheidungen des Bundesverfassungsgerichts, wie z.B. das Kalkar-Urteil, gerichlich sanktioniert worden sind. Ossenbühl stellte die These auf, daß dem »Dogma« des Gesetzesvorbehalts nur noch »in einem zunehmend liberalen Sinne« Genüge getan werde. Das im vorliegenden Zusammenhang besonders Bemerkenswerte ist, daß Ossenbühl diese Beobachtung ausdrücklich mit einer um sich greifenden Aufwertung der auf »Funktionsfähigkeit« abstellenden »Staatspraxis« und mit einer Abwertung des Prinzips demokratischer »Legitimationsfähigkeit« in Verbindung brachte.

Schaut man sich weiter in der Wissenschaft um, dann kann man für eine derartige Umgewichtung der Prinzipien eine wahrhaft erstaunliche Fülle zusätzlicher Belege finden. Man mag dann zu dem Schluß gelangen, daß sich Tendenzen, die in der Politik, in der Verwaltung und in der Rechtsprechung feststellbar sind, in der Wissenschaft in einer fast schon wieder übertriebenen Ausprägung finden. So scheint sich die schon einmal erwähnte »Renaissance der Staatsdiskussion« in der deutschen Politikwissenschaft geradezu mit einer – selbst von ehemals »linken« Fachvertretern praktizierten – Verdrängung der Frage nach der Legitimierung des Staatshandelns durch die Bürger zu verbinden. In einem von Hans-Hermann Hartwich publizierten Übersichtstext kommt

---

9 Fritz Ossenbühl: Rechtsverordnungen und Verwaltungsvorschriften als Neben- oder Ersatzgesetzgebung? in: Hill, Hermann (Hrsg.): Zustand und Perspektiven der Gesetzgebung, Berlin 1989, S. 99 ff.

diese Frage kaum mehr vor.[10] An die Stelle einer ehemals vorherrschenden »Partizipations«-Besessenheit und -Euphorie scheint eine Neigung getreten zu sein, den Sachzwängen effizienter Problembewältigung zu huldigen. Nach der einen »Entideologisierung«, die im Anschluß an den Zweiten Weltkrieg festgestellt wurde, scheint gegenwärtig eine zweite stattzufinden, in der es um eine »Ausnüchterung« auf dem Hintergrund vorangegangener Überschwenglichkeiten geht. Zwischen Hartwich und einem dezidierten Konservativen wie Arnold Gehlen, der schon Ende der 60er Jahre mahnend auf die zu einer Zeit in den Hintergrund gedrängte necessitas rerum hingedeutet hatte[11], scheint insoweit kaum ein Unterschied mehr zu bestehen.

Versucht man die gegenwärtige Entwicklungssituation im ganzen zu überblicken, dann wird man eine *Verdrängung* der Legitimitätsfrage allerdings kaum mitvollziehen können. Man wird dann eher dazu bereit sein müssen, die dargestellten gegenläufigen Entwicklungen in das zunächst nur auf Tendenzen zur »Stimmungsdemokratie« Bezug nehmende Zukunftsszenario von eben mit einzubeziehen. Das dabei entstehende Doppelszenario muß keinesfalls davon ausgehen, daß die scharf kontrastierenden Tendenzen zur Radikalisierung der Stimmungsdemokratie und zur Absicherung problemlösungsbezogener staatlicher Funktionsfähigkeit miteinander in Konflikt geraten und einander am Ende blockieren. Im Gegenteil kann man sich sehr gut ein gleichzeitiges Anwachsen beider Tendenzen und ihr »dualistisches« Mit- und Nebeneinander vorstellen, und zahlreiche Beobachtungen sprechen dafür, daß sich eine solche doppelbödige Entwicklung tatsächlich anbahnt. So betonen Beobachtungen der Parlamentspraxis der Bundesrepublik expressis verbis ein »dualistisches« Mit- und Nebeneinander von zwischenparteilichen Konflikt- und Kooperationsprozessen, wobei Binnendifferenzierungen und institutionelle Trennlinien hervorgehoben werden, wie sie zwischen dem Parlamentsplenum und den Parlamentsausschüssen bestehen[12] (Zyniker bringen den Befund auf die Formel, daß in den Ausschüssen gemeinsam »gearbeitet« wird, während im Plenum Konflikt gespielt wird). Auch im zeitlichen Ablauf der Legislaturperiode

---

10 Hans-Hermann Hartwich: Die Suche nach einer wirklichkeitsnahen Lehre vom Staat, in: Aus Politik und Zeitgeschichte. Beilage zur Wochenzeitung Das Parlament, B 46-47/87 (14. November 1987), S. 3ff.
11 Arnold Gehlen: Moral und Hypermoral. Eine pluralistische Ethik, Frankfurt am Main u. Bonn 1969, S. 105 ff.
12 Vgl. Hans Herbert v. Arnim: a.a.O., S. 322 ff.

scheinen sich zwischen solchen Phasen, die der eigentlichen Parlaments-»Arbeit« dienen und anderen, in denen die nach außen, auf den Bürger zielende, überwiegend mit Wahlkämpfen verbundene parteipolitische Tätigkeit im Vordergrund steht, zunehmend deutliche Trennlinien einzustellen.

Wenn man will, so kann man diesem »dualistischen« Mit- und Nebeneinander einen systemtheoretischen Deutungsrahmen überstülpen und es als zweckdienliche Ausdifferenzierung funktionaler Bezugsfelder verstehen, die aufeinander angelegt sind und die sich arbeitsteilig ergänzen.

Niklas Luhmann hat diesen Ansatz schon vor mehreren Jahren in seinem Buch »Legitimation durch Verfahren« gewählt, in welchem er davon spricht, daß die Komplexität moderner Problemlösungserfordernisse eine Verselbständigung der »operational-entscheidungstechnischen« Ebene des staatlichen Handelns und ihre Entlastung von »symbolisch-sinnkonstituierenden« Funktionen erzwinge, die der Legitimitätsbeschaffung dienen.[13] Luhmann fügt ausdrücklich hinzu, daß die Ausübung dieser letzteren, dem Bürger als Wähler zugewandten Funktionen so organisiert werden müsse, daß »Folgenlosigkeit« garantiert sei. Die diesem Zweck dienende Außendarstellung des Staates sei gewissermaßen als ein dramatisches politisches Schauspiel zu inszenieren, das dem Bürger das »Miterleben« der Politik im Modus der »unverpflichteten Selbstfestlegung als Zuschauer« ermögliche, ohne daß daraus für die dem Bürger unzugänglichen, von ihm auch gar nicht verstehbaren »zweckgerichteten« Arbeits- und Entscheidungsprozesse im Innern der Staatsmaschinerie irgendwelche Konsequenzen resultieren, denn solche Konsequenzen könnten ja letztlich nur störend und effizienzmindernd sein. Den gegenwärtig noch gegebenen Zustand eines direkten Werbens der politischen Parteien mit materialen Programmen und Staatsleistungsangeboten betrachtet Luhmann in dem genannten Buch auf dem Hintergrund dieser Bewertung als dysfunktional und bestandsgefährdend, da der angezielte Werbeerfolg ja nur auf dem Wege des Verzichts auf eigentlich notwendige Komplexität erfolgen könne, d.h. also die Staatsleistung einschneidend verschlechtern müsse.

---

13 Niklaus Luhmann: Legitimation durch Verfahren, Neuwied am Rhein u. Berlin 1969, S. 151 ff.

Die in der Tat auf der Hand liegenden Problemfolgen einer sich radikalisierenden »Stimmungsdemokratie« kommen an dieser Stelle nochmals in den Blick. Zugleich werden aber auch – ungewollt – die Problemfolgen einer Loslösung der »Staatspraxis« vom Legitimitätserfordernis erkennbar (oder zumindest erahnbar). Hierbei geht es nicht nur um die Gefahr einer Deformation substanzieller Grundprinzipien, sondern auch um die Gefahr einer Verkennung der gewandelten Realität des Bürgers.

Wie die neuerdings tendenziell absinkende Wahlbeteiligung bereits anzuzeigen beginnt, ist dieser kritischer, mißtrauischer und selbstsicherer (oder: »autozentrischer«) gewordene Bürger, von dem ich sprach, nur noch in einem abnehmenden Maße dazu bereit, politische Kulissenwirklichkeiten zu honorieren. Er akzeptiert aber auch nur noch in einem abnehmenden Maße Rückzüge des Staates in ein Arkanum der publizitätsentlasteten, nur eigenen Regeln und Normen verpflichteten Entscheidungspraxis, die allenfalls durch Formeln der »Kooperation« mit adäquaten großorganisatorischen Partnern oder mit lautstarken Minderheiten angereichert ist. Von den zu einer gewaltigen Macht angewachsenen Medien, für die ein solches Arkanum ein rotes Tuch sein muß, wird der Bürger hierbei über alle Maßen bereitwillig unterstützt und ermutigt. Die Luhmann'sche Zukunftsvision muß dementsprechend unrealistisch erscheinen.

Von hier aus lassen sich – ganz am Ende – zumindest einige Wegemarken aufstellen, an denen entlang sich weiterdenken läßt. Im Gegensatz zum introvertierten Staatsarkanum wird der »öffentlichkeitsfähige Staat« – ich sage bewußt nicht der »gläserne Staat« – ein Leitbild sein müssen. Der Staat wird sich, wenn er – als Staat – auf Legitimitätsgewährung hoffen will, gleichzeitig aber auch in einem vernehmbaren Maße als ein unmittelbar im Dienste des Bürgers stehender Staat darzustellen haben. Er wird denjenigen parteiübergreifenden Konsens, der den Alltag der Politik mitbestimmt, viel stärker als bisher in seine Außendarstellung einfließen lassen müssen. Und er wird das materiale Grundprinzip einer an konsensuellen »Werten« orientierten Politik viel nachdrücklicher als bisher zu praktizieren und zu repräsentieren haben. Angesichts der Erwartung der Bürger gehört hierzu das Individualrechtsschutzprinzip substanziell hinzu. Aber der Staat muß es auch leisten, hochgradig mißtrauensanfälligen Bürgern »Geborgenheits«-Gefühle zu vermitteln. Zu diesen wie auch zu allen anderen im Spiele befindlichen Zwecken bedarf es letztlich dessen, was man »Dialogfähigkeit« des Staates genannt hat. Der »arbeitende«, »kooperative« und »dialogfähige Staat« – das wäre eine Formel, mit der sich operieren ließe, *sofern* man die Staatsthematik *vom Bürger* her denkt.

Politik im Spagat:
Der Staat zwischen Sachaufgabe und Legitimitätsbeschaffung

I

Ich möchte im nachfolgenden Textstück von einem Interpretationsmodell der Staats- und Politikpraxis ausgehen, das in den letzten Jahrzehnten das Denken ganzer Generationen von Wissenschaftlern nachhaltig beeinflußt hat und das auch ins Selbstverständnis vieler Politiker der westlichen Welt eingegangen ist. Ich meine die »Systemanalyse« der Demokratie von David Easton, d.h. einen Ansatz, dem verschiedentlich das ehrenvolle Prädikat zuerkannt wurde, die Funktionsbedingungen von Demokratien westlichen Typs klarer und vollständiger als jeder andere Ansatz zum Ausdruck zu bringen.

Dieser »Systemanalyse« zufolge ist die Wahrnehmung der Aufgabe der Legitimitätsbeschaffung ganz unmittelbar mit der Bewältigung staatlicher Sachaufgaben identisch. Das »politische System« sieht sich – im Rahmen dieses Ansatzes betrachtet – bei der Planung und Durchführung seiner Aufgabenerfüllung stets mit der Bevölkerung konfrontiert, genauer gesagt mit denjenigen Bedürfnissen, Sorgen, Nöten und Wünschen, die laufend in der Bevölkerung vorhanden sind und die sich für die politische Bearbeitung anbieten. Diese Bedürfnisse, Sorgen, Nöte und Wünsche werden von Verbänden oder pressure groups, wie auch, nachfolgend, von politischen Parteien aufgenommen, in »Ansprüche« und »Forderungen« transformiert und als solche in die Entscheidungszentren des politischen Systems hineinbefördert, wo sie dann zu Gegenständen der Programmentwicklung und -entscheidung werden können. Die verabschiedeten Programme zielen, diesem Modell zufolge, als »Output« des politischen Systems unmittelbar auf die Bevölkerung und sie treffen dort auf eben diejenigen Bedürfnislagen, die ihre eigenen Auslöser gewesen waren. Je nach dem Grade, in welchem der Output des politischen Systems diese Bedürfnislagen befriedigt, findet Legitimitätsgewährung, das heißt also insbesondere die Bestätigung einer Regierung in den Wahlen statt oder auch nicht. Das Ganze kann man als einen geschlossenen Kreislauf, oder auch als einen kybernetischen Regelkreis im Verhältnis von Politik und Gesellschaft verstehen.

Ungeachtet der fast schon unverzeihlichen Kürze, mit der ich hiermit die Easton'sche Systemanalyse dargestellt habe, sind wie ich meine, die für den Augenblick wesentlichen Dinge sichtbar geworden. Das Modell, das Easton vorgelegt hat, begegnet sich ganz zweifellos – um dies zunächst vorwegzusagen – mit den gängigen Grundvorstellungen vom Wesen und vom »Funktionieren« von Demokratien westlichen Typs. Diesen Grundvorstellungen zufolge ist es natürlich letztlich die Fähigkeit einer Regierung, in die an sie adressierten Ansprüche, Forderungen und Wünsche zu befriedigen, die über ihren Verbleib im Amt oder über ihre Ablösung entscheidet.

An der grundsätzlichen Richtigkeit dieser Grundvorstellungen – und damit auch des Easton'schen Systemansatzes – ist, wie ich meine, nicht zu zweifeln. Eine demokratische Regierung, die sich auf einen anderen Standpunkt stellen würde, würde bei nachfolgenden Wahlen schnell eines Besseren belehrt werden. Der Zwang zur Selbstlegitimierung auf dem Wege der Berücksichtigung der Ansprüche, Forderungen und Wünsche der Bevölkerung charakterisiert demokratische Systeme nicht nur in der Theorie, sondern auch in der Praxis.

Der springende Punkt, derjenige Punkt nämlich, an welchem die Dinge kritisch werden, wird jedoch durch die für das Easton'sche Modell fundamentale Annahme markiert, daß die Legitimitätsbeschaffung und die Bewältigung staatlicher Sachaufgaben letztlich identische und das heißt: ununterscheidbare Vorgänge seien, da sich die staatlichen Sachaufgaben ausschließlich – oder doch zumindest in allererster Linie – unmittelbar aus den Bedürfnissen, Sorgen, Nöten und Wünschen der Bevölkerung, oder, genauer gesagt, aus dem ableiten würden, was die Bevölkerung jeweils thematisiert und – über Zwischeninstanzen – an das politische System heranträgt.

Ich glaube, daß eben diese Identitätsannahme den praktischen Politiker zum Einspruch veranlassen muß, da sie dem was er alltäglich erlebt, mit Sicherheit widerspricht.

Ich will versuchen, ein Verständnis von den Gründen, die hierbei eine Rolle spielen, aus der Perspektive des äußeren Beobachters zu formulieren. Ich will, mit anderen Worten, versuchsweise einige Aspekte der staatlichen Sachaufgabe benennen, denen gegenüber der Aufgabe der Legitimitätsbeschaffung ein deutliches Eigengewicht und eine deutliche Eigenverbindlichkeit zukommt und deren Beachtung es mit sich bringt, daß ein grundsätzlicher Unterschied zwischen den beiden Entwicklungen ins Auge gefaßt werden muß.

Ich gehe gleich in medias res und nenne an erster Stelle die Frage der Prioritätensetzung bei der Inangriffnahme von Aufgaben, wie auch bei der Verwendung verfügbarer Mittel.

Immer dann, wenn die Prioritätensetzungen von Ministerialbeamten oder von Inhabern von Spitzenämtern größerer Kommunalverwaltungen mit den Prioritätensetzungen von Bürgern verglichen werden konnten, zeigten sich ebenso gravierende wie symptomatische Abweichungen. Im Grenzfall sahen die Rangfolgen, die hergestellt wurden, zumindest teilweise geradezu gegensätzlich aus. Während die Bürger z. B. den Ausgaben für die medizinische Forschung den ersten Rangplatz und den für die Weltraumforschung den letzten Rangplatz einräumten, ließ sich bei Ministerialbeamten die umgekehrte Rangfolge feststellen. Bei Umfragen in Frankfurt zum Thema »Bürger und Eliten in der kommunalen Politik«, die 1979 durchgeführt wurden, benannten die Eliteangehörigen »Wohnen und Wohnumwelt« und »Verkehr« als die beiden dringlichsten Aufgabenbereiche, während die befragten Bürger die »Arbeitsplatzbeschaffung« und die »öffentliche Sicherheit« benannten. Eine Allensbacher Umfrage führte im Jahr 1988 zu dem Ergebnis, daß die Ansichten der Bevölkerung und der Führungskräfte aus Wirtschaft, Politik und öffentlicher Verwaltung zu wichtigen Fragen der aktuellen Politik »erheblich« voneinander abwichen. Auf die Frage nach der Bedeutung der Kernenergie sprachen sich z. B. 77 % der Führungskräfte, aber nur 26 % der Bürger für eine weitere Nutzung aus. 55 % der Führungskräfte glaubten, daß für die konventionelle Rüstung mehr Geld ausgegeben werden sollte, wenn alle atomaren Waffen aus Europa abgezogen würden. Die Bevölkerung teilte diesen Standpunkt aber nur zu 21 %. Die Mehrheit sprach sich gegen eine Steigerung der Ausgaben für konventionelle Rüstung aus. Mit anderen Worten erwies sich immer wieder, daß die Bürger – oder doch zumindest sehr viele von ihnen – nicht dazu bereit waren (und sind), alle diejenigen Programmentwicklungstätigkeiten, die aus staatlicher Sicht unverzichtbar sein mögen, unterschiedslos mit Legitimitätsprämien zu belohnen. Sie hatten (und haben) darüber ihre »eigene Meinung«, die ganz offensichtlich von ihren Vorstellungen über die »Nützlichkeit« und Risikohaltigkeit der betreffenden Dinge bestimmt wird.

Widersprüche zwischen dem, was aus staatlicher Sicht erforderlich und unumgänglich erscheint und dem, was in den Augen der Bürger legitimitätsträchtig ist, lassen sich nun zweitens aber auch in zeitlicher Hinsicht feststellen. Während die Bedürfnis- (oder: Anspruchs-)Prioritäten der Bürger in Verbindung mit der Wahrnehmung wechselnder Problem-, Belastungs- und Gefährdungslagen verhältnismäßig kurzfristigen Schwankungen und Wandlungen unterworfen sind, die gegenwärtig eher noch zuzunehmen scheinen, hat sich die Fähigkeit des Staates zur kurzfristigen Änderung des anwachsenden Aufgabenbestandes eher tendenziell verringert. Sowohl in Verbindung mit rechtswirksamen Festlegungen, wie auch, darüber hinaus, aus Gründen der immer schwerer revidierbaren Ressourcenallokation, benötigt der Staat einen zunehmend langfristigen Dispositionshorizont, um »rational« handeln zu können. Jeder weiß zwar, daß die Bedeutung derjenigen Kompromisse, die laufend geschlossen werden, enorm ist und von den Prinzipien des »rationalen« Staatshandelns kaum mehr zu trennen ist. Eben diese alltäglichen Kompromisse tragen ihrerseits jedoch zur Absenkung der Korrekturfähigkeit staatlichen Handelns bei, denn schwierige Interessen-Ausbalancierungen, die man einmal über die Hürden gebracht hat, möchte man nur ungern wieder in Frage stellen. Die Warnung davor, die berühmten »schlafenden Hunde« zu wecken, gilt hier eher noch mehr als anderswo. Auch von hierher ist also ein wachsender Zeitbedarf des staatlichen Handelns im Kontrast zu den zunehmend kurzfristigen Handlungs- und Entscheidungserwartungen der Bürger festzustellen.

Widersprüche zwischen den Erfordernissen sachbezogenen staatlichen Handelns und den offensichtlich andersartigen Erfordernissen der Legitimitätsbeschaffung leiten sich drittens aber weiterhin in einer sehr vielfältigen Weise auch aus der Schwierigkeit ab, einerseits komplexen Verfahrens- und Problemzusammenhängen und -verknotungen Rechnung zu tragen, andererseits aber gleichzeitig auch den teils sehr begrenzten Fähigkeiten und Bereitschaften der Bürger zum gedanklichen Mitvollzug von Verfahrens- und Problemkomplexität zu entsprechen.

Hier wie überall haben die Medien an der Entwicklung ihren Anteil, indem sie einerseits dem Bürger den Eindruck vermitteln, alles sei – ohne allzu großen intellektuellen Kraftaufwand – verstehbar und indem sie andererseits dem Politiker die Standardleistung abfordern, auch die allerkompliziertesten Sachverhalte im Ein- bis Zwei-Minuten-Takt verständlich werden zu lassen. Im Hintergrund der öffentlichen Verlautbarungen bleibt dann allerdings unvermeidlicherweise eine anwachsende Masse des Unerklärten, ja, des nicht einmal mehr Sichtbargemachten zurück. Das Politikverständnis des Bürgers und die Politikerfahrung des Politikers driften, so scheint es, mit Notwendigkeit zunehmend auseinander und die Idee, sie beide auf einen gemeinsamen Nenner zu bringen, scheint immer mehr zu einer Illusion zu werden.

II

Wer dies alles mit offenen Augen erlebt, oder von außen beobachtet, scheint volens nolens zum Unbehagen verurteilt zu sein. Jedenfalls gilt dies für denjenigen, der – vorerst noch – auf dem Standpunkt der grundsätzlichen Identität von staatlicher Sachaufgabenerfüllung und Legitimitätsbeschaffung steht. Ihm vermag dieses Unbehagen möglicherweise auch den Impuls zu vermitteln, darüber nachzudenken, wie die ganz offensichtlich gefährdete Übereinstimmung zwischen der Idee der perfekten Demokratie und der Staatswirklichkeit wieder hergestellt werden kann. Wenn man erst einmal an diesem Punkt angelangt ist, dann tun sich allerdings zwei sehr unterschiedliche, wenn nicht entgegengesetzte Wege auf. Bei dem einen Weg, den ich den »idealistischen« Weg nennen möchte, geht es darum, die Wirklichkeit an die Idee anzunähern; bei dem anderen Weg, den ich kurz und verhältnismäßig formal als den Kontrastweg bezeichnen will, geht es demgegenüber darum, Abstriche von der bisherigen Idee zu machen und sich auf pragmatische Weise der Wirklichkeit anzupassen.

Jedem, der die Entwicklungen während der vergangenen zwei Jahrzehnte kennt, wird die Tatsache deutlich vor Augen stehen, daß in der Bundesrepublik beide Wege der Unbehagensbekämpfung in der Tat in den verschiedensten Varianten eingeschlagen wurden. Ich möchte das, was in den beiden Richtungen in der Bundesrepublik gedacht und unternommen wurde, zumindest von einigen Beispielen her beleuchten und ich wende mich zunächst den idealistischen Unbehagensbekämpfungs-Ansätzen zu, die ich, wie ich annehme, nur sehr kurz darzustellen brauche, da sie dem Leser sicherlich überwiegend bestens vertraut sind.

Ich komme an erster Stelle auf alle diejenigen Konzepte einer direkten »Partizipation« der Bürger an staatlichen Entscheidungen zu sprechen, die in den 60er und 70er Jahren erdacht wurden. Es entwickelte sich in dieser Zeit eine regelrechte Woge von Forderungen, die eingestandenermaßen auf »Systemänderung« im Sinn der Umwandlung der parlamentarischen Demokratie in eine Fundamentaldemokratie zielten und man konnte in der Tat – insbesondere an den Universitäten, wo diese Woge ihren Ausgangspunkt hatte – einige bemerkenswerte Ansätze zu einer in Richtung der Fundamentaldemokratisierung zielenden Änderung erleben. Es gab daneben einen starken Druck zur verstärkten Einführung der Bürgerbeteiligung in die städtebauliche Planung, wie auch in die Planung und Genehmigung technischer Großvorhaben, wobei zwei Stoßrichtungen erkennbar waren (und teilweise immer noch sind), nämlich die Betroffenenbeteiligung inhaltlich auszubauen und gleichzeitig den Kreis der Beteiligungsberechtigten auszuweiten (ich erinnere in diesem Zusammenhang nur an die noch nicht allzulang zurückliegenden Diskussionen um die sogenannte »Verbandsklage«). Es gab darüber hinaus aber auch lebhaft erörterte Vorstellungen einer Fundamentaldemokratisierung, die sich die mit den neuen technologischen Möglichkeiten verbundenen erweiterten Kommunikationsmöglichkeiten zunutze machen wollten. Ich erinnere in diesem Zusammenhang an zeitweise stark diskutierte Ideen einer »Computerdemokratie«, die praktisch darauf hinausliefen, alle wichtigen Entscheidungsfragen des parlamentarischen Raums mit spontanen Plebisziten zu verbinden. Man stellte sich ernsthaft vor, daß die jeweils anliegenden politischen Fragen der wahlberechtigten Bevölkerung mit Hilfe des Fernsehens nahegebracht werden könnten und daß sich alle Wahlberechtigten – ähnlich wie in der Fernsehsendung »Pro und Contra« – per Knopfdruck für eine der jeweils zur Debatte gestellten Alternativen entscheiden könnten.

Man kann insbesondere dem Modell der Computerdemokratie die leitende Zielsetzung, einem zunehmenden Unbehagen an der Staatstätigkeit durch ihre direkte Bindung an die Bedürfnisse, Sorgen, Nöte und Wünsche der Bevölkerung zu begegnen, mit großer Leichtigkeit ablauschen. Gleichzeitig läßt sich an diesem Modell andererseits aber auch mit besonderer Leichtigkeit das utopische Element aufdecken, das – mehr oder minder eindeutig – allen Partizipationsideen der 60er und 70er Jahre anhaftete. Es läßt sich letztlich auch, darüber hinaus, an diesem Modell mit besonderer Eindeutigkeit feststellen, was der Kern des utopischen Elements aller dieser Lösungen war: die Außerachtlassung derjenigen tiefer begründeten Prioritäten, Zeit und Komplexitätsverarbeitungs-Divergenzen, die ich gerade eben dargestellt hatte, der Glaube an die Überwindbarkeit aller dieser Divergenzen und Widersprüche durch die Einräumung von Beteiligungs- und Mitentscheidungsrechten, wie auch durch die Durchsetzung fundamentaldemokratischer Verfahrensweisen und letztlich auch durch den Einsatz technischer Hilfsmittel.

Ähnlich utopische Überspringungen tiefer begründeter Grenzen einer Ausrichtung der staatlichen Tätigkeit auf die jeweils aktuellen Bedürfnisse und Komplexitätsverarbeitungsfähigkeiten der Bevölkerung lassen sich nun aber auch auffinden, sobald man sich mit denjenigen Ideen und Entwürfen beschäftigt, die in den vergangenen 20 Jahren unter dem Stichwort »Entbürokratisierung« vorgelegt wurden.

Ich spreche in diesem Augenblick nicht von denjenigen pragmatisch gelagerten Verbesserungen der Erreichbarkeit und der Zugänglichkeit – oder, allgemeiner ausgedrückt, der »Bürgernähe« – von Behörden, die vielfach nicht nur »sinnvoll« waren, sondern oft auch keinerlei grundsätzlich gelagerte Verwirklichungsschwierigkeiten aufwarfen. Ich meine vielmehr solche Ideen, bei denen es darum ging, um der »Transparenz« für den Bürgerwillen Behördenstrukturen radikal zu vereinfachen, oder zu dezentralisieren. Ich meine weiterhin die radikaleren Ebenen der Forderung nach »Deregulierung« oder »Entrechtlichung«, wie auch die radikaleren Ebenen des Verlangens nach einer »Privatisierung« der Staatsaufgaben. Inmitten aller dieser Ideen und Forderungen gab es zwar, wie sich vielfach zeigte, einen realen Handlungsspielraum, der teils bis heute noch gar nicht voll ausgeschöpft ist, so daß es keinesfalls müßig ist, sich mit Fragen der Entbürokratisierung, der Deregulierung, oder der Ausgliederung von Staats- und Verwaltungsaufgaben zu beschäftigen. Die Ergebnisse derjenigen Entbürokratisierungskommissionen, die auf den Ebenen des Bundes und der Länder eingerichtet wurden, beweisen ja, daß hier sehr viel nützliche Einzelarbeit geleistet werden konnte (und immer noch geleistet werden kann).

Vergleicht man aber das, was diese Kommissionen vorgeschlagen haben, mit denjenigen phantasievollen Ideen grundsätzlicherer Art, die in ihrem Umfeld aufgeblüht waren, dann wird einem ein großes Ernüchterungserlebnis zuteil. Praktikabilität wurde, kurz und bündig gesagt, nur um den Preis der Verabschiedung solcher Utopien erreicht. In der Tat hat man die Zielsetzung einer unmittelbaren Ankoppelung der Staatstätigkeit an die Bedürfnisse, Sorgen, Nöte und Wünsche der Bevölkerung und ihre Bindung an deren begrenzte Komplexitätsverarbeitsfähigkeit auf dem Weg von der Utopie zur Praktikabilität heutzutage überall abgeschworen, selbst wenn man dies nicht immer ausdrücklich verkündet hat und da und dort etwas Ideenglanz zum Zweck der Imagepflege stehen gelassen hat.

III

Ich möchte nun nach diesem Ausflug in die Gefilde der »idealistischen« Unbehagensbekämpfung zu demjenigen mehr oder weniger entgegengesetzten zweiten Weg kommen, den ich unter dem Titel eines »Kontrastweges« angekündigt hatte.

Wir können die Einschlagung dieses Kontrastweges z. B. in der Politischen Wissenschaft beobachten, wo die Phase eines oft emotionsgeladenen Partizipationsüberschwangs seit einiger Zeit offensichtlich ausgelaufen ist und wo gegenwärtig eine »Renaissance der Staatsdiskussion« stattfindet, die ausdrücklich mit einer Entdeckung (oder Wiederentdeckung) der Eigengesetzlichkeiten der Sacherfordernisse der Staatspraxis verkuppelt ist. Man kann – im Hinblick auf diesen Vorgang – sogar noch einen Schritt weitergehen und die Behauptung aufstellen, daß hier das berühmte Gesetz des Pendelschlags am Werke ist, denn die offenkundige Aufwertung der Sacherfordernisse der Staatspraxis ist mit einer Abwertung der Frage nach der Legitimitätsbeschaffung verbunden, die verschiedentlich Züge einer Verdrängung annimmt und die, vulgär ausgedrückt, das Kind mit dem Bade auszuschütten droht. An die Stelle der ehemaligen Partizipations-Euphorie scheint seit einiger Zeit eine Euphorie der Sachzwangentdeckung zu treten.

Eine ernüchterte Sicht der Legitimitätsbeschaffungsaufgabe scheint aber, was vielleicht noch viel wichtiger ist, auch in der politischen Sphäre selbst um sich zu greifen, wozu möglicherweise in einem starken Maße beiträgt, daß man innerhalb der Parteien den Wähler zunehmend als »schwierig« zu empfinden beginnt.

In der Tat schmelzen seit einiger Zeit die sog. »Stammwähler« zunehmend ab und der sich ausbreitende Typus des »Wechselwählers« scheint sich von den Sacherfordernissen einer effizienten Staatspraxis immer mehr zu entfernen, indem er immer subjektivere Prioritäten entwickelt, indem er diese – unter dem Einfluß der Massenmedien – immer häufiger auswechselt und indem er überdies kaum mehr irgendwelche ernstzunehmenden Anstrengungen unternimmt, die komplizierten Regeln, Mechanismen und Funktionserfordernisse des politisch-staatlichen Bereichs ausreichend zu verstehen und sich darin zum »wohlinformierten Staatsbürger« zu entwickeln.

Während angesichts dieser Entwicklung auf der einen Seite der Konkurrenzkampf zwischen den Parteien immer heftiger und schonungsloser wird, hört man auf der anderen Seite von eben denjenigen Politikern, die ihn austragen, immer häufiger das angewiderte Wort von der »Stimmungsdemokratie«.

In Verbindung hiermit machen sich in den politischen Parteien Widerstände gegen die immer exzessiver werdende Inanspruchnahme durch die häufigen Wahlkämpfe bemerkbar. Man denkt darüber nach, welche Möglichkeiten zur Entlastung von der mit der Legitimitätsbeschaffung verbundenen Inanspruchnahme genutzt werden könnten und man stellt in diesem Zusammenhang Überlegungen über eine Zusammenlegung von Wahlterminen, wie auch über eine Verlängerung der Wahlperioden an. Natürlich hängen solche Überlegungen nicht beziehungslos in der Luft. Sie vollziehen sich vielmehr auf dem Hintergrund von Veränderungen des politischen Alltags, die sich schon seit längerem abzeichnen. Gerade bei den »wichtigeren« Abgeordneten, die in der Fraktion eine herausgehobene Rolle spielen, kommt der allwöchentliche Aufenthalt im Wahlkreis zunehmend in Fortfall. Sofern man Wahlkreisbesuche macht, werden sie weniger für Kontakte mit »dem Bürger« genutzt, als vielmehr für die Kommunikation mit der örtlichen Parteibasis, wie auch vor allem mit örtlichen Verbänden, Gemeinden, Unternehmen und sonstigen organisierten Gebilden. »Der Bürger« im allgemeinen kommt hierbei häufig nur noch als Wortkulisse vor. Zur Vergrößerung der persönlichen Distanz zu diesem Bürger (der bezeichnenderweise immer häufiger als »der Bürger draußen im Lande« angesprochen wird) trägt natürlich auch bei, daß man ihn angesichts der Tatsache, daß die ins Innere der Partei führende politische Karriere heute meist schon mit 14 bis 16 Jahren begonnen wird, nicht einmal mehr aus seiner persönlichen Biographie heraus kennt – es sei denn, man denkt an seine Eltern und sonstigen näheren Verwandten, oder auch an den einen oder anderen Nachbarn, den man aber vielleicht gar nicht so sonderlich schätzte. Die direkte Konfrontation mit diesem »Bürger« konzentriert sich immer mehr auf die Wahlkämpfe, die man aber wie gesagt als immer belastender empfindet und in die man mit dem Gefühl hineingeht, jetzt die eigentliche politische Arbeit erst einmal ruhen lassen zu müssen.

Man trifft die hier in Gang befindliche Bewegung vielleicht am besten, wenn man davon ausgeht, daß sich im politischen Bereich in einem zunehmenden Maße Trennlinien zwischen dieser »eigentlichen politischen Arbeit« und der Aufgabe der Legitimitätsbeschaffung ausbilden. Diese Trennlinien finden sich teils – als zeitliche Trennlinien – in den Terminkalendern der Abgeordneten und der im Regierungsbereich tätigen Spitzenpolitikern. Diese Trennlinien sind teils aber auch institutioneller Natur. Sie lassen sich z. B. schon seit geraumer Zeit in einer zunehmend schärferen gegenseitigen Abhebung der Plenarsitzungen und der Ausschußsitzungen der Parlamente beobachten – ein Vorgang, der von den Eingeweihten bezeichnenderweise ganz ebenso kommentiert wird wie die Trennung zwischen den Wahlkampfzeiten und den »normalen« Zeiten. Man geht davon aus, daß in den Ausschüssen die »eigentliche Arbeit« geleistet wird und daß die Plenarsitzungen eher die Funktion haben, die Ergebnisse der Arbeit »abzusegnen« und den Parteien gleichzeitig diejenige Außendarstellung zu ermöglichen, die sich angesichts der gelegentlichen Präsenz des Fernsehens anbietet, oder die geeignet sein mag, dem Fernsehen, das politischerseits als »sensationshungrig« eingeschätzt wird, Sendungen aus dem Plenarsaal schmackhaft zu machen. Man kann, wenn man will, der Beobachtung dieser Entwicklung eine gelegentliche Bemerkung von Niklas Luhmann hinzufügen, der zufolge die Komplexität moderner Problemlösungserfordernisse eine Verselbständigung der »operational-entscheidungstechnischen« Ebene und ihre Entlastung von »symbolisch-sinnkonstituierenden Aufgaben« erzwinge, die der Legitimitätsbeschaffung dienen. Luhmann fügt an der betreffenden Stelle ausdrücklich hinzu, daß die Ausübung dieser letzteren, dem Bürger als Wähler zugewandten Aufgaben derart organisiert werden müsse, daß »Folgenlosigkeit« garantiert sei. Die diesem Zweck dienende Außendarstellung des Staates und der ihn tragenden politischen Kräfte sei gewissermaßen als ein dramatisches Schauspiel zu inszenieren, das dem Bürger das passive »Miterleben« der Politik im Modus des »unverpflichteten« Engagements »als Zuschauer« ermögliche, ohne daß daraus für die dem Bürger unzugänglichen, von ihm auch gar nicht verstehbaren »zweckgerichteten« Arbeits- und Entscheidungsprozesse im Inneren des Staates irgendwelche Konsequenzen entstehen, denn solche Konsequenzen könnten letztlich nur störend und effizienzmindernd sein.

Wer eine solche Bemerkung eines »Theoretikers« als überspitzt ansehen möchte, wird von mir keinen Widerspruch erfahren. Daß diese Bemerkung in krasser Schonungslosigkeit und möglicherweise mit einiger Übertreibung etwas hervorhebt, was in der Wirklichkeit bis zu irgendeinem Grade im Gange ist, kann aber wohl kaum bezweifelt werden.

Sobald man sich nur mit der nötigen Aufmerksamkeit umsieht, erkennt man noch weitere Ansätze zum Aufbau von entlastenden Trennlinien zwischen den auf die Bewältigung staatlicher Sachaufgaben gerichteten Arbeits- und Entscheidungsprozessen und den der Legitimitätsbeschaffung dienenden Tätigkeiten.

So fiel mir selbst während der letzten Zeit bei der Durchsicht der Literatur auf, daß da und dort der Gedanke erörtert wird, die Legitimitätsbeschaffung sei eigentlich eine Aufgabe der Kommunen, die hierfür aufgrund ihres direkten Dauerkontakts mit dem Bürger in idealer Weise prädestiniert seien, während die »höheren« staatlichen Ebenen für die eigentlichen Arbeits- und Entscheidungsaufgaben freizuhalten seien. Man spricht in diesem Zusammenhang da und dort bereits vom sogenannten »arbeitenden Staat«, den es von dem mit dem Bürger legitimitätsbeschaffend kommunizierenden Staat deutlich zu unterscheiden gelte. Kombiniert man diesen zunächst sehr allgemeinen Unterscheidungsvorschlag mit der gerade angesprochenen Idee, die Aufgabe der Legitimitätsbeschaffung auf die »ortsnahe Ebene« zu konzentrieren, dann resultieren hieraus natürlich Konsequenzen für die Zukunftsperspektive der Verfassungsentwicklung und der Demokratie, die denkbar einschneidender Natur sind.

IV

Ich bin ganz unversehens schon in die nachfolgende Abteilung meines Textes hineingeraten, in welcher die Kritik an den gegenwärtig auftauchenden Vorstellungen über den Aufbau von Trennlinien zwischen der auf staatliche Sachaufgaben konzentrierten Arbeit und der Beschäftigung mit der Legitimitätsbeschaffung, oder, direkter gesagt, über mögliche Abschiebelösungen für diese letztere Tätigkeit, zu ihrem Recht kommen soll.

Ganz offensichtlich sind solche Abschiebelösungen ebensowenig geeignet, das Unbehagen auslösende Dilemma, von dem ich oben sprach, zu lösen, wie die umgekehrt gelagerten Überlegungen über eine Ermöglichung plebiszitärer Partizipation und totale Transparentmachung des Staates, mit denen ich mich unter der Überschrift des »idealistischen« Weges beschäftigte.

Ich möchte eindeutig feststellen, daß ich mich mit meiner Kritik nicht auf »demokratietheoretisch«-moralische Argumente stützen will, die natürlich irgendwie in der Luft liegen. Ich will vielmehr versuchen, die reale Beschaffenheit des Bürgers ins Blickfeld zu rücken, und zwar so, wie sie sich aus der Perspektive der empirischen Sozialforschung darstellt.

Ich will hierbei kurz diejenigen durchgängigen und verallgemeinerungsfähigen Züge herauszuarbeiten versuchen, die sich – über die verschiedenen Gruppen der Bevölkerung hinweg – feststellen lassen. Genauer gesagt will ich versuchen, diejenigen typischen Merkmale des gegenwärtigen Bürgers zu kennzeichnen, die sich in Verbindung mit dem sogenannten »Wertewandel« innerhalb der Bevölkerung seit der ersten Hälfte der 60er Jahre in den Vordergrund geschoben haben. Ich will mich hierbei jeglicher Bewertung enthalten, sondern vielmehr den Standpunkt des Forschers einnehmen, dem ich mich aufgrund meiner persönlichen Entwicklung verpflichtet fühle.

Die Beschaffenheit des gegenwärtigen »realen« Bürgers der Bundesrepublik – und anderer hochentwickelter Gesellschaften – rechtfertigt, um dies vorweg zu sagen, weder die Partizipations- und Transparenzprogrammatik noch die Abschiebung der Legitimitätsbeschaffung auf ein Nebengleis.

Ich will, um diese Behauptung zu belegen, damit beginnen, daß zwar das »politische Interesse« in der Bevölkerung der Bundesrepublik seit den 50er Jahren beträchtlich zugenommen hat, daß aber gleichzeitig, wie man mit einiger Enttäuschung feststellen mußte, die Kenntnisse über die Strukturprinzipien und Funktionsbedingungen des politisch-administrativen Systems nach wie vor überwiegend marginal geblieben sind, so daß man von einer verbreiteten politischen »Ignoranz« sprechen konnte. Bekanntermaßen ist auch die Bereitschaft zur direkten Mitwirkung im politischen Prozeß über die gesamte Bevölkerung hinweg betrachtet bisher verhältnismäßig gering geblieben. Die vor allem bei der CDU/CSU mit Freude zur Kenntnis genommene zeitweilige Tendenz zu erhöhten Mitgliederzahlen ist längst wieder zum Stillstand gekommen, so daß man von einem ausgesprochen niedrig liegenden Niveau dessen ausgehen muß, was die politische Wissenschaft »politisches envolvement« nennt. Ich meine, daß es viel realistischer ist, dies als eine Konstante der politischen Einstellungen und des politischen Verhaltens der Bevölkerungsmajorität anzusehen, als diesbezüglich auf einschneidende Wandlungen zu hoffen.

Ein solches Ergebnis spricht zunächst, um dies noch einmal zu sagen, gegen die Partizipations- und Transparenzutopie.

Der zwar politisch »interessierte« gleichzeitig aber nicht politisch involvierte Bürger entwickelt der Politik gegenüber jedoch auch eine ausgeprägte Selbstsicherheit, ja man möchte fast sagen: eine von Selbstsicherheit und Unbefangenheit geprägte Konsumentensouveränität, die von einem rigorosen Insistieren auf der Erfüllung aktuell verspürter Bedürfnisse geprägt ist, wobei natürlich die den Nationalökonomen seit Böhm-Bawerk bekannte »Minderschätzung zukünftiger Güter« eine Rolle spielt. Die stärker gewordene »Anspruchshaltung« des Bürgers wurde in der zurückliegenden Zeit immer wieder angesprochen und sie existiert in der Tat. Der Bürger erwartet von der Politik in einem viel höheren Maße als früher eine auf aktuell anliegende Dinge konzentrierte Problemlösungskompetenz. Dieser Bürger trägt, wie wir aus den Untersuchungen wissen, in seinem Kopf »Images« der Regierungen und politischen Parteien, wie auch der einzelnen im Rampenlicht stehenden Persönlichkeiten mit sich herum, in denen der Faktor »zugerechnete Problemlösungskompetenz« eine sehr große Rolle spielt. Er läßt sich – als Wechselwähler – von diesen Images bei der Wahlentscheidung leiten, wobei er durchaus zu Schwenks bereit und in der Lage ist, die im Einzelfall auch über die Grenzen von sog. »Lagern« hinweg zu verlaufen vermögen und die im Falle ernsthafterer Enttäuschungen auch die Form des Protestwahlverhaltens annehmen können.

Wenn man sich diese »Images« von Regierungen, Parteien und Einzelpersönlichkeiten näher ansieht, dann kann man nun allerdings neben der zugerechneten Problemlösungskompetenz noch zwei weitere Faktoren in ihnen entdecken, nämlich erstens die »zugerechnete Vertrauenswürdigkeit« in moralischer Hinsicht und zweitens die »zugerechnete Zuwendungsfähigkeit und -bereitschaft« in einem sehr persönlich gemeinten Sinne.

Der gegenwärtige reale Bürger entwickelt, mit anderen Worten, gegenüber dem politischen Raum Bedürfnisse nach der Herstellbarkeit von interpersonalem Vertrauen, die man in einem solchen eigentlich »unpersönlichen« Beziehungsverhältnis gar nicht vermuten sollte, weil sie viel eher in die Sphäre der zwischenmenschlichen Beziehungen im Bekannten, Nachbar- oder Freundeskreis hineinpassen. Natürlich kann man solche Bedürfnisse nicht gegenüber »Apparaten« oder bloßen Verfahrensweisen entwickeln. Man braucht hierzu Menschen und dies erklärt auch die ungeheure Neigung des gegenwärtigen realen Bürgers zur Personifizierung der Politik. »Helmut« oder »Willi« (oder auch »Norbert Blüm« oder »Hans Dietrich Genscher« oder »Wolfgang Schäuble«) verkörpern für die Wähler-Majorität in persona die Staatstätigkeit, wobei es außerordentlich charakteristisch ist, daß sehr viele Menschen neben den Vor- und Nachnamen, die sie beherrschen, meist kaum etwas Eindeutiges über die Funktionen sagen können, die von den Namensträgern ausgeübt werden. So hat man heute – so seltsam und abstrus dies auch klingen mag – ein virtuelles, über das Fernsehen vermitteltes Quasi-Intimverhältnis zu Personen im politischen Raum, die für Regierungen und politische Parteien stehen und über die die Zurechnung von Problemlösungsfähigkeiten, von moralischen Qualitäten und von Zuwendungsbereitschaften und -fähigkeiten an Regierungen und Parteien zu einem ganz beträchtlichen Teil verläuft.

Das Fernsehen, das dies alles möglich werden läßt, ist nun aber auch dafür mitverantwortlich, daß sich das Interesse des Bürgers – quasi-zentralistisch – auf verhältnismäßig wenige Inhaber von Spitzenpositionen konzentriert, auf denen somit der Löwenanteil der Legitimitätsbeschaffungsarbeit lastet (denn hierum geht es natürlich faktisch bei jedem Fernsehauftritt der in Millionen Wohnzimmer ausgestrahlt wird, in erster Linie, nicht also um die Vermittlung von Sach- oder Verfahrensinformationen, wie manche Leute, die im politischen Raum tätig sind, heute noch zu meinen scheinen). Das Fernsehen ist aber weiter sicherlich auch dafür mitverantwortlich, daß das Vertrauen, das – weitgehend über Personen – den politischen Kräften, den Regierungen und den Parteien gewährt wird, in einem früher ungekannten Maße zerfallsfähig geworden ist. Dieses Vertrauen ist, da es über die Verbindungsbrücke des Fernsehens läuft, den Thematisierungszyklen, wie auch den Dramatisierungstendenzen dieses Mediums ausgeliefert. Um dieses Vertrauen muß also ständig gekämpft werden, nicht nur in den Wahlschlachten, wie man im politischen Raum verschiedentlich noch meint, denn das Fernsehen ist dauerpräsent und die Aufmerksamkeit des Bürgers mit ihm.

V

Ich hatte angekündigt, daß ich zur Kritik an den Vorstellungen über Abschiebelösungen für die Aufgabe der Legitimitätsbeschaffung übergehen wolle und der Leser mag sich inzwischen bereits nach dem Verbleib dieser Kritik gefragt haben.
  In Wirklichkeit ist diese Kritik aber – bislang noch unausgesprochen – in meiner Darstellung des gegenwärtigen realen Bürgers schon mitenthalten, denn angesichts der intensiven Erwartungen an moralische Kompetenz an aktualitätsbezogene Problemlösungskompetenz und an quasi-persönliche Zuwendung, die seitens der Bevölkerung an die Inhaber der politischen Spitzenämter und über sie an die Regierungen und Parteien gerichtet werden, sind Abschiebelösungen welcher Art auch immer schlechterdings inopportun. Ich will hier nichts gegen die aus praktischen Gründen sicher unvermeidliche Trennung der parlamentarischen Ausschußarbeit und der Arbeit im Plenarsaal, oder z. B. gegen die Zusammenlegung von Wahlterminen sagen, für die ebenfalls zahlreiche praktische Erwägungen sprechen mögen. Darüber hinausgehende Vorstellungen einer Verwandlung der parlamentarischen Arbeit in ein folgenloses Zeremoniell, der Delegation der Legitimitätsbeschaffung auf die Kommunen, oder der Betrauung der Verwaltung mit dieser Aufgabe, sind jedoch angesichts der feststellbaren Gegebenheiten sicherlich ebenso utopisch wie die entgegengesetzten Vorstellungen eines

Umbaues des Staates in Richtung plebiszitärer Partizipation und totaler Transparenz.

Bei all dem ist nun aber natürlich in Rechnung zu stellen, daß sich die Aufgaben der Bearbeitung staatlicher Sachzwecke und der Legitimitätsbeschaffung gegenwärtig immer wieder in die Quere kommen und daß auf beiden Seiten Defizite auftreten, die zweifellos damit in Verbindung stehen, daß das Zurückschrecken der Politiker vor »unpopulären« aber eigentlich unverzichtbaren Maßnahmen in den Bereich der Sacharbeit hinüberwirkt. Daß bei Problemlösungsbemühungen die angesichts bevorstehender Wahlen bedeutsamere kurzfristige gegenüber der langfristigen Perspektive dysfunktionalerweise in den Vordergrund treten muß, hört man in der letzten Zeit immer häufiger. Auf der anderen Seite sind aber auch der Legitimitätsbeschaffung immer deutlicher wahrnehmbare Grenzen gezogen: Wie man den Umfragen entnehmen kann, wird »den Politikern« immer mehr mit Mißtrauen begegnet; auch »die Parteien« erfreuen sich zumindest bei den Wechselwählern keiner sehr ausgeprägten Vertrauensbasis mehr, wobei die im Gange befindliche Verschiebung von den Stammwählern zu den Wechselwählern mit Sicherheit von Bedeutung ist.

Nun kann man – und muß man sicherlich auch – fragen: Wenn hier weder partizipatorische Modelle oder Transparenzprogramme noch Abschiebelösungen helfen können, was hilft denn eigentlich an ihrer Stelle?

Ich möchte auf diese Frage zunächst nur in aller Kürze antworten, daß es sicherlich nicht hilft, sich auf den Meinungsbefragungstiger setzen zu wollen und nachfolgend immer nur das tun zu wollen, was – aufgrund der jeweiligen Befragungsergebnisse – den augenblicklichen Sorgen, Nöten und Wünschen der Bevölkerungsmehrheit entspricht. Man würde bei einem solchen Vorgehen in einer atemlosen Hektik und in einem völligen Politik-Tohuwabohu landen müssen, ohne jedoch die Gewähr zu haben, die Bedürfnisse aller als Wähler in Frage kommenden Bevölkerungsgruppen ausreichend zu berücksichtigen. Das Lehrbeispiel der zeitweiligen Wahlerfolge der »Republikaner« spricht hier Bände.

Es hat aber sicherlich auch ebensowenig realen Sinn, gegenüber der sog. »Zeitgeisthörigkeit« nur auf die Orientierung an den »bewährten« Werten und Grundsätzen parteipolitischer Traditionen setzen zu wollen; man würde, wenn man dies tun würde, dem »realen gegenwärtigen

Bürger« gegenüber zwangsläufig eine wirklichkeitsferne Vogel-Strauß-Politik betreiben müssen.

Wahrscheinlich ist es demgegenüber viel besser, sich zunächst einmal – ohne Resignation – zu sagen, daß man die gegebene Situation, die von tiefgreifenden strukturell bedingten Veränderungen im Verhältnis zwischen Staat und Bürger bestimmt wird, kurzfristig nicht fundamental verändern kann. Diese Feststellung schließt ein, daß wir voraussichtlich auf absehbare Zeit mit einem erheblichen Maß von Reibungen und Interferenzen zwischen der Erfüllung staatlicher Sachaufgaben und der Legitimitätsbeschaffung leben müssen und daß es zur »rationalen« Bewältigung dieser Lage wesentlich hinzugehört, auf viele der sich von verschiedenen Seiten her hilfreich anbietenden scheinbaren Lösungen nicht einzugehen, solchen oft verführerisch klingenden Lösungsangeboten gegenüber also »Askese« zu üben, wenn man so will.

Auf der anderen Seite gibt es aber ganz gewiß die berühmten »Nadeln im Heuhaufen«, nach denen man suchen muß. Wenn man davon ausgehen muß, daß die Beschäftigung mit staatlichen Sachaufgaben für den durchschnittlichen Bürger in der Tat meist zu schwierig ist, da bedeutet dies natürlich nicht, daß es überhaupt keine Möglichkeit gibt, Bürger stärker als bisher in die Bewältigung einzelner konkreter Sachaufgaben einzubeziehen. Ich empfehle in diesem Zusammenhang z. B. die Beschäftigung mit der Dienelschen »Planungszelle«, die mir ein geeignetes Modell für solche sehr konkreten Schritte darzustellen scheint und in der m. E. eine sehr beachtliche Entwicklungsreserve steckt.

Zweitens stecken m. E. aber auch in dem bislang sicherlich nicht sonderlich erfolgreichen Konzept der »politischen Bildung« noch Entwicklungsreserven, die aufmerksamerer Beachtung würdig sind. Ich meine nur, daß man sich dann, wenn man diese Reserven nutzen will, darüber im klaren sein muß, daß die Effektivität derjenigen Unterrichtsmaßnahmen, die in diese Richtung zielen, ganz beträchtlich angehoben werden muß. Es muß aber natürlich in diesem Zusammenhang auch verstärkt darüber nachgedacht werden, was »politische Bildung«, die durch das Nadelöhr der Massenmedien verläuft, eigentlich bedeutet.

Drittens sehe ich besonders große Entwicklungsreserven innerhalb desjenigen Handlungsbereichs, der mit dem Stichwort »Politikvermittlung« markiert wird.

Ich möchte hierzu allerdings abschließend zwei Dinge sagen, die m. E. beachtet werden müssen, wenn man hier nicht in Enttäuschungen enden will.

Erstens möchte ich davor warnen, Politikvermittlung als eine PR-Aufgabe anzusehen und womöglich an PR-Spezialisten zu übertragen. Der »reale gegenwärtige Bürger«, den wir stets im Auge behalten müssen, ist höchst »werbungserfahren« und er besitzt eine hochgradige Sensibilität für die Unterscheidung zwischen dem »Echten« und dem nur Vorgespielten oder Inszenierten. Gerade der Spitzenpolitiker wird sich der Aufgabe, selbst an die »Front« zu gehen und die Hauptlast der Legitimitätsbeschaffung persönlich zu übernehmen, auch in Zukunft kaum entziehen können.

Zweitens meine ich aber auch, daß man die Aufgabe der Politikvermittlung nicht ausschließlich als einen »top-down-Prozeß«, d. h. also als einen autoritativen »Informations«- oder »Mobilisierungs«-Prozeß verstehen und organisieren darf, der einseitig von Politikern zu den Bürgern hin verläuft. Der reale gegenwärtige Bürger will das Erlebnis der »Kommunikation«, des Dialogs, d. h., konkret gesagt, das Erlebnis des vertrauenswürdigen Eingehens der Staats- und Politikrepräsentanten auf seine Sorgen, Nöte und Wünsche. Dies kann nicht bedeuten, daß der Spitzenpolitiker persönlich bei den Menschen an der Haustür klingeln muß – eine solche »Weihnachtsmannrolle« steht ihm nicht einmal um die Weihnachtszeit zu Gebote. Vielmehr geht es darum, daß er den Menschen die Empfindung vertrauenswürdiger Nähe »vermitteln« muß, was grundsätzlich auch über die Massenmedien möglich ist.

Er muß dies, genauer gesagt, lernen, denn es ist dies eine Kunst, die bisher nur wenige beherrschen, die dementsprechend auch mit Popularität belohnt werden.

Um dies zu können, muß er den »realen gegenwärtigen Bürger« aber erst einmal kennenlernen. Ich stelle die Behauptung auf, daß dieser reale gegenwärtige Bürger vielen Staats- und Politikrepräsentanten heute in Wirklichkeit absolut fremd geworden ist. Das eigentlich aktuelle Thema muß die Überwindung dieser Fremdheit werden. Erst auf ihrem Hintergrund kann dann – in einer »nicht-technokratischen« Weise – von »Politikvermittlung« geredet werden.

Vertrauen und Vertrauensverlust in westlichen Demokratien

I

Wenn man sich dem Erkenntnisobjekt »Vertrauen« zuwendet und sich dabei nicht sofort von seiner dramatischen Aktualität einfangen läßt, wenn man außerdem als Soziologe zu Politikwissenschaftlern spricht und sich nach dem Verhältnis beider Disziplinen zu diesem Erkenntnisobjekt fragt, dann müssen einem, wie ich meine, an erster Stelle die einschneidend widerspruchsvollen Bewertungen ins Auge fallen, die dem »Vertrauen« als einer Grundeinstellung zu Staat und Politik in der zurückliegenden Zeit zuteil geworden sind.

Ich will hier einsetzen und bringe zunächst nochmals Almonds und Verbas »klassisch« gewordene Untersuchungen über die politische Kultur in fünf Ländern in Erinnerung, die im wesentlichen auf Datenerhebungen im Jahr 1959 aufbauten.[14]

Man macht sich, wie ich meine, keiner unzulässigen Vereinfachung schuldig, wenn man davon ausgeht, daß in diesen Untersuchungen eine Typenlehre der politischen Kultur entwickelt wurde, in welcher das »Vertrauen« als eine passive Einstellungskomponente mit aktiven Komponenten der politischen Grundeinstellung und Handlungsbereitschaft konfrontiert und in Beziehung gesetzt wurde. Das Grundschema dieser Typenlehre läßt sich unter Verwendung des methodischen Hilfsmittels der Vier-Felder-Tafel verstehen: Das Vertrauen kann hoch oder niedrig ausgeprägt sein und dasselbe gilt für die bürgerliche Aktivitätsbereitschaft. Unter Ausschöpfung der kombinatorischen Möglichkeiten

---

14 Gabriel A. Almond and Sidney Verba: The Civic Culture. Political Attitudes and Democracy in five Nations, New Yersey 1963

gelangt man zu verschiedenartigen politischen Kulturen, in denen entweder Vertrauen und Aktivitätsbereitschaft gleichermaßen hoch, oder auch gleichermaßen tief ausgeprägt sind, oder in denen die eine oder die andere Seite dominiert, die sich also durch Aktivitätsbereitschaft ohne Vertrauen, oder auch durch Vertrauen ohne Aktivitätsbereitschaft (und -fähigkeit) charakterisieren.

Für Almond und Verba, wie auch für ihre direkten Nachfolger und Kritiker waren – und sind teilweise auch heute noch – insbesondere der erste und der letzte Fall interessant. Sie konfrontierten – in der Terminologie ihrer deutschen Übersetzer ausgedrückt – eine »Staatsbürgerkultur«, in der sich Vertrauen und bürgerliche Aktivitätsbereitschaft und Fähigkeit zu einer Synthese vereinigen sollten, mit einer »Untertanenkultur«, die ausschließlich auf passives Vertrauen der im übrigen verhältnismäßig politikfremden Menschen begründet sein sollte. Dem Vertrauen als solchem haftete in dieser Sicht also eine abgrundtiefe Ambivalenz an. Seine negative Potentialität konnte, pointiert ausgedrückt, nur in seiner Verbindung mit aktiv-bürgerlichen Einstellungselementen neutralisiert und ins Positive umgewendet werden. Ländern, in denen diese Verbindung nicht bestand, konnte im Grunde genommen auch der Ehrentitel einer »westlichen Demokratie« wenn überhaupt, dann nur sehr eingeschränkt, zuerkannt werden.

Eben dieses Schicksal widerfuhr, wie allgemein bekannt ist, in der Bewertung Almonds und Verbas der Bundesrepublik Deutschland, deren demokratische Verfassung von daher auch als gefährdet, weil auf einem schwachen und schwankenden Grund aufbauend, betrachtet wurde. Das Motiv, die Bundesrepublik Deutschland von diesem Vorwurf reinzuwaschen und ihren Weg zu einer »Staatsbürgerkultur« und somit zur westlich-demokratischen »Normalität« mit Hilfe empirischer Daten nachzuweisen, prägte den ganz überwiegenden Teil der dem Konzept der politischen Kulturforschung folgenden Literatur, die in den nachfolgenden Jahren über die Bundesrepublik Deutschland geschrieben wurde. Noch in einer 1987 erschienenen Arbeit heißt es an entscheidender Stelle, die Überprüfung der verfügbaren empirischen Daten rechtfertige den Schluß, daß in der Bundesrepublik der »Abschluß eines politischen Normalisierungsprozesses, eine Anpassung der

Orientierungsmuster an die Funktionserfordernisse demokratischer Regierungsweise« gelungen sei.[15]

Die ungewollte Ironie, die einer solchen Feststellung anhaftet, besteht nun allerdings darin, daß eben diejenige westliche Normalität, die in ihr unterstellt wird, im Grunde genommen bereits seit dem Ende der 60er Jahre in internationaler Breite fraglich geworden war, weil das anscheinend im Überschuß vorhandene Vertrauen der Bevölkerung in die »authorities« der Politik und des Staates dahinzuschwinden schien. Ungeachtet des Fortbestehens einer Arbeitsrichtung, die sich nach wie vor der Thematik einer fortschreitenden Annäherung der Bundesrepublik an das Leitbild einer »civic culture« nach westlichem Muster verpflichtet fühlten, hatte sich der Schwerpunkt der internationalen Fragestellung inzwischen gedreht. Es war nun nicht mehr die durch einen Vertrauensüberschuß gekennzeichnete Passivität der »Untertanenkultur«, die im Mittelpunkt der internationalen Diskussion stand, sondern gerade umgekehrt der in die Richtung des Protests zielende individuelle Aktivitätsüberschuß bei mangelnder Vertrauensbereitschaft und -fähigkeit, der verschiedentlich als systemgefährdend, wie auch als Indikator einer möglichen »Krise der Demokratie« ausgemacht wurde.

Es war dies diejenige Zeit, in welcher – von der politischen Kulturforschung unbeachtet – Niklas Luhmann sein Buch über das Vertrauen schrieb, in welchem er die These entwickelte, daß die Dynamik und Komplexität der modernen Gesellschaft einen gewaltig anwachsenden Vertrauensbedarf erzeuge, dessen Deckung u.U. zu den großen Systemproblemen der Zukunft gehöre.[16]

Es war dies aber auch die Zeit, in welcher – einige Jahre später, um die Mitte der 70er Jahre – die Trilateral Commission, der Mitglieder aus den USA, Europa und Japan angehörten, einen Bericht über die Regierbarkeit von Demokratien vorlegte, der für die westlichen Demokratien u.a. ein Anwachsen interner Schwierigkeiten feststellte, die auf einen Zusammenbruch traditionaler Formen der sozialen Kontrolle, auf eine Delegitimierung der politischen Autorität, wie auch auf eine

---

15 das Zitat ist entnommen aus Oscar W. Gabriel: Politische Kultur, Postmaterialismus und Materialismus in der Bundesrepublik Deutschland, Opladen 1987
16 Niklas Luhmann: Vertrauen. Ein Mechanismus der Reduktion sozialer Komplexität, Stuttgart 1968

anwachsende Woge von unerfüllbaren Erwartungen und Forderungen an die Regierungen zurückgehe.[17]

Daß der entscheidende Prozeß im Hintergrund dieser Erscheinungen ein mehr oder weniger plötzliches Absinken von »confidence and trust« innerhalb der Bevölkerung – oder doch zumindest großer ihrer Teile – war, wurde innerhalb der Kommission am deutlichsten von Samuel Huntington ausgesprochen. Es lohnt sich, wie ich meine, auch im gegenwärtigen Augenblick noch, sich die Zahlen in Erinnerung zu rufen, die Huntington und andere Autoren vorlegen konnten.

So nahm in den USA die Auffassung, daß die Regierung im Interesse aller arbeitet, von 76,3 % der Befragten im Jahr 1958 auf 37,7 % im Jahr 1972 ab, wobei die innerhalb dieses Zeitraums vorgenommenen Messungen eine verhältnismäßig stetige Abnahme des Anteils der Vertrauenden, gleichzeitig aber auch einen besonders deutlichen Abfall zwischen 1964 und 1966 und in den darauffolgenden Jahren anzeigten. Benutzt man z.B. das von Miller & Schneider herausgegebene »American Election Studies Data Sourcebook«, dann kann man dieser einen Zeitreihe eine Vielzahl von weiteren hinzufügen, die das Bild ergänzen und anreichern, aber kaum verändern. So z.B. wurde die Feststellung »The government wastes a lot of money« 1958 von 43 %, 1970 jedoch von 69 % der Befragten bejaht. Die Zahl sank zwar im Jahr 1972 auf 66 % ab, kletterte jedoch in den anschließenden Jahren wieder hoch und erreichte im Jahr 1980 den Wert von 78 %. Noch dramatischer verlief z.B. der Anstieg der Bejahungen der Feststellung »You cannot trust the government to do right most of the time«. Während diese Feststellung 1958 nur von 23 % der Befragten bejaht wurde, wurde sie 1972 von 45 % und 1980 schon von 73 % der Befragten bejaht. Gemeinsam mit dem Regierungsvertrauen sank auch das Parteienvertrauen, wie auch das Vertrauen in die Politiker. Die Feststellung »Congressman loose touch« wurde 1968 von 53 %, 1978 aber schon von 70 % der Befragten bejaht. Daß die Parteien nur an Wählerstimmen interessiert seien, glaubten im Jahr 1968 46 %, im Jahr 1978 dagegen bereits 62 % der befragten Amerikaner.[18]

---

17 Michel J. Crozier, Samuel P. Huntington, Joji Watanuki: The Crisis of Democracy. Report on the Governability of Democracies to the Trilaterial Commission, New York 1975
18 die Zahlenwerte wurden entnommen aus Seymour Martin Lipset & William Schneider: The Decline of Confidence in American Institutions, in: Political Science Quarterly, Vol.90, Number 3, Fall 1983, S. 379 ff.

Angesichts der Tatsache, daß solche Daten sowohl im Bericht der Trilateral Commission, wie auch in anderen Veröffentlichungen unter sehr globalen Titeln wie »Krise der Demokratie«, oder »Vertrauenskrise« präsentiert wurden, mag bedächtigeren Gemütern Behutsamkeit angebracht erscheinen. In den USA wie auch in anderen Ländern einschließlich der Bundesrepublik, für die Daten vorliegen, ließ sich in der Tat kein Schwund des Vertrauens in die demokratischen Grundprinzipien, wie auch in die Institutionen der Demokratie als solche feststellen. Im Gegenteil erreichten die Werte für das Vertrauen in die demokratische Staatsform als solche, wie auch in die Existenz und Funktionsweise des Parlamentarismus in der Bundesrepublik gerade in der fraglichen Periode sehr hohe Werte, die auch im weiteren Verlauf nicht wieder absanken. In allen Ländern, für die Daten existieren, knickten jedoch, rund um die stabile Insel dessen, was man öfters verhältnismäßig unscharf »Systemvertrauen« nennt, die Fundamente des auf die konkret existierenden Einrichtungen und Funktionsträger (oder »authorities« bzw. »Akteure«) bezogenen Vertrauens ein. An der negativen Bewegung nahm übrigens auch – soweit sich feststellen läßt: ebenfalls in allen vergleichbaren Ländern – das Vertrauen in die öffentliche Verwaltung und in die Beamten oder öffentlich Bediensteten teil, das ganz erheblich absank. Es waren also keinesfalls nur die im engeren Sinne »politischen«, sondern gleichermaßen auch die administrativen Teilbereiche des »PAS«, die betroffen waren.

Die Daten zeigen aber auch noch etwas anderes, das ebenfalls in die Betrachtung einbezogen werden muß, wenn man Fehlurteile vermeiden will: Es waren keinesfalls nur Staat und Politik, die vom Vertrauensverlust betroffen waren. Diese Entwicklung griff vielmehr viel weiter aus und erfaßte grundsätzlich auch die Gerichtsbarkeiten, wie auch, nochmals deutlich darüber hinausgehend, die überwiegende Mehrzahl der Vertrauen beanspruchenden – und sicherlich auch benötigenden – Institutionen des organisierten öffentlich-gesellschaftlichen Lebens, so z.B. die Erziehungseinrichtungen, so das Gesundheitswesen, so die Kirchen, so die Industrie, so sogar – wenn auch in einem erheblich geringeren Maße – die Gewerkschaften. Als hauptsächliche Ausnahme inmitten dieses fast schon unübersehbar breit ausgezogenen Vertrauenseinbruchs-Panoramas begegnen uns die Medien und unter ihnen wiederum insbesondere das Fernsehen, das seine Vertrauensgrundlage z.B. innerhalb der Bevölkerung der USA von einer schwächlichen Ausgangsposition von nur 25 % im Jahr 1966 auf 41 % im Jahr 1973 ausdehnen konnte. Kurz zusammengefaßt läßt sich die Gesamtveränderung in den westlichen Demokratien während der 60er und 70er Jahre also wie folgt beschreiben: Vertrauensstabilität bei den demokratischen Systemgrundlagen; dramatischer Vertrauensverlust bei den organisierten Einrichtungen und Akteuren des politisch-gesellschaftlichen Lebens einschließlich des staatlichen Bereiches; Vertrauensgewinne bei den modernen »Massenmedien«, die nebenbei bemerkt in dem fraglichen Zeitraum in den meisten Ländern ihren entscheidenden Expansionsschub erlebten und sich als »die« wesentlichen Mittler zwischen der öffentlichen und der privaten Sphäre der sozialen Systeme etablieren konnten.

II

Das Wort »Lernprozess« wurde in den zurückliegenden Jahren allzu häufig gebraucht. Wenn es überhaupt im heutigen Zeitpunkt noch eine legitime Anwendungschance für dieses Wort gibt, dann aber ganz gewiß u.a. auch in Verbindung mit den »kontra-intuitiven« Einsichten, zu denen man aufgrund der ununterdrückbaren Erfahrung eines um sich greifenden Vertrauensverlusts in den westlichen Demokratien während der 60er und 70er Jahre gezwungen gewesen ist.

Ich möchte in aller Kürze drei solcher kontra-intuitiven Einsichten nennen, die, wie ich meine, auch im gegenwärtigen Augenblick noch von unveränderter Gültigkeit sind und die sicherlich auch da von Bedeutung sind, wo es heute darum geht, Vorstellungen über eine erfolgreiche Fortführung des Reformprozesses in den östlichen Gesellschaften zu entwickeln.

Erstens wurde durch die Vorgänge während der 60er und 70er Jahre die bis dahin weitgehend unangefochten herrschende Vorstellung relativiert, daß wirtschaftlicher Wohlstand in Verbindung mit einer auf dem freien Spiel der Kräfte aufbauenden Wirtschaftsordnung, wie auch in Verbindung mit der Demokratisierung der Bildung und einem freien Zugang zu den beruflichen Positionen allein schon eine stabile Demokratie garantieren könne.[19] Der Vertrauensverlust breitete sich nicht von den ökonomisch und sozial noch im Schatten lebenden Teilen der Bevölkerung aus und auch nicht von denjenigen Bevölkerungsteilen, bei denen Diskrepanzen zwischen einem hohen Bildungsniveau und einem niedrigen sozialökonomischen Status vorlagen, sondern gerade umgekehrt, wie jeder in Erinnerung hat, von den mit allen Bildungs- und Wirtschaftsgütern gesegten »Kindern des Wirtschaftswunders«. Es war dies eine Erfahrung, die man mit dem bis dahin verfügbaren Denkmustern nicht zu bewältigen hoffen konnte.

Zweitens wurden aber auch Denkmuster, wie sie erst ganz kurze Zeit vorher z.B. von David Easton in seiner »Systems Analysis of Political Life« zu hoher Vollendung gebracht worden waren, brüchig und revisionsbedürftig. Nach Easton sollte es eine der großen Aufgaben – gleichzeitig aber auch eine der großen Chancen – der Politik sein, aus den laufenden Erfolgen der Regierungsarbeit im Sinne eines kumulativen Prozesses ein stabiles Vertrauenskapital aufwachsen zu lassen, das eine »unspezifische« Legitimitätsreserve für freibleibende Zwecke verkörperte und auf das man in Zeiten der Bedrängnis setzen können sollte.[20]

Was war aber eigentlich von der praktischen Bedeutung einer solchen Theorie zu halten, wenn just auf dem Hintergrund einer großartigen sozial-ökonomischen Erfolgsentwicklung, wie sie den westlichen Industriegesellschaften beschert worden war, ein Vertrauenseinbruch von historischen Dimensionen stattfand? Mußte man, wenn man in den Bahnen dieser Theorie dachte, nicht vielmehr den Aufbau einer unerschütterbaren Vertrauensgrundlage erwartet haben? Und hatte man in Anbetracht der realen Fakten nicht Anlaß, diese Theorie enttäuscht über Bord zu werfen?

Drittens gaben die im Laufe der 70er Jahre verfügbar werdenden Daten letztlich aber auch Anlaß, gewisse Basisprämissen der politischen Kulturforschung in Zweifel zu ziehen, die von Almond und Verba her faßt schon zur Gewohnheit geworden waren. Dort waren, wie eingangs schon dargestellt, passives Vertrauen und aktive bürgerliche Handlungsorientierung einander als Antagonisten gegenübergestellt worden, die man zusammenbringen – um nicht zu sagen: zusammen-

---

19 vgl. hierzu Oscar W. Gabriel: a.a.O., S. 2 ff.
20 David Easton: A Systems Analysis of Political Life, New York u.a. 1965, insb. S.267 ff.

zwingen – mußte, wenn man zu einer »Staatsbürgerkultur« gelangen wollte.

Wie sollte man es aber interpretieren, daß in enger Verbindung mit dem Vertrauen auch das »Kompetenz-« oder »Effektivitätsbewußtsein«, das man als eine tragende Säule der bürgerlichen Handlungsorientierung ansah, absank, wie die empirischen Daten sehr deutlich erkennen ließen?[21] Das Vertrauen wurde hier urplötzlich – und sicherlich auch sehr ernüchternd – als die eigentlich tragende Basisvariable der politischen Kultur erkennbar. Wer kein Vertrauen haben kann, muß sich, so kann man seitdem folgern, auch ohnmächtig fühlen – es sei denn, er flüchtet sich in die Arme einer oppositionellen Institution oder Bewegung.

III

Es hieße sicherlich Eulen nach Athen tragen, wenn ich mich ausführlich darüber verbreiten wollte, daß die Erfahrung eines mit den bis dahin vorhandenen wissenschaftlichen Ansätzen nicht prognostizierbaren, die Ländergrenzen überschreitenden, nichtsdestoweniger aber verhältnismäßig plötzlichen und überdies hochgradig synchronen Vertrauenseinbruchs in den prosperierenden westlichen Demokratien eine ungeheure Herausforderung für die gesamten Sozialwissenschaften einschließlich der Politikwissenschaft darstellen mußte.

Ich will mich deshalb auf die ganz persönliche und sicherlich nur begrenzt maßgebliche Feststellung beschränken, daß die Sozialwissenschaften dieser Herausforderung, wie ich glaube, bisher nur in einem eingeschränkten Maße nachgekommen sind und daß wir m.E. noch unmittelbar in dem durch sie erzwungenen Lernprozeß stehen, wobei neben erfolgversprechenden auch weniger erfolgversprechende Ansätze erkennbar sind.

Zu den produktivsten Reaktionen rechnet m.E. die Bemühung, das was sich ereignete im Sinne der Kausalanalyse verstehen zu lernen, wobei dem empirischen Analyseansatz ganz sicherlich erhebliche Meriten

---

21 vgl. hierzu nochmals S.M.Lipset & W.Schneider: a.a.O.

zugeschrieben werden dürfen, selbst wenn sich in ihm des öfteren zunächst nur Ratlosigkeit und Desorientierung niederschlugen.

Ich glaube, daß es durchaus im Zuge meines Themas liegt, auf diese Bemühung um das kausale Verstehen des Vertrauenseinbruchs einzugehen, zumal ich selbst an dieser Bemühung bis zu einem gewissen Grade mitbeteiligt war (und immer noch bin). Ich will – und muß – mich dabei allerdings sehr kurz fassen und erhoffe mir die Nachsicht des geneigten Lesers für weitere Annäherungen an eine vielleicht etwas zu hektische Thesenförmigkeit der Gedankenführung.

Ich möchte ganz unvermittelt zu der gewiß sehr massiv klingenden – und in der Tat auch massiv gemeinten – Feststellung vorstoßen, daß nach alledem, was hierüber bisher geforscht, gesagt und geschrieben worden ist, der *Wertwandlungs- oder Wertewandelshypothese* in internationaler Breite betrachtet im Hinblick auf das kausale Verstehen des Vertrauenseinbruchs eine herausragende Erklärungskraft zuzuschreiben ist. Zumindest gilt dies m.E. in dem Sinne, daß hier die größte Erklärungskraft zu finden ist, die einer einzelnen, für sich betrachteten Hypothese zugeschrieben werden kann. Ich möchte mit dieser Hinzufügung dem Mißverständnis vorbeugen, daß ich einer »monokausalen« Erklärung das Wort rede. Ich tue dies schon aus grundsätzlichen wissenschaftstheoretischen Erwägungen nicht. Vielmehr gehe ich davon aus, daß es – wie fast überall sonst in der gesellschaftlich-politischen Wirklichkeit – auch hier die Möglichkeit gibt, neben der einen dominanten Erklärung auch andere aufzufinden, die einzelne Teile der zur Debatte stehenden Gesamtvarianz abdecken.

Die Wertwandlungs- oder Wertewandelshypothese wird – ungeachtet der Fülle der hierzu erschienenen Spezialliteratur – von manchen aufrechten Anhängern auch heute noch mehr oder weniger einschränkungslos Ronald Inglehart zugeschrieben.

Da ich mich selbst in den vergangenen Jahren verschiedentlich kritisch mit Ronald Inglehart auseinandergesetzt habe, braucht es nicht zu überraschen, wenn ich an dieser Stelle erkläre, daß ich mich dieser m.E. längst obsolet gewordenen Übung nicht anschließe. Ich möchte dem hinzufügen, daß ich dem kürzlichen Erscheinen eines neuen Buches von Ronald Inglehart[22] schon deshalb eine eher erschwerende und kompli-

---

22 Ronald Inglehart: Kultureller Umbruch. Wertwandel in der westlichen Welt, Frankfurt/New York 1989 (= deutsche Übersetzung von »Cultural Change«, Princeton, New Jersey 1989)

zierende Wirkung zuschreibe, weil es mit einiger Wahrscheinlichkeit einer exklusiv auf ihn fixierten, nichtsdestoweniger aber zu pauschalen Generalisierungen neigenden Gesamtkritik der Wertwandlungs- oder Wertewandelshypothese als solcher zu neuem Auftrieb verhelfen wird.[23]

Wenn man im Zuge internationaler Vergleichsstudien – auch unabhängig von Inglehart – feststellen konnte, daß es im fraglichen Zeitraum tatsächlich einen empirisch nachweisbaren tiefgreifenden Wertwandlungsschub gab, wenn man gleichzeitig feststellen konnte, daß die Stärke dieses Wertwandlungsschubs mit der Höhe des in einer Gesellschaft erreichten Bruttosozialprodukts korrelierte[24] und wenn man überdies nachweisen konnte, daß – innerhalb der einzelnen Gesellschaften – gerade diejenigen Bevölkerungsteile besonders vom Wertewandel betroffen waren, die den Zugang zu den obersten Rängen des Bildungssystems besaßen und ein hohes Durchschnittseinkommen aufwiesen,[25] dann hatte man, wie ich meine, immerhin schon eine bemerkenswerte Bresche in das beängstigende Dunkelfeld hineingeschlagen, das das Scheitern bis dahin hochgehaltener Theorien hinterlassen hatte. Man hatte nunmehr – so mochte es jedenfalls erscheinen – sogar eine Chance, das Fortschrittsmotiv mit dem Phänomen des Vertrauenseinbruchs zu versöhnen, indem man letzteres mit dem Signum versah, gewissermaßen im Modus der Negativität die Position der vorauseilenden Modernisierungsfront zu markieren. Wer die früheren Arbeiten von Ronald Inglehart kennt, weiß wovon ich spreche. Die vertrauenslosen Protestierer wurden hier als die mit den zurückgebliebenen Institutionen der teils verkrusteten Gesellschaft konfrontierten Träger neuer und weiterführender Werte interpretiert, welche ihrerseits gänzlich auf der Linie der fortschreitenden Verwirklichung partizipativer demokratischer Ideale gesichtet wurden. Die Inglehartsche Diagnoseformel »von

---

23 vgl. zu einer ausgewogenen Inglehart-Kritik F.Müller-Rommel: Die Postmaterialismus-Diskussion in der empirischen Sozialforschung: politisch und wissenschaftlich überlebt oder noch immer zukunftsweisend?, in: Politische Vierteljahresschrift 24 (1984), S. 383-397; vgl. weiterhin aber auch die höchst instruktive, durch eigene Auswertungen fundierte, Erörterung in: Oskar W. Gabriel: a.a.O., passim

24 vgl. Geert Hofstede: Culture's Consequences. International Differences in Work-Related Values, Beverly Hills/London 1980, insb. S. 213 ff.

25 dies ist einer der gehaltvollen Kerne der Inglehart'schen Wertwandlungstheorie und -empirie, der auch in anderen Untersuchungen bestätigt werden konnte. Vgl. hierzu Helmut Klages u. Willi Herbert: Wertorientierung und Staatsbezug. Untersuchungen zur politischen Kultur in der Bundesrepublik Deutschland, Frankfurt a.M. 1983, insb. S. 48 ff.

materialistischen zu post-materialistischen Werten« ließ sich leicht in eine Kampfparole partizipationshungriger junger Leute umformen, und sie war von ihm selbst wohl auch als ein Angebot gemeint.

Nichtsdestoweniger war aber, um dies nochmals zu betonen, in der Tat ein tiefgreifender Wertwandlungsschub im Gange, mit dem der Vertrauensverlust ganz offensichtlich eng zusammenhing. Man kann sogar, wie ich meine noch einen Schritt weitergehen und sagen, daß der realistisch erfaßte Wertewandel eine viel direktere Einwirkung auf die Vertrauensbereitschaft und -fähigkeit der Bevölkerung erkennen ließ, als sie in der Inglehartschen Diagnoseformel selbst zum Ausdruck kommen konnte. Ich selbst gelangte mit meinen Mitarbeitern aufgrund von Datenanalysen zu der Diagnoseformel, daß ein Wandlungsschub von insgesamt abnehmenden Pflicht- und Akzeptanzwerten zu Selbstentfaltungswerten stattfand und in dieser Formel ist der Vertrauensverlust ganz unmittelbar, ohne langwierige Erklärungsumwege, mitenthalten.[26] Man kann dies ohne Schwierigkeit dokumentieren, indem man die Korrelationen zwischen den unterschiedlichen Wertorientierungen und den jeweiligen Vertrauensbereitschaften ermittelt. Es läßt sich, wenn man dies tut, auf eine sehr eindrucksvolle Weise nachweisen, daß sich mit dem Vorherrschen von Pflicht- und Akzeptanzwerten ganz generell gesehen verhältnismäßig hohe Vertrauensbereitschaften verbinden, die aber überall dort mehr oder weniger stark zurückgehen, oder auch völlig verschwinden bzw. durch Mißtrauensneigungen ersetzt werden, wo die Selbstentfaltungswerte vorzuherrschen beginnen.[27]

Natürlich ist dieser im ganzen gesehen ungemein eindeutige Zusammenhang einer Erklärung bedürftig, die ich nicht verweigern will.

Erstens reduziert das Vordringen von Selbstentfaltungswerten ganz elementar die Bereitschaft und Fähigkeit zur Akzeptanz der Autorität von Institutionen und Personen kraft Amtes. In einem viel höheren Maße als vorher laufen Vertrauens- und Akzeptanzzuweisungen heute durch das Nadelöhr von Kompetenzurteilen, wie auch von Eigenschafts- und Leistungsbewertungen. Die Frage, was eine Person oder Einrichtung beabsichtigt und vermag und wie vertrauenswürdig sie von daher ist, wird da, wo der Wertewandel eingeschlagen hat, mit einer viel stärkeren Dringlichkeit und Penetranz und mit einer stark erhöhten

---

[26] vgl. Helmut Klages: Wertorientierungen im Wandel. Rückblick, Gegenwartsanalyse, Prognosen, Frankfurt a.M. 1985», S. 17 ff.
[27] vgl. H. Klages und W. Herbert: Wertorientierung und Staatsbezug, a.a.O., S. 45 ff.

Sensibilität für die Verletzung eigener Erwartungen, wie auch mit einer stets auf dem Sprung befindlichen Mißtrauens- und Enttäuschungsdisposition gestellt. Hinzu kommt aber bei den einzelnen Individuen ein stark erhöhter Selbstbezug der Bewertung. Man fragt, wo Selbstentfaltungswerte dominieren, nicht mehr einfach »cui bono?«, sondern viel direkter: Was bringt es mir? Und man will überdies nach Möglichkeit seine eigene Persönlichkeit respektiert, ja noch mehr: beachtet und angenommen sehen – und sei dies auch nur im Wege der medienvermittelten Erfahrung, einen Ministerpräsidenten »zum Anfassen« zu haben, dem man virtuell die Meinung sagen oder auch das Herz ausschütten kann, mit dem man also eine imaginäre Zweierbeziehung im modus der persönlichen Freundschaft (oder Feindschaft) unterhalten kann.[28]

Zweitens reduziert das Vordringen von Selbstentfaltungswerten aber auch die durch die sozio-ökonomischen Wandlungen ohnehin obsolet werdenden Bindungen der Menschen an traditionale Selbstbeschränkungsnormen, die sich früher mit Regeln und Gefühlen des »Anstands« wie auch mit Werten der »Selbstbeherrschung«, der »Zurückhaltung« und der »Selbstbescheidung« verbunden hatten. Die früher so bedeutsamen etablierten Lebensweisen (und Lebensstandardniveaus) der sozialen Schichten haben inzwischen keine Verbindlichkeit mehr und sie werden heute bereits kaum mehr erinnert – eine Entwicklung, zu der natürlich auch die Bildungsrevolution – eine der entscheidenden Quellen des Wertewandels übrigens – in einem gewaltigen Maße beigetragen hat.[29] In Verbindung hiermit expandieren aber auch die Ansprüche gegenüber denjenigen Instanzen, die man als »zuständig« für das eigene Wohlergehen ansieht (und die im übrigen ja unter den Bedingungen des hochentwickelten Sozialstaats eine solche Zuständigkeit selbst immer wieder kräftig betonen). Befriedigungserfahrungen führen auf einer solchen Grundlage nicht mehr notwendigerweise zur Zufriedenheit, sondern viel eher zur Korrektur des Anspruchs- und Erwartungshorizonts nach oben. Die Enttäuschung von inflationierten Erwartungen wird so zu einer Normalerscheinung und der hieraus fließende Vertrauensverlust wird gewissermaßen systemtypisch und gänzlich alltäglich.[30]

---

28 vgl. Helmut Klages: Wertedynamik. Über die Wandelbarkeit des Selbstverständlichen, Zürich 1988, S. 64 ff.
29 vgl. Helmut Klages: Wertorientierungen im Wandel, a.a.O., S. 26 ff., 45 ff., 68 ff. und 128 ff.
30 vgl. Helmut Klages: Wandlungen im Verhältnis der Bürger zum Staat. Thesen auf empirischer Grundlage, Speyerer Vorträge, Heft 10, 1988

Man könnte es sogar wagen, von einer »Institutionalisierung« des Mißtrauens insbesondere dort zu sprechen, wo der Wertewandel mit den Bedingungen des hochentwickelten Sozialstaats zusammenfällt. Aus den immer wiederholten Äußerungen ratloser Politiker, die sich über eine mangelnde »Dankbarkeit« der Bevölkerung für erbrachte Leistungen enttäuscht zeigen, läßt sich folgern, daß die quasi-gesetzmäßigen Zusammenhänge, die hier vorwalten, bisher immer noch verhältnismäßig unbekannt sind. Ganz respektlos könnte man hieraus ableiten, daß »politische Bildung« unter den heutigen Bedingungen ein Lehrstoff nicht nur für die Bevölkerung, sondern gerade auch für die Politiker sein könnte, denen es offenbar vielfach an den elementaren Wissensvoraussetzungen mangelt, die eigentlich nötig wären, um die erwartbaren Wirkungen ihres Handelns im gesellschaftlichen Raum realistisch – oder: »rational« – einschätzen zu können.

IV

Ich möchte nunmehr, bevor ich in meine Schlußrunde einbiege, zunächst noch eine Frage aufwerfen, die sich dem Leser möglicherweise bereits aufgedrängt hat.

Die Interpretation, die ich gerade eben vorgelegt habe, läuft letztlich auf die Feststellung hinaus, daß der Vertrauenseinbruch, den die westlichen Demokratien erlebt haben, ungeachtet seiner situationsbedingten Auslöser kein temporäres Phänomen gewesen ist, sondern viel eher die Überschreitung einer Schwelle der sozio-ökonomischen, kulturellen und sozialpsychologischen Entwicklung in den fortgeschrittenen Gesellschaftssystemen markiert, hinter die wir nicht zurück können, die uns vielmehr mit neuartigen Problemen konfrontiert, für die wir wahrscheinlich auch neuartige Lösungen finden müssen.

Dieser Interpretation könnte nun natürlich der Einwand entgegengehalten werden, der mit dem Wertewandel verbundene Mentalitätsumbruch der Bevölkerung könne nicht einfach in die Zukunft projiziert werden, weil der Wertewandel selbst möglicherweise nur etwas Vorübergehendes gewesen sei. Man könnte in diesem Zusammenhang auf manche Äußerungen aus den letzten Jahren hinweisen, denen zufolge inzwischen bereits wieder eine »Werterenaissance« im Gange sei, die sich z.B. an einer vermehrten Anpassungsbereitschaft der Jugend, an einer wiederansteigenden Leistungsorientierung, oder z.B. auch an der Wiederhinwendung vieler junger Leute zu eleganter Kleidung ablesen lasse.

Wir haben nun an dieser Stelle leider keine Möglichkeit, in eine detaillierte Erörterung der sich hier auftuenden Fragen einzutreten. Ich muß mich vielmehr darauf beschränken, kategorisch zu erklären, daß eine Werterenaissance aus den empirischen Daten nicht ablesbar ist und daß bei den Hinweisen auf sie sicherlich des öfteren ein Wunschdenken im Spiel ist.

Ich will es hierbei belassen, möchte mich aber auch nicht auf dem allereinfachsten Wege – auf dem der quasi-autoritativen Verlautbarung nämlich – aus der Affaire ziehen.

Vielmehr möchte ich – für die Bundesrepublik – kurz auf diejenigen Untersuchungsergebnisse eingehen, welche die Frage nach dem Vertrauen in die Institutionen und Einrichtungen des öffentlichen Lebens in den 80er Jahren bis heute erbracht hat, so daß dem Leser die Möglichkeit geboten wird, selbst beurteilen zu können, wie sich die Dinge in der letzten Zeit entwickelt haben. Ich stütze mich hierbei auf Zeitreihen aufgrund der laufenden Erhebungen zweier Umfrageinstitute, die im einen Fall von 1979 bis 1988 und im anderen Fall von 1984 bis 1989 laufen und deren Ergebnisse miteinander verglichen werden können, wobei – um dies gleich vorweg zu sagen – von einigen Abweichungen abgesehen an den wesentlichen Punkten Übereinstimmungen sichtbar werden.

Nachstehend wird zunächst eine tabellarische Zusammenstellung von Befragungsergebnissen des EMNID-Instituts in der Zeit von 1979 – 1988 wiedergegeben. Die an jeweils rund 1000 repräsentativ ausgewählte Befragte ab 14 Jahren gerichtete Frage lautete: »Ich lese Ihnen jetzt eine Reihe von öffentlichen Einrichtungen und Organisationen vor. Sagen Sie mir bitte bei jeder Einrichtung oder Organisation, ob Sie ihr Vertrauen entgegenbringen, oder ob das nicht der Fall ist, wie ist das mit ...?«

Die Ergebnisse stellen sich wie folgt dar:

Vertrauen in Institutionen

	1979 %	1981 %	1982 %	1983 %	1984 %	1986 %	1988 %
Bundesverfassungsgericht	83	78	82	82	75	85	79
Schule[1]	-	-	70	76	74	80	78
Polizei[2]	-	-	-	-	-	78	78
Hochschule/Universität	59	57	69	69	75	83	77
Rundfunk[1]	-	-	74	70	75	73	70
Justiz	73	70	74	71	74	76	69
Städtische Behörden	72	73	68	61	68	66	69
Kirche	65	66	67	70	69	64	69
Bundeswehr	68	74	71	73	72	73	66
Fernsehen	69	62	69	64	71	66	62
Bundestag	67	64	61	76	68	74	60
Gesundheitswesen	80	80	80	77	82	82	57
Verfassungsschutz	-	-	70	61	59	66	57
Bundesregierung[1]	-	-	59	71	64	66	54
Zeitungswesen	47	47	57	55	58	51	50
Gewerkschaften	48	52	53	53	45	42	49
Unternehmen	50	54	65	56	48	60	48
Parteien	43	40	39	50	47	45	38

[1] erst ab 1982 als Kategorie abgefragt
[2] erst ab 1986 als Kategorie abgefragt

Quelle: EMNID-Informationen Nr. 11-12/1988

Zur Ermöglichung eines Vergleichs füge ich nachfolgend eine Zusammenstellung von Befragungsergebnissen des Instituts für praxisorientierte Sozialforschung Mannheim für die Zeit zwischen 1984 und 1989 hinzu, deren methodische Grundlage insofern andersartig ist, als eine mehrgliedrige Skala als Meßinstrument verwendet wurde und Mittelwerte ausgewiesen werden. Die den Befragten gestellte Frage lautete hier: »Wir haben hier einige Einrichtungen aus dem Bereich des öffentlichen Lebens aufgeschrieben und möchten gerne wissen, ob Sie diesen Einrichtungen vertrauen. Sagen Sie es mir bitte anhand dieser Skala: + 5 heißt, daß Sie der Einrichtung voll vertrauen, − 5 heißt, daß Sie ihr überhaupt nicht vertrauen. Mit den Werten dazwischen können Sie Ihre Meinung abgestuft sagen. Wie ist das mit ...?«

Die mit diesem Instrument erzielten Ergebnisse lauten wie folgt:

Vertrauen in Einrichtungen des öffentlichen Lebens

■ SKALEN-MITTELWERTE ■

	1984	1985	1986	1987	1988	1989
Gerichte	2.4	2.3	2.2	2.4	2.3	2.0
Bundestag	2.0	1.7	1.7	1.9	1.4	1.4
Gewerkschaften	-	-	0.7	0.8	0.9	0.8
Kirchen	1.9	1.6	1.4	1.2	1.2	1.1
Polizei	2.5	2.4	2.2	2.1	2.2	2.1
Bundesverfassungsgericht	2.8	2.8	2.5	2.6	2.4	2.2
Bundesregierung	1.6	1.0	1.4	1.7	1.0	0.8
Fernsehen	0.9	0.9	1.0	1.1	0.9	0.9
Bundeswehr	2.0	1.8	1.7	1.7	1.4	1.4
Presse	0.3	0.5	0.6	0.6	0.5	0.6

Quelle: ipos: Einstellungen zu aktuellen Fragen der Innenpolitik 1989, S. 30

Was die Daten übereinstimmenderweise aussagen, läßt sich in die folgenden Punkte zusammenfassen:

Erstens fällt sofort ins Auge, daß die Vertrauenszuweisungen zwischen denjenigen Institutionen und Einrichtungen, die in der Erhebung einbezogen wurden, ganz außerordentlich differieren. Es gibt, grob gesagt, Institutionen und Einrichtungen, denen heute jeweils großes, mittleres oder auch geringes Vertrauen entgegengebracht wird. Zu der ersten Gruppe kann man das Bundesverfassungsgericht, die Bildungseinrichtungen und - überraschenderweise - die Polizei rechnen; der mittleren Gruppe gehören die Justiz im allgemeinen, die städtischen Behörden, die Kirchen, die Bundeswehr, wie auch den Bundestag und - ganz am Ende dieser Gruppe - die Bundesregierung an, zu den »Schlußlichtern« rechnen endlich die Gewerkschaften, die Unternehmen und - zu guter Letzt - die politischen Parteien, welchen man die in manchen Erhebungen abgefragten »Politiker« als Gesamtgruppe hinzufügen kann, denen Mißtrauensbekundungen zuhauf zuteil werden.

Es gibt eine Möglichkeit, solche Aussagen über das Vertrauen zu gewichten, indem man die Bedeutsamkeit oder Wichtigkeit für das Funktionieren der Demokratie oder für die Erfüllung staatlicher Aufgaben, die den Institutionen von der Bevölkerung jeweils zugeschrieben werden, mit dem Vertrauen in Beziehung setzt, das ihnen gewährt wird. Dabei kann davon ausgegangen werden, daß der »subjektive Vertrauensbedarf« der einzelnen Bereiche umso größer ist, je höher die Wichtigkeit ist, die ihnen in den Augen der Bevölkerung zukommt.

Auf diese Weise betrachtet muß z.B der mittlere Vertrauenswert, der heute der Bundesregierung zukommt, als problematisch betrachtet werden, denn in den Augen der Bevölkerung ist sie das mit weitem Abstand allerwichtigste Element der staatlichen Institutionenwelt insgesamt.[31] Hier klafft, wenn man so will, eine Schere zwischen der Vertrauenszuerkennung und dem subjektiv wahrgenommenen Einfluß-, Entscheidungs- und Machtpotential.

Grob gesagt sind also die »tragenden« Säulen des auf die öffentlichen Institutionen und Einrichtungen bezogenen Vertrauens gegenwärtig das Bundesverfassungsgericht, die Bildungseinrichtungen und die Polizei – ich überlasse es dem Leser, aus diesem gängigen Vorstellungen über die Legitimitätsbasis von Demokratien gewiß nicht völlig entsprechenden Ergebnis weiterführende Folgerungen zu ziehen.

Zweitens fallen nun aber auch verschiedene sehr deutliche Änderungen über die Zeit hinweg ins Auge, deren Analyse sehr wichtige zusätzliche Einsichten zu vermitteln vermag.

Wenn wir diese Änderungen auf ihre gemeinsamen Komponenten hin untersuchen, dann stoßen wir zunächst auf die Auswirkungen des Regierungswechsels im Jahr 1982, der dazu führte, daß sich bei den politischen Einrichtungen und Personengruppen erhebliche Vertrauensumschichtungen vollzogen: Die CDU- und CSU-Anhänger stuften nach 1982 die Bundesregierung, daneben aber auch die Parteien und die Politiker, wie auch den Bundestag höher ein und bei den Anhängern der SPD und der Grünen vollzog sich der umgekehrte Vorgang. Gleichzeitig ergaben sich aber offensichtlich auch bei den Wechselwählern in Verbindung mit dem Regierungswechsel in diesen Bereichen

---

31 vgl. hierzu Helmut Klages u. Willi Herbert: Staatssympathie. Eine Pilotstudie zur Dynamik politischer Grundeinstellungen in der Bundesrepublik Deutschland, 1983, S. 33 ff. (= Speyerer Forschungsberichte 18)

Vertrauenszuwächse, so daß wir 1982/83 in allen diesen Abfragebereichen eine deutlich nach oben weisende »Zacke« finden.

Wenden wir uns den Jahren zwischen 1983 und 1987 zu, dann erkennen wir nun allerdings ziemlich deutlich dasjenige Phänomen, das als »Wahlstimmenzyklus« (oder auch, vulgärer, als »Popularitätsbauch«) bezeichnet wird:[32] Alle diejenigen zahlreichen Bereiche des politischen Lebens, die von den Menschen mit der Bundesregierung in Verbindung gebracht werden, verloren zunächst an Vertrauen, um dann, im Vorraum der Wahl, wieder einen mehr oder minder deutlichen Vertrauensaufschwung zu erleben, in welchem sich eine nach wie vor bestehende Fähigkeit der Regierung und der sie tragenden Parteien manifestiert, Legitimität kurzfristig zum Zweck der Wahl zu mobilisieren.

Andererseits vermitteln die Zahlen aber auch den Eindruck, daß der an und für sich von hierher erwartbare Vertrauensrückgang nach der Bundestagswahl von 1987 besonders schnell und heftig erfolgte (für die Bundesregierung und den Bundestag ergaben sich im Jahr 1989 deutlich niedrigere Vertrauensniveaus als vor der Bundestagswahl von 1987). Die aufgrund dieser Entwicklung nahegelegte Frage, ob sich hier mehr und anderes vollzieht als die mit der Aufeinanderfolge der Bundestagswahlen zusammenhängende Zyklizität der politischen Grundeinstellungen, erhält zusätzliche Nahrung durch die Beobachtung, daß einige der verfügbaren Zeitreihen zwischen 1984 und 1989 einen Trend stetig abfallender Vertrauenszuweisungen zur Schau stellen. Dies gilt sowohl für das an und für sich recht hohe Vertrauen in das Bundesverfassungsgericht, wie auch für das Vertrauen in die Bundeswehr und für das im Grunde genommen so eindrucksvolle Vertrauen in die Polizei. Man mag versucht sein, aus diesen Veränderungen auf eine Tendenz zur fortschreitenden Vertrauenserosion zu schließen (die konsequenterweise dann – auf derselben statistischen Grundlage – allerdings z.B. auch für die Vertrauensbasis der Kirchen festzustellen ist).

---

32 vgl. hierzu Reiner Dinkel: Der Zusammenhang zwischen Bundes- und Landtagswahlen, in: Politische Vierteljahresschrift, Bd.18, 1977, S. 348 ff.

V

Der Anlaß für diesen Ausflug in die aktuellen empirischen Daten war die Frage, ob die Vertrauenseinbruchsdiagnosen der 60er und 70er Jahre einschließlich der ihnen zugeordneten Interpretationsansätze noch aktuell sind, oder inzwischen nicht vielleicht durch andersartige, positiver gelagerte Diagnosen ersetzt werden müssen.

Gehen wir von den letzten Feststellungen aus, dann fällt die Antwort nicht allzu schwer: Unter Absehung von vielfältigen Details, über die natürlich bei genauer Betrachtung näher zu sprechen wäre, enthüllen die aktuellen Daten, die über die Bundesrepublik vorliegen, verhältnismäßig exakt eben dasjenige Grundmuster, das sich bereits aus den internationalen Analysen der 60er und 70er Jahre herauskristallisierte. Der Vertrauenseinbruch war also – um dies zu wiederholen – keinesfalls nur eine Episode, sondern er markierte in der Tat wohl doch eher die Überschreitung einer Schwelle der Systementwicklung, die uns in neuartige Probleme und Lösungserfordernisse hineingeführt hat.

Natürlich kann eine solche Diagnose nicht an der Tatsache vorbeigehen, daß die zeitweilig so virulenten Protestaktivitäten in der Zwischenzeit deutlich abgesunken sind.

Es muß jedoch deutlich gesehen werden, daß sich Vertrauensdefizite keinesfalls automatisch und zwangsläufig in manifesten Protest umsetzen, ja daß es nicht einmal eine eindeutige Beziehung zwischen der Höhe solcher Defizite und dem Ausmaß des jeweils vorhandenen Protestpotentials gibt. Es hängt dies damit zusammen, daß es »funktionale Äquivalente« für den Protest gibt, so z.B. sein scheinbares Gegenteil, die persönliche Abwendung von der Politik nämlich, die »Privatisierung« der Interessen also, die keinesfalls mit völliger »Apathie« gleichbedeutend sein muß, die sich vielmehr durchaus mit hoher Wahlbeteiligung verbinden kann und die ebenso wenig mit einer »Untertanenkultur« verwechselt werden darf, da sie mit der Betonung persönlicher Unabhängigkeit und mit einer aufmerksamen Beobachtung des politischen Raums, wie auch mit der Verteilung von Noten und Denkzetteln für faktische oder vermutete Interessen-Vernachlässigungen seitens der Politiker oder der Behörden verknüpft sein kann. Es scheint eine Alternative zur sogenannten »Untertanenkultur«, wie auch zur sogenannten »Staatsbürgerkultur« zu geben, die gerade unter den Bedingungen der hochentwickelten wohlfahrtsstaatlichen Demokratie eine ausgeprägte

Chance hat und deren hervorstechenstes Symptom die Ausbreitung des Typs des hochgradig selbstbewußten, der Politik mit Konsumentensouveränität und mit einem gleichsam instrumentellen Vertrauen gegenüberstehenden Wechselwählers ist, der jederzeit »gut bedient« sein möchte, der aber auch sehr empfindlich und mit einer locker unter der Haut sitzenden Mißtrauens- und Unmutsbereitschaft reagiert, wenn seinen Erwartungen nicht Rechnung getragen wird. Man kann dieser sehr allgemeinen Feststellung z.B. die Beobachtung hinzufügen, daß in einer Gesellschaft, in der inzwischen die regelmäßige Veröffentlichung von Sympathie-Barometern zu den »Institutionen der Demokratie« gehört, der dokumentierte und öffentlich registrierte Sympathie-Entzug selbstverständlich zum Repertoire des »politischen Handelns« des oberflächlich betrachtet unpolitischen Einzelnen rechnet. Wer beobachtet, wie ängstlich viele Politiker solche Sympathie-Barometer beobachten, der weiß auch um die enorme Effektivität dieses eher sublimen »Liebesentzugsverhaltens«.

Die daueraktuelle Dynamik der Vertrauensgewährung und des Vertrauensentzugs vollzieht sich in unserer gegenwärtigen Situation – auf dem Hintergrund der großen Einbrüche der 60er und 70er Jahre – in einer überwiegend entdramatisierten und gewissermaßen veralltäglichten, nichtsdestoweniger aber für den Vollzug der Politik ungeheuer einflußreichen und folgenreichen Form. Man übersieht dies allzu leicht, wenn man gegenwärtig wie gebannt auf die Wahlerfolge der Republikaner hinblickt, die realistisch betrachtet aber nur einen temporären Ausschnitt aus dem fraglichen Gesamtphänomen repräsentieren. Dieses Gesamtphänomen selbst bekommt man z.B. dann zu Gesicht, wenn man sich in den vorstehenden Tabellen diejenigen ständigen kräftigen Schwankungen und Ausschläge vor Augen führt, die unerklärt übrig bleiben, wenn man die vorhin aufgeführten »großen« Bewegungskomponenten eliminiert. »Politik ohne Vertrauen« – das ist sicherlich ein Grenzzustand, den wir in unseren westlichen Demokratien gottseidank nicht haben. Das ständige Handgemenge um des Erhaschens eines kurzfristigen und stets zerfallsfähigen Vertrauens willen – genau das ist es aber, was die Politik heute schwierig und für viele Politiker auch zermürbend werden läßt und was ihnen das böse Wort von der »Stimmungsdemokratie« in den Mund legt.

Das Dilemma der Volksparteien

1. »Parteienverdrossenheit«: Fakten und Kritiken

Ein Gespenst geht um im neu vereinten Deutschland, so schrieb Hildegard Hamm-Brücher am 17. Juli 1992 in der ZEIT. Dieses Gespenst »heißt 'Parteienverdrossenheit', 'Krise der Demokratie' oder gar Weimar. Seine Existenz wird durch alle Umfragen bestätigt. ... Es lehrt uns das Fürchten und ist zum innenpolitischen Thema Nummer eins geworden.«

In der Tat. Sieht man sich die Umfrageergebnisse der zurückliegenden Jahre an, dann kann man unschwer die folgenden spektakulären Trends erkennen:

- Einen fast schon perfekten Vertrauensverlust »der Parteien« insgesamt, wie auch »der Politiker« als Gesamtgruppe;
- einen schnellen Vormarsch der »Wechselwähler«, d.h. derjenigen Wähler, die – ungeachtet gewisser Sympathien, die sie einer bestimmten Partei entgegenbringen – nicht mehr zuverlässig bereit sind, »ihre« Partei zu wählen, sondern die von Mal zu Mal die Partei wechseln und sich gegebenenfalls auch als Protestwähler bestätigen;
- ein gewaltiges Anwachsen der »Nichtwähler-Partei«, d.h. derjenigen Wähler, die ihre Enttäuschung über »ihre« Partei in der Wahlenthaltung zum Ausdruck bringen.

Alle diese Entwicklungen sind in der letzten Zeit – angestoßen durch sensationelle Aufdeckungen über die finanzielle »Selbstbedienung« von Parlamentariern (H. H. von Arnim) und über eine brutale »Klüngelbildung« bei der Vergabe von Posten (Erwin K. und Ute Scheuch), wie auch durch eine bewegende Philippika des Bundespräsidenten gegen die »Machtversessenheit und Machtvergessenheit« der Parteien – zum Gegenstand einer anschwellenden Diskussion geworden. In dieser wird verständlicherweise auch nach den Ursachen der Parteienverdrossenheit, wie auch nach den Möglichkeiten des Gegensteuerns gefragt, die zur Verfügung stehen, um diese äußerst unerwünschte, ja bedrohliche, die Existenz der »Parteiendemokratie« infrage stellende Entwicklung aufzuhalten.

Hierbei kommt allerdings zum Ausdruck, daß man es ganz überwiegend zu vermeiden sucht, beim unvermeidlichen kritischen Sondieren allzu weit vorzustoßen, um nicht womöglich eine Krise der Demokratie als solcher »herbeizureden«. Man sucht sein Heil in Überlegungen über eine verbesserte Parteienfinanzierung und deren Kontrolle, oder auch über eine verbesserte Rekrutierung des Nachwuchses der Parteien, ohne aber nach Möglichkeit irgend etwas infrage stellen zu wollen, was den »institutionellen Bestand« der Demokratie Bonner Typs betreffen könnte.

Meines Erachtens kommt man auf diese Weise aber nicht an diejenigen Kernfakten heran, die hinter dem zweifelsfreien Wegbrechen der sozialpsychologischen Grundlagen unserer bisherigen Art von Demokratie stehen. Man muß vielmehr umgekehrt, wie ich meine, sehr deutlich erkennen, daß etwas »faul im Staate« ist und man muß gerade dann, wenn man als Wissenschaftler eine Mitverantwortung für das Ganze anstrebt, ohne Furcht vor dem Erschreckenden, das dabei vielleicht zutage tritt, an die Analysearbeit herangehen.

2. Im Vorraum der Volksparteien: Ein analytischer Rückblick

Ich starte in dieses Unternehmen von der These aus, daß man zunächst einmal einige geschichtliche Schritte zurücktreten muß, um das, was gegenwärtig vor sich geht, wirklich verstehen zu können.

Ich wende mich, wenn ich dies tue, zunächst einmal derjenigen langwährenden Vergangenheit zu, die von den Soziologen gern mit dem verhältnismäßig diffusen Terminus »vorindustrielle Gesellschaft« gekennzeichnet wird, wobei ich aber insbesondere das 16. bis 18. Jahrhundert ins Auge fasse.

Grob gesagt gab es in dieser Zeit noch keine »Parteien« heutigen Typs. Es konnte und brauchte sie auch nicht zu geben, denn zwischen der politischen Führung des Gemeinwesens und der Gesellschaft gab es feststehende »intermediäre« Formationen, die »Stände« nämlich, wie auch ihre ebenso feststehenden Untergliederungen (insbesondere in den ländlichen Gebieten die »Grundherrschaften« und in den Städten die »Zünfte« und die »Gilden«). Die Menschen wuchsen auf traditionale Weise in diese Untergliederungen hinein, denen sie sich aufgrund ihrer Herkunft schicksalhaft zugehörig fühlten, ja die gewissermaßen als eine äußere soziale Haut empfunden wurden. Man war »von Haus aus« – und letztlich auch in einem rechtsverbindlichen, persönliche Umentscheidungen nur im Ausnahmefall zulassenden Sinne – zünftiger Schuhmacher in der Stadt XY, oder Hintersasse in der Grundherrschaft YZ. »Politik« wurde – in einem weit vom heutigen Verständnis entfernten Sinne – nur von den gebürtigen »Herren«, oder auch gewählten Vorstehern etc. betrieben, wobei es selbstverständlich und legitim war, daß es sich hierbei um eine engstens mit persönlichen Interessen verschränkte Wahrnehmung lokaler Bedürfnisse der jeweils eigenen Formation zu handeln hatte, die in ihren Umrissen »von alters her« verhältnismäßig feststehend waren und überdies mehr oder weniger rigorosen Normierungen unterlagen.

Dies alles begann sich fundamental bereits mit den Liberalisierungen des frühen 19. Jahrhunderts, wie auch mit beschleunigtem Tempo seit dem ausgehenden 19. Jahrhundert zu ändern, als die industriellen Großstädte ins Leben zu treten begannen.

Nunmehr gab es plötzlich große »Massen« von Menschen, die nicht mehr Mitglieder einer feststehenden Formation, sondern formell gesehen »frei« waren (ihre Verbindung mit »ihrem« Betrieb wurde nur auf eine verhältnismäßig unverbindliche Weise durch einen sog. »freien Arbeitsvertrag« vermittelt; ihrer Nachbarschaft waren sie institutionell nur durch einen »freien Mietvertrag« mit einem Hauseigentümer verbunden). Daß auch diese Menschen sehr akute Interessen und Bedürfnisse hatten, war klar, zumal sie sich in ungeregelten, fremden Machtbedürfnissen ausgelieferten Lebensverhältnissen befanden. Gerade die institutionelle Unabgeklärtheit ihrer Situation ließ jedoch den legitimen Charakter dieser Interessen und Bedürfnisse, wie auch die Frage, wer sie vertreten sollte, offen und unbestimmt werden. In den alten Städten war es völlig eindeutig gewesen, was als »gerechte Nahrung« zu gelten hatte und daß es die Zünfte waren, die hierüber zu wachen hatten. Einen »gerechten Arbeitslohn« gab es nunmehr aber nicht mehr und es gab zunächst auch keine klaren Vorstellungen darüber, ob für die Lohnfindung irgend jemand mit Ausnahme der jeweiligen Vertragspartner selbst zuständig war. Es bestand somit offenbar im sozialen Gefüge eine massive »Lücke«, zumal die Kirchen den Übergang in die neuen Großstädte nur mit halbem Herzen und im ganzen genommen sehr geschwächt mitvollzogen hatten.

Es kam in dieser Situation zu einer Fülle institutioneller Neugründungen, die sich mit Interessenvertretungsangeboten an die zunächst freischwebenden Massen richteten. Im wesentlichen handelte es sich hierbei um »Parteien und Verbände«, wobei das Abgrenzungsverhältnis zwischen ihnen, wie man z.B. an der Geschichte der Arbeiterbewegung verfolgen kann, über lange Zeiträume hinweg fraglich und umstritten war. Als hauptsächlicher Unterschied zwischen den sich anbietenden sozialistischen »Parteien« und den »Gewerkschaften« kristallisierte sich heraus, daß sich die ersteren in einem weit ausgreifenden und im wesentlichen auch neuartigen Sinne »politisch« verstanden.

Der neue Charakter, der der »Politik« anhaftete, läßt sich ebenfalls gut am Beispiel der sozialistischen Parteien demonstrieren. Sie wendeten sich mit ihren Angeboten zwar an die neue Sozialgruppe der »Arbeiter« und sie machten sich anheischig, die Interessen dieser neuen Gruppe zu artikulieren. Hierbei ging es aber keineswegs nur darum, ihnen einen Platz in einem ansonsten feststehenden Sozialsystem zu sichern. Angesichts der allgemeinen Umwälzung der Gesellschaft, die mit der industriellen Revolution in Gang gekommen war, stand vielmehr die zukünftige Gestalt der Gesamtgesellschaft zur Disposition. »Politische Interessenvertretung« konnte – und mußte vielleicht auch – unter diesen Bedingungen viel mehr bedeuten als die Einnahme bestimmter Standpunkte, wenn es in den nunmehr vorhandenen Parlamenten um die Entscheidung von Sachfragen ging. Vielmehr bedeutete dies darüber hinaus auch die Entwicklung einer umfassenden Leitvorstellung von der anzustrebenden gesellschaftlichen Gesamtordnung der Zukunft, in welcher naturgemäß – aufgrund einer entsprechenden »Theorie« – die Interessen der vertretenden Bevölkerungsgruppe das Primat zugesprochen erhielten.

»Ideologien« solcher Art wurden nun aber keinesfalls nur von der politischen Arbeiterbewegung, sondern auch von anderen gesellschaftlichen Bereichen her entwickelt, so insbesondere vom »liberalen« städtischen Bürgertum, wie auch von dessen »konservativeren«, noch überwiegend religiös geprägten Teilen und von den mächtigen Großagrariern her. In dem sich entwickelnden Parteienspektrum begegneten sich also sowohl miteinander konkurrierende Interessen deutlich unterscheidbarer Soziallagen, wie auch einander ausschließende Gesamtordnungskonzepte. In die politische Praxis übersetzt bedeutete dies, daß Mehrheitspositionen entweder nur auf dem Wege sehr schwierig herstellbarer Kompromisse zwischen verschiedenen Standpunkten, oder aber auf dem Wege der des Bürgerkriegs und der anschließenden »Diktatur« einer einzigen Partei erwartbar waren.

3. Modernisierungsbedingungen der Volksparteien-Entwicklung

In Deutschland und in anderen Ländern konnten wir die blutige Realisation einer solchen Entwicklung wie in einem Laboratorium verfolgen. Sie vollzog sich in der Weimarer Republik, in welcher es am Ende nur eine Frage der Kräfteverhältnisse und der jeweils eingesetzten Machteroberungsstrategie war, welche Art von Diktatur – eine faschistische oder eine kommunistische – sich entwickeln würde.

In der DDR wurde nach dem Ende des Zweiten Weltkrieges die vorangegangene Entwicklung fortgesetzt bzw. korrigiert, indem es nunmehr zu einer kommunistischen Diktatur anstelle der entthronten faschistischen kam. In der Bundesrepublik wurden von allem Anfang an neue Wege eingeschlagen, indem – mit einigen bedeutsamen Modifikationen – an die vor-faschistische Mehrparteienkoexistenz angeknüpft wurde. Die eine Änderung war, daß man die Möglichkeiten einer direkten plebiszitären Einflußnahme der Wahlbevölkerung auf die Politik scharf beschnitt, um eine Wiederholung der auf die Mobilisierung von »Massen« abstellenden Machteroberungsstrategien von Parteien (oder »Bewegungen«) mit totalitärem Potential zu verhindern. Die andere Änderung betraf die Parteienstruktur selbst. Insbesondere die neue »Union« setzte sich über vormalige konfessionelle Trennlinien hinweg und baute ihrer Gesamtordnungsvorstellung überdies eine soziale Komponente ein, so daß alle Voraussetzungen für eine »breite«, verschiedene Soziallagen – und somit auch verschiedene Bevölkerungsteile – übergreifende Integrationsfähigkeit gegeben waren. Mit diesem Ausbruch aus dem Sozial- und Ideologie-Getto der vormaligen Zentrumspartei, welcher im Prinzip bereits die Geburt einer »Volkspartei« neuen Typs signalisierte, rückte die Möglichkeit der nicht-diktatorischen Mehrheitserzielung im Rahmen einer einzigen Partei in greifbare Nähe.

Die Entstehung einer neuartigen Situation im Verhältnis zwischen den Parteien und der Gesellschaft wurde aber insbesondere auch durch die gesellschaftliche Entwicklung und Veränderung selbst angestoßen. Das bereits in den 50er Jahren einsetzende kraftvolle und nachhaltige wirtschaftliche Wachstum und der mit ihm verbundene technologische Wandel brachten eine neuerliche sehr tiefgreifende gesellschaftliche Umwälzung hervor, deren Auswirkungen nun allerdings diametral entgegengesetzt zu derjenigen Umwälzung verliefen, die sich mit der industriellen Revolution seit der zweiten Hälfte des 19. Jahrhunderts eingestellt hatte. Während dort eine sozial mehr oder weniger ausgegrenzte Industriearbeiterschaft als neue »Klasse« entstanden war, so daß die Gesellschaft durch starke zusätzliche Gegensätze und Konflikte belastet und zerrissen wurde, wurde nunmehr – über vielfältige Modernisierungsentwicklungen hinweg – die Entstehung einer »nivellierten Mittelstandsgesellschaft« (H. Schelsky) mit stark reduzierten Schichtabgrenzungen gefördert. Eine expansive Tarifpolitik der Gewerkschaften, die unter den früheren Bedingungen wahrscheinlich den »Klassenkampf« angeheizt haben würde, konnte unter den jetzigen Bedingungen einer langewährenden »Prosperität« zu einer historisch erstmaligen Wohlstandsentwicklung bei der breiten Mehrheit der Bevölkerung beitragen. Das Prinzip des »Eigentums« war nunmehr nicht mehr geeignet, die Bevölkerung in »bürgerliche« und »proletarische« Teile zu spalten und den Bürgerkrieg zu schüren, sondern konnte als sozialintegratives, die große Masse der Bevölkerung einendes Band wirken. Die Arbeiter »verbürgerlichten«, wie man in dieser Situation verschiedentlich feststellte.

Die für die Parteien einschneidend bedeutsame unmittelbare Folge war, daß die Chance, abgrenzbare Teile der Bevölkerung mit einander ausschließenden Sozialideologien anzusprechen und zu gewinnen, objektiv gesehen rapide absank. In der Terminologie von A. Downs ausgedrückt, stellte sich eine »eingipflige« Verteilung der Gesamtbevölkerung im Mittelfeld der »Rechts-Links-Skala« ein. Der nivellierten Mittelstandsgesellschaft begann, mit anderen Worten, eine in der Mitte angesiedelte politische Grundeinstellung der Wählermehrheit zu entsprechen, die mit der aus den Umfragen ablesbaren zunehmend vorherrschenden Neigung der Menschen eng zusammenhing, sich subjektiv weder einer Ober- noch einer Unterschicht, sondern vielmehr der Mittelschicht zuzurechnen.

Der Entwicklung zur »Volkspartei«, die bereits durch die Gründung der Union eingeläutet worden war, wuchs hierdurch ein machtvoller Motor zu. Im Jahr 1961 vollzog die traditionsreiche Arbeiterpartei SPD, die zunächst unverändert an ihre Entwicklung in der Weimarer Republik angeknüpft hatte, mit dem »Godesberger Programm« eine entsprechende Wende. Auch die kleinere FDP versuchte ihre Programmatik zu »entspezifizieren« und sich für alle zu öffnen.

4. Das Dilemma der Volksparteien: Zwei Aspekte

Wenn man sich nun fragt, inwiefern es angesichts dieser Wandlungen zu einem »Dilemma« der Volksparteien neuen Typs kommen konnte, so ist man gut daran, sich von vornherein von dem Gedanken zu trennen, es könne sich hierbei um eine zufällige Entgleisung aus einem an und für sich möglichen problemfreien Kurs handeln. Dieses Dilemma war und ist vielmehr der Entwicklung der Volksparteien von allem Anfang eingezeichnet, obwohl dies von den Beteiligten selbst zunächst nicht erkannt wurde. Man kann das was hier vorliegt, wenn man so will, als eine »Entwicklungsgesetzlichkeit« kennzeichnen. Daß diese Tatsache gegenwärtig noch kaum gesehen wird, daß man vielmehr meist noch nach Kräften bemüht ist, die zutage tretenden Probleme als problemlos »reparaturfähig« anzusehen, ist der eigentliche Kern des Ungenügens der aktuellen Diskussion über die Ursache der »Verdrossenheit« und der mit ihr verbundenen Parteienkrise.

Zunächst einmal muß – und dies ist der erste Aspekt des Dilemmas – klar sein, daß die bestehenden Parteien bei ihrer Wende zu allen Wählern offenstehenden Volksparteien unvermeidlich in einen Konflikt zwischen ihrer Herkunftstradition und ihrer aktuellen Strategie der Wählerstimmengewinnung geraten mußten.

Für alle infrage kommenden Parteien gilt nämlich, daß sie diese pragmatisch nahegelegte Wende niemals perfekt in ihre Mitgliederschaft und in die sog. »Stammwählerschaft« hinein zu vermitteln vermochten, die sich in erster Linie aus den abschmelzenden noch im bisherigen Sinne ideologisch ansprechbaren Teilen der Bevölkerung zusammensetzt, die also bei der Union eher »rechts« und in der SPD eher »links« steht. Hierbei spielt eine entscheidende Rolle, daß die eher in der Mitte stehenden Wähler, die von allen Seiten umworben werden, naturgemäß keinen Anlaß sehen, die Mitgliedschaft einer derjenigen Parteien zu erwerben, für die sie sich bei einer Wahl entscheiden. Für diese Wähler ist es im Gegenteil viel eher rational, eine solche Bindung strikt zu vermeiden, um sich in der Parteienkonkurrenz für die Nutzung der jeweils attraktivsten Angebote offenhalten zu können. Sie stellen, mit anderen Worten, das Potential für diejenigen »Wechselwähler« dar, die eingangs bereits erwähnt wurden.

Die Parteien haben somit kaum eine Chance, die Gesamtheit ihrer Wähler und ihre Mitglieder + Stammwähler auf einen Nenner zu bringen. Sie können diese letztere Gruppe, die sie oft genug als Klotz am Bein empfinden mögen, aber schon deshalb nicht einfach abstoßen, weil ihnen die Wähler der Mitte naturgemäß keine »sichere Gefolgschaft« vermitteln können. So sind die Volksparteien gezwungen, immer noch mit einem Bein in dem ideologischen Getto der Vergangenheit stehen zu bleiben. Da die Rekrutierung ihrer Funktionsträger naturgemäß aus dem Kreis der Mitglieder erfolgt, wird sich der hieraus entspringende Konflikt unvermeidlich bis in ihre Entscheidungszentren hinein fortsetzen. Es ist für diese Lage symptomatisch, daß sich jedes Mal, wenn eine der Parteien eine Wahlschlappe erleidet, »gewichtige Stimmen« erheben, die eine Abkehr vom »Populismus« (d.h. also wörtlich von der Volkszuwendung) und eine Wiederhinwendung zu den »bewährten Grundsätzen« der Vergangenheit anmahnen.

Den zweiten Aspekt des Dilemmas bekommt man in den Blick, wenn man sich nun umgekehrt den politischen Einstellungen und dem Wahlverhalten (d.h. also der »politischen Kultur« der in der Mitte stehenden Wählermehrheit zuwendet.

Es ist für den Zweck einer fundamental ansetzenden Analyse wichtig, sich zunächst vor Augen zu führen, daß diese zunehmend identifikationslosen Wählermassen mit einem nach allen Seiten offenen Mittelstandsbewußtsein seit den 50er Jahren durch die prägende Erfahrung eines stetig anwachsenden Wohlstands und einer Sozialstaatsentwicklung gingen, welche die Wohlstandsentwicklung ganz offenbar »für alle Zeiten« abzusichern in der Lage war. Für diese Wählermassen war ein sich ständig steigernder persönlicher Lebensstandard eine zunehmende Selbstverständlichkeit und die sich herausbildenden Volksparteien taten zunehmend alles, um die Menschen in diesem Glauben zu unterstützen und seine Transformation in einen »Anspruch« zu fördern. Die Zugänglichkeit aller Lebensgüter für alle wurde, wenn man so will, zur herrschenden Sozialideologie der großen Mehrheit einer Gesellschaft, die man schon frühzeitig mit einer durchaus zutreffenden Wortschöpfung als »Anspruchsgesellschaft« zu kennzeichnen begann.

Über die Berechtigung der kritischen Infragestellung, die sich aus dieser Wortschöpfung herauslesen läßt, mag man streiten. Tatsache ist aber, daß die Parteien – wie auch der von ihnen zunehmend plakativ getragene Sozialstaat – aufgrund der Entstehung der Anspruchsgesellschaft sozialpsychologisch gesehen in eine zunehmend schwierige Lage – in ein Dilemma eben – gerieten.

Kurz gesagt verband sich mit der auf das eigene Wohlbefinden gerichteten Anspruchsentwicklung – in der Sprache der 60er und 70er Jahre ausgedrückt – eine »Revolution der steigenden Erwartungen«, welche unaufhaltsam dazu tendierte, den Spielraum des objektiv Verfügbaren zu überschreiten und zu überfordern (man begann deshalb in der politischen Wissenschaft von einem »Overload«-Phänomen zu reden). Pointiert ausgedrückt lieferte den Menschen jeder weitere Zuwachs an öffentlich vermittelter »Lebensqualität« eine Bestätigung für die sich ausbreitende Annahme, in einem unbegrenzt leistungsfähigen System zu leben, wie auch eine Verstärkung der Annahme, dem Gemeinwesen gegenüber anspruchsberechtigt zu sein. Die Parteien förderten diese Entwicklung nicht nur dadurch, daß sie sie akzeptierten und in ihrer Legitimität bestätigten, sondern darüber hinaus auch dadurch, daß sie in ihrer immer vorbehaltsloser werdenden Wählerstimmenkonkurrenz um den Aufbau golden schimmernder Zukunftshorizonte und um die Ausdenkung immer neuer öffentlicher Zusatzleistungen, gleichzeitig aber auch um die Desavouierung des politischen Gegners durch die Behauptung bemüht waren, diesem mangele es an der Fähigkeit oder Bereitschaft zur Ausschöpfung der sich anbietenden Lebensverbesserungs-Möglichkeiten.

Die neuen Volksparteien gerieten, mit anderen Worten, schon nach kurzer Zeit in die prekäre Dynamik einer Überbietungskonkurrenz hinein, aus der sie bis heute noch nicht wieder herausfinden können. Sie förderten damit aber die Entstehung einer gesellschaftlichen »Anspruchshaltung«, die auf überdehnten Erwartungen aufbaut, deren zumindest teilweise Enttäuschung unvermeidlich erscheinen muß. Man kann die These aufstellen, daß diese höchst problematische, aus der Situation heraus aber nahegelegte Neigung der Volksparteien im Laufe der zurückliegenden Jahre trotz aller entgegengerichteten Einsichten und Appelle eher immer weiter an Eindeutigkeit und Nachdrücklichkeit gewonnen hat. Inzwischen scheint man sich in den Parteien bereits kaum noch Gedanken über die Frage machen zu wollen, ob Wahlversprechen nachfolgend auch eingelöst werden können. Der Wahlkampf hat gegenüber der nüchternen Tagespolitik den Charakter einer »Angelegenheit für sich« gewonnen. Es geht hier, wie man hören kann, um »etwas anderes« als im politischen Alltag. In der immer säuberlicheren Separierung des Wahlkampfes von der »normalen« Politik vollzieht sich jedoch eine Freisetzung der immer zentraler werdenden Stimmenmaximierungsinteressen der Volksparteien von der Verpflichtung zu sachpolitischer Effizienz, die nicht nur aus moralischen Gründen bedenklich stimmen muß, sondern die auch den Keim der »Verdrossenheit« in sich birgt. Es kommt hinzu, daß die Medien den Klagen der Verlierer über die »Wahllügen« der Gewinner begierig Gehör schenken und damit nolens volens der Verdrossenheit Auftrieb geben. Es dreht sich somit in unserer Mehrparteiendemokratie eine von allen Beteiligten in Gang gehaltene Spirale, die man als Anspruchsproduktions- und -frustrierungsspirale bezeichnen mag.

Informiert man sich aufgrund der Umfrageergebnisse darüber, daß in einem wachsenden Maße öffentlich gewährten Leistungen mit Unzufriedenheit und eigenständig erzielten Zuwächsen mit Zufriedenheit begegnet wird, dann kann man dieser Diagnose eine zusätzliche Erkenntnis hinzufügen: Der von den Volksparteien getragene Sozialstaat scheint zunehmend als ein Sündenbock zu fungieren, dem man möglichst all das zurechnet, was einen persönlich belastet, während man für die individuelle Selbstbewertung die Rosinen zurückbehält. Es ist dies gewissermaßen die Kehrseite der von dem Sozialstaat der Volksparteien in Anspruch genommenen Allzuständigkeit und Allverantwortlichkeit. Dieser Staat, der im Gefolge der Politiker ständig nach neuen Betätigungsfeldern sucht, die Gelegenheit zu wählerstimmenträchtigen politischen Angeboten geben, gräbt sich dabei selbst die sozialpsychologische Grube, in die er hineinfällt.

Bisher gibt es erst wenige Anzeichen dafür, daß die Politiker, die sich immer noch gern und ausführlich über die »Undankbarkeit« der Menschen beschweren und ihre »Anspruchsmentalität« bedauern, die hier im Spiele befindliche, sie selbst einschließende zirkuläre Kausalität angemessen verstanden hätten. Man muß ihnen eher ein fundamentales Mißverständnis der sozialpsychologischen Gesetzlichkeiten des von ihnen selbst maßgeblich mitgetragenen »Parteienstaates« zurechnen.

5. Die Rolle des Wertewandels; Praxisperspektiven

Vom Wertewandel war innerhalb dieses Textes bisher noch nicht unmittelbar die Rede gewesen und dies mag im Rahmen des vorliegenden Buches überraschen. In Wahrheit kann aber die vorstehend dargestellte Ablaufdynamik nicht wirklich verstanden werden, wenn man die in sie eingehenden Mentalitätswandlungen der Bevölkerung nicht wertewandelstheoretisch interpretiert. Es läßt sich die These aufstellen, daß all das, was vorstehend dargestellt wurde, in dieser Form gar nicht geschehen wäre, wenn nicht – als bedingte, wie auch gleichzeitig als bedingende und steigernde Größe – eine Wertewandelsdynamik in der uns bekannten Richtung (»Von Pflicht- und Akzeptanzwerten zu Selbstentfaltungswerten«) im Spiele gewesen wäre. Bei weiter vorherrschenden Pflicht- und Akzeptanzwerten würde sich, wenn wir den verfügbaren Datenauswertungen folgen, unter den Bedingungen einer fortdauernden Prosperitäts- und Wohlfahrtsstaatsentwicklung zwar ebenfalls eine Anspruchshaltung ausgebreitet haben, der aber die Verdrossenheitsdisposition weitestgehend gefehlt haben würde. Die Gesamtdynamik wäre dann völlig anders verlaufen.

Daß der in den vorstehenden Beiträgen ausführlich erörterte Wertewandelsschub seit den 60ern – teils unter dem Einfluß der Prosperitäts- und Wohlfahrtsstaatsentwicklung – in Gang kam, führte schlagwortartig und unter Verzicht auf Datenausweisungen formuliert dazu, daß

- in der Bevölkerung die grundsätzliche Bereitschaft zur Umsetzung von persönlichen Wünschen und »Bedürfnissen« in »Ansprüche« in Verbindung mit dem Abbau älterer Selbstbeschränkungsnormen sehr stark anstieg;
- in der Bevölkerung die Disposition zur Entwicklung von Zufriedenheit mit den politischen Institutionen und Akteuren signifikant abnahm;
- die Disposition zur Entwicklung von Vertrauen ihnen gegenüber – ebenfalls signifikant – absank;
- die Aufmerksamkeit für politikkritische Medieninhalte deutlich anstieg und
- die Bereitschaft zu einem »unkonventionellen« politischen Verhalten (d.h. insbesondere zur Teilnahme an Protestaktionen verschiedener Art) in einem enormen Ausmaß zunahm.

All dies läßt sich mit den Mitteln der professionellen Sozialforschung ungeachtet der verschiedenartigen zusätzlichen Einflußkräfte, die in der Wirklichkeit im Spiele waren und sind und in Wechselwirkung stehen, mit völliger Eindeutigkeit nachweisen, so daß kein Mangel an Möglichkeiten besteht, das Wirken des Wertewandels als einer höchst einflußkräftigen und die Gesamtdynamik des Geschehens mitbestimmenden Größe mit aller nur wünschenswerten Eindeutigkeit empirisch nachzuweisen.

Diese Entdeckung muß letztlich auch das – hier nur in groben Umrissen andeutbare – Grundkonzept für den gegenwärtig zunehmend dringlich angefragten Ausweg aus der sich unverkennbar anbahnenden »Krise der Parteiendemokratie« mitbestimmen.

Zunächst muß eingesehen werden, daß dieser Ausweg nicht aufzufinden ist, wenn man immer nur versucht, einer Strategie des Popper'schen piecemeal engineering zu folgen und im gegenwärtigen Politikbetrieb – womöglich unter dem Einfluß aktueller Skandalfälle – nach »reparierbar« erscheinenden »Schwachstellen« (Parteienfinanzierung; Rekrutierung der Parlamentarier etc.) zu suchen. Wie die vorstehende Skizze gezeigt haben wird, sind wir mit einer in zeitgeschichtlichen Tiefendimensionen verortbaren, sozio-ökonomisch, soziokulturell und politisch zugleich verursachten, in zirkulären Kausalitäten verlaufenden, sich im Sinne eines sich selbst verstärkenden Prozesses hochschaukelnden gewaltigen Gesamtdynamik konfrontiert, die durch Einzeleingriffe kleineren Umfangs kaum beeinflußt werden kann. Angesichts der Wucht, die diese Dynamik inzwischen gewonnen hat, muß eher angenommen werden, daß solche Einzeleingriffe jenseits des Stadiums bloßer Deklamationen und Absichtsbekundungen gar nicht zum Zuge kommen, oder aber auf dem Wege ihrer »Implementation« abgepuffert und unwirksam gemacht werden.

Eine viel näherliegende Strategie dürfte demgegenüber sein, die Frage aufzuwerfen, wo und inwiefern die im Prinzip unaufhaltsame Dynamik aus sich selbst heraus Offenheiten, Zwänge und Potentiale entwickelt, die im Sinne intelligenter Anpassungen und Steuerungseinwirkungen genutzt werden könnten.

Der Wertewandel stellt in dieser Richtung eine wahre Fülle von Möglichkeiten zur Schau. Alles, was in diesem Buch über die Schaffung von »Verantwortungsrollen« gesagt wird, ist in diesem Zusammenhang mit der einen Ergänzung von Bedeutung, daß der Ausbau solcher Rollen, welche die sich steigernde Autozentrik der Menschen institutionell einfangen, auch in Richtung der Politik vorangetrieben werden muß. Dies heißt nichts anderes als daß denjenigen dezentralen politischen Handlungsfeldern, wie sie sich in kleineren Kommunen, in Stadtteilvertretungen und in Selbstverwaltungskörperschaften, darüber hinaus aber auch in Bürger- und Wählerinitiativen und Selbsthilfegruppen etc., d.h., wenn man so will, in den Institutionen einer »Bürgergesellschaft« anbieten, jedwede nur mögliche Entfaltungschance geboten werden muß – und sei es auch auf Kosten der Parteien.

Noch nicht eindeutig abschätzbar sind demgegenüber diejenigen Bedrohungen der Existenz der Volksparteien, die sich aus dem – zumindest temporären – Ende des Überschußwachstums des verteilbaren Sozialprodukts ableiten, dessen Zeuge wir gegenwärtig werden.

Ich meine erstens, man sollte in diesem Zusammenhang dazu bereit sein, die evolutionäre Bedeutung derjenigen Privatisierungszwänge zu erkennen, die sich aus der anwachsenden finanziellen Staatsüberlastung ableiten. Sie konfrontieren den Bürger mit Marktangeboten, wo er bisher noch der »Machtversessenheit und Machtvergessenheit« der Parteien begegnen muß. Man wird auf die Parteien nicht verzichten können. Die im Zuge der Zeit liegende Rückläufigkeit ihrer Zugriffschancen sollte man aber als Chance und nicht als Problem erkennen.

Mit dem Ende des Überschußwachstums des verteilbaren Sozialprodukts verbindet sich aber zweitens mit Sicherheit eine darüber hinausreichende Bedrohung der Existenz der Volksparteien. Dem Auftauchen von »Komitees für Gerechtigkeit« in Ostdeutschland eignet, wie ich meine, eine Signalqualität für tiefreichende Umbrüche in der Parteienlandschaft, mit denen in den kommenden Jahren zu rechnen sein könnte. Die Gefahr einer Neuauflage des »Klassenkampfes« der Weimarer Republik und der mit ihm verbundenen Bürgerkriegs- und Diktaturgefahren mag manchem heute noch undenkbar erscheinen. Ich befürchte allerdings, daß wir hierüber in Kürze anders denken werden.

Es muß dies aber nicht notwendig einen »Rücksturz in die Geschichte« bedeuten. Für die Volksparteien ergibt sich dann vielmehr eine – sicherlich hektische – Herausforderung zur Wandlung.

Es wird zu hoffen sein, daß sie dieser Herausforderung in der richtigen Richtung nachkommen, d.h. nach vorn und nicht nach hinten, in irgend ein soziales und ideologisches Herkunftsgetto hinein.

Umbruch in der Arbeitswelt:
Der Fall der öffentlichen Verwaltung

Organisatorische Voraussetzungen der Bürgerorientierung von Verwaltungen

I

Die Bürokratie spielt in Ulrich Becks Diagnose der »Risikogesellschaft« eine wichtige – und im wesentlichen unrühmliche – Rolle. Seine Argumentation läuft darauf hinaus, daß die Bürokratie in ihrer Regelorientierung nur dem immer Wiederkehrenden und »Normalen« gewachsen sei. Gerade die großen Katastrophen und Risiken würden dementsprechend aus ihrem Kompetenzbereich ausscheiden, wobei »Kompetenz« durchaus in der Doppelbedeutung von »Handlungsfähigkeit« und »Zuständigkeit« verstanden werden könne. Die Folge sei, daß sich die Bürokratie durch den faktischen Eintritt von Katastrophen in ihrer Kompetenz in Frage gestellt sehe und daß sie somit – um der Kompetenzsicherung willen – zur Katastrophenverdrängung und -verharmlosung neige. An die Stelle wirksamer Vorsorge und Sicherung trete somit die Vertuschung, die Lüge. Die Bürokratie werde hierdurch letztlich selbst zu einem Risikofaktor, zu einer Bedrohung, da sie die wirksame Bekämpfung von Risiken eher behindere als fördere.

In dieser dramatischen Zuspitzung gängiger Bürokratiekritiken wird nun natürlich der Nachdruck ganz und gar auf die objektive Zunahme von Risiken in der modernen Gesellschaft gelegt. Die subjektive Seite dieser Entwicklung, die unbezweifelbare Zunahme der Risiko-Sensibilität in der Bevölkerung, wird, wie bereits in der Einleitung zum vorliegenden Band gesagt wurde, gewissermaßen als ein bloßer Reflex, als eine »Widerspiegelung« der objektiven Risikovermehrung begriffen.

In Wirklichkeit haben wir es hierbei jedoch, wie ich selbst aus der Perspektive der Wertwandlungsforschung verschiedentlich ausgeführt habe, mit einem Vorgang zu tun, der eine deutliche Eigenkomponente besitzt: Das Risikobewußtsein und -gefühl in der Bevölkerung wächst nicht nur deshalb an, weil die objektiven Risiken zunehmen, sondern auch deshalb, weil seit ca. 25 Jahren ein Mentalitätswandel im Gange ist, mit dem sich u.a. eine sehr starke Zunahme der Risiko-Empfindlichkeit verbindet.

Man begreift die »Risikogesellschaft« nur unter der Voraussetzung, daß man diese subjektive Komponente in ihrer Eigenständigkeit ins Kalkül zieht. Insbesondere aber wird man nur unter der Voraussetzung einer angemessenen Würdigung des Mentalitäts- (oder Werte-)Wandels in der Bevölkerung das in den Umfragen zum Ausdruck kommende erschreckende Ausmaß der alltäglichen Bürokratie-, Verwaltungs-, Behörden- und Beamtenkritik verstehen und richtig deuten können.

Das Wachstum dieser Kritik hat in einem ganz starken Maße damit zu tun, daß in der Bevölkerung seit der ersten Hälfte der 60er Jahre etwas herangereift ist, was ich selbst als »autozentrische« Grundeinstellung bezeichne: Man will sich zunehmend als »autonome Person« verwirklichen; man nimmt zunehmend das Recht zu einem nur eigener Entscheidung entspringenden Verhalten in Anspruch; man macht zunehmend die Übernahme von Pflichten und die Erbringung von Leistungen davon abhängig, daß man dazu »motiviert« wird und daß man über eine ausreichende »Einsicht« in deren Notwendigkeit verfügt. Man bringt dabei ein »individualistisches Nutzwertdenken« zur Geltung, wobei man Bewertungsgesichtspunkte des Endverbrauchers ins Spiel bringt und man verlangt eine strikte und ausschließliche Ausrichtung aller gesellschaftlichen und staatlichen Institutionen »am Menschen«, wobei man mit großer Selbstverständlichkeit individuellen Rechten gegenüber Pflichten den Vorrang zubilligt. All das bringt unmittelbar, ohne daß es hier zu einer Vergrößerung objektiver Belastungen und Risiken bedürfte, eine eminente Steigerung der Empfindlichkeit gegenüber »bürokratischen« (oder als »bürokratisch« erlebten) Vorschriften, Regeln und Normen mit sich. Es entwickelt sich auf dieser Grundlage eine »von innen kommende« Abwehrneigung gegenüber »formalen« Autoritätsansprüchen, gegenüber »unbegründeten« – oder »unbegründet« erscheinenden – Belastungen, wie auch gegenüber »unverständlichen« – oder als »unverständlich« erscheinenden – Eingriffen.

Im Grunde genommen wird durch die autozentrische Grundeinstellung, zusammenfassend geurteilt, die Akzeptanz der öffentlichen Verwaltung bisheriger Fasson mehr oder weniger in Frage gestellt, denn selbstverständlich gehört es zu den elementaren Funktionsvoraussetzungen des Verwaltungshandelns, von der Bevölkerung als verbindlicher Ausdruck staatlicher Autorität im wesentlichen »unhinterfragt« hingenommen zu werden. Insbesondere beruht hierauf die im Alltag der Verwaltung bis heute noch unangefochten dominierende Rechtsfigur des »Verwaltungsaktes«, der ja ein einseitiges Entscheidungsrecht der Verwaltung voraussetzt und die Verwaltung mit den Befugnissen einer »Staatsgewalt« ausstattet, dergegenüber man zwar rechtlich abgesicherte Einspruchsmöglichkeiten hat, der gegenüber jedoch jegliches bloßes Räsonnement irrelevant und wirkungslos bleibt.

Seit dem Wertewandel, d.h. also seit dem Aufkommen der autozentrischen Grundorientierung, ist aber eben diese Fundamentalgrundlage des alltäglichen Verwaltungshandelns, um dies nochmals zu sagen, in Frage gestellt, weil sie nicht mehr diejenige Akzeptanz findet, die ihr früher zukam, als der »Untertan« noch eine soziologische Realität war. Es existiert in der Bevölkerung auf diesem Hintergrund eine ständige Disposition zur Bürokratiekritik, zum Kafkaesken Bürokratieerlebnis, wenn man so will, und zu einer hierdurch begünstigten Staatsentfremdung. Die Existenz einer offensichtlich »kommunikations«-unwilligen und -unfähigen, keinem Begründungszwang unterworfenen, nur auf das Prinzip der Staatsautorität und Staatsgewalt gestützten Bürokratie wird in einer Gesellschaft zum Fremdkörper, in der der Anspruch auf »ungezwungene« Kommunikation und Kooperation, in die man sich selbst als Person »einbringen« kann, immer mehr zu einer Sozialnorm wird. Man könnte auch sagen: Eine solche »Bürokratie« wird immer mehr zum »Relikt«, denn daß hier ein Wandlungsbedarf aufgelaufen ist und daß »Entbürokratisierung« als ein wesentliches Thema der Verwaltungsmodernisierung auf der Tagesordnung steht, beginnt sich inzwischen zunehmend herumzusprechen.

II

Es erhebt sich an dieser Stelle nun allerdings die Frage, wie man vorzugehen hat, wenn man hier Wandel schaffen will und auf diese Frage will ich im folgenden eingehen.

Ich möchte hierzu vorweg feststellen, daß die Antwort auf diese Frage offenbar keinesfalls einfach ist. Den besten Beleg für diese Feststellung liefert die Tatsache, daß wir in der Bundesrepublik eine Vielzahl von »Entbürokratisierungskommissionen« der Bundesländer gehabt haben, die nicht allzuviel Brauchbares zutage gefördert haben. Auch eine gegenwärtig noch existierende Kommission auf Bundesebene scheint sich an der schwierigen Frage eher die Zähne ausbeißen zu wollen. Die Vorschläge, die von den Kommissionen produziert worden sind – und die zum Teil auch umgesetzt wurden – haben an der Frontlinie zwischen Verwaltung und Gesellschaft kaum irgendwelche wahrnehmbare Änderungen herbeigeführt, was auch nicht weiter Wunder nimmt, wenn man sich diese Vorschläge im Einzelnen vor Augen führt. Da ging es immer wieder um eine sog. »Rechtsvereinfachung«, welche die vielberufene »Normenflut« aber nicht wirklich zu stoppen vermochte, sondern nur zur Entrümpelungen kleineren Umfangs im Bereich der bereits aufgelaufenen Normenbestände führte, wobei insbesondere die ohnehin bereits obsoleten Rechts- und Verwaltungsverordnungen erfaßt wurden. Auch den vielfältigen Bemühungen um eine Vereinfachung der Gesetzessprache war kaum ein bemerkbarer Erfolg beschieden. Und letztlich scheinen auch die in Szene gesetzten Fortbildungskurse für Beamte, mit denen ein bürgerfreundliches Verhalten am Schalter eintrainiert werden sollte, keinen besonders durchschlagenden Änderungseffekt ausgeübt zu haben.

Grob geurteilt und ganz pauschal gesagt wurde bei den bisherigen Entbürokratisierungsbemühungen überwiegend in taubem Gestein gebohrt, während die »Goldadern« links liegengelassen wurden. Man gewinnt diesen Eindruck insbesondere dann, wenn man sich den außerordentlich verdienstvollen Bemühungen unseres Jubilars um das »Bürgergutachten« zuwendet, denen bisher noch keinesfalls die ihnen gebührende öffentliche Aufmerksamkeit geschenkt wurde. Das Bürgergutachten liefert, in meinem Verständnis, ein Verfahrensmodell für die Organisierung eines intensiven wechselseitigen Informationsflusses an der kommunikativen »Frontlinie« zwischen der Verwaltung und dem Bürger und es stellt somit eine praktikable Umsetzungsperspektive für das dar, was seit den 60er Jahren emphatisch als »Partizipation« bezeichnet wurde. Man kann, wie ich meine, durchaus die Hypothese wagen, daß eine flächendeckende Institutionalisierung des Bürgergutachtens an dieser Frontlinie natürlich einen grundlegenden Wandel herbeiführen würde und letztlich wahrscheinlich sogar eben diese Frontlinie in eine Zone produktiver Begegnung und Kooperation verwandeln würde.

Ich möchte allerdings sofort in den Wein dieser Hypothese einen kräftigen Schuß Essig gießen, indem ich feststelle, daß gegenwärtig weder die öffentliche Verwaltung (oder das »politische System« im ganzen) noch die Bevölkerung für eine grundlegende Innovation solcherart bereits die ausreichende »Reife« besitzt, so daß wir für die vor uns liegenden Jahre mit der Fortsetzung und langsamen Erweiterung bisheriger Experimentieransätze zufrieden sein müssen.

Die Begründung für diese Feststellung will ich in diesem Augenblick nur partiell in Angriff nehmen, indem ich mich auf die öffentliche Verwaltung beschränke und zunächst zwei Voraussetzungen benenne, die gegeben sein müßten, damit bedeutende Stiländerungen und Umgestaltungen an der »kommunikativen Frontlinie« gegenüber der Gesellschaft überhaupt ernsthaft in Betracht gezogen werden könnten.

Bei der ersten Voraussetzung, die von großer Wichtigkeit ist, mit der ich mich im augenblicklichen Zusammenhang aber nur kurz beschäftigen will, handelt es sich, schlagwortartig formuliert, um einen »Umbau des Beamtenethos«.

Bei der zweiten Voraussetzung geht es um eben diejenigen Dinge, die im Titel meines Vortrags auftauchen, nämlich um gewisse organisatorische Voraussetzungen der Bürgerorientierung von Verwaltungen, mit denen ich mich gleich anschließend etwas näher beschäftigen werde.

Lassen Sie mich aber zunächst einige Worte zu dem ersten Stichwort sagen, zum Umbau des Beamtenethos also.

Hält man sich an das geltende Beamtenrecht, dann steht im Zentrum des Beamtenethos die Pflicht zur Treue gegenüber dem Dienstherrn, d.h. also vereinfacht ausgedrückt, das Staatsdienertum. Die Treuepflicht des Beamten verlangt zwar, daß er bei seiner Amtsführung »auf das Wohl der Allgemeinheit Bedacht nimmt«, was aber letzten Endes bedeutet, daß er im Rahmen der Gesetze, die für ihn oberste Richtschnur sind, Gerechtigkeit gegen jedermann übt, d.h. also nicht die Interessen einer politischen Partei oder einer Interessengruppe vorzieht und nicht parteiisch oder ungerecht zu Gunsten einzelner Personen oder gar zu Gunsten seiner selbst handelt. Der »Dienst am Bürger« kommt in dieser Pflichtenbestimmung nicht vor und er besitzt somit eigentlich keine rechtlich verankerte beamtenethische Grundlage. Eher ist es das Max Weber'sche »Unpersönlichkeits«-Prinzip, auf das man hier stößt.

Anders sehen die Dinge sofort aus, wenn man – so wie wir selbst dies in Speyer gerade eben erst getan haben – die öffentlich Bediensteten selbst daraufhin befragt, wem sie sich bei der Verrichtung ihrer täglichen Arbeit »am meisten verpflichtet« fühlen. Es stellt sich hierbei heraus, daß sich die Mehrzahl der Bediensteten dem Bürger und erst mit weitem Abstand hinterherhinkend dem Staat oder der jeweiligen Behörde verpflichtet fühlen. Auf der Ebene der individuellen Wertorientierungen und Einstellungen hat also der von mir angesprochene »Umbau des Beamtenethos« bereits eingesetzt. Offiziell hat er dagegen – ungeachtet aller Bürgerfreundlichkeitsappelle – noch keineswegs begonnen.

Und nun lassen Sie mich zu der zweiten verwaltungsseitigen – im Zentrum meines Themas stehenden – Voraussetzung für bedeutendere Stiländerungen und Umgestaltungen an der besagten »kommunikativen Frontlinie« kommen, zu den organisatorischen Voraussetzungen der Bürgerorientierung von Verwaltungen.

Um die Bedeutung verwaltungsinterner organisatorischer Bedingungen für eine weiterentwickelte administrative Bürgerorientierung voll zu erfasssen, muß man sich zunächst einmal mit großer Nüchternheit vor Augen führen, daß hinter dem »bürokratischen« Verhalten von Bürokratien durchaus ein Prinzip steckt, oder sagen wir lieber: eine gerichtete Eigenenergie, die unmißverständlich auf die Herstellung von »Bürokratismus« im Sinne eines abweisend-autoritativen Verhaltens zielt.

In demjenigen Augenblick, in welchem man das unvermeidbare Erschrecken über eine solche Feststellung überwindet und mit analytischer Einstellung nach den Gründen für das Vorhandensein einer bürokratieinternen Bürokratismustendenz fragt, hat man schon den ersten Schritt in die Richtung einer Erkenntnis der für die Abhilfe bedeutsamen Fakten getan. Man unternimmt, wie ich meine, den zweiten Schritt, indem man bei der Beantwortung dieser Kausalitätsfrage die Kategorie der »latenten Funktion« heranzieht, die in der Soziologie im Anschluß an eine Begriffschöpfung von Robert K. Merton große Bedeutung gewonnen hat.

Mit dem Ausdruck »latente Funktion« meint man, ganz pauschal gesagt, die verborgene Nützlichkeit von Sachverhalten, die möglicherweise der Mehrzahl der jeweils Beteiligten – oder vielleicht auch allen von ihnen – auf der Ebene der grundsätzlichen Betrachtung negativ oder störend, oder möglicherweise auch anstößig erscheinen. Alle mögen sich in einem bestimmten Fall darüber einig sein, daß eine gewisse Sache schleunigst geändert werden müsse, ohne daß jedoch irgend etwas passiert. In einem anderen Fall mag zwar eine Änderung angeordnet oder sogar in Gang gesetzt worden sein, was aber nichts daran ändert, daß man nach einiger Zeit feststellen muß, daß bei Licht betrachtet alles beim alten geblieben ist. In einem dritten Fall endlich mag es zwar zu einer effektiven Änderung gekommen sein, ohne daß aber die Zufriedenheit mit den bestehenden Zuständen größer geworden wäre. Im Gegenteil mag die Unzufriedenheit gewachsen sein. In allen diesen Fällen mögen verschiedene Ursachen im Spiele gewesen sein. Mit hoher Wahrscheinlichkeit hatte man es aber mit verborgenen Nützlichkeiten zu tun, die dazu führten, daß ein bestimmter, negativ bewerteter Zustand verteidigt wurde, oder daß nach seiner Beseitigung die Dinge schlechter liefen als vorher. Die Konsequenz einer solchen Einsicht ist, daß man immer dann, wenn man Änderungen eines Zustandes herbeiführen will, zunächst einmal nach seinen »latenten Funktionen« fragen sollte. Man vermeidet, wenn man dies tut, eine Menge von Fehl- und Nackenschlägen, über die man sonst straucheln mag. Man schlägt dann, mit anderen Worten, einen Umweg ein, der aber letztlich schneller zum Ziele führt.

Fragen wir also nunmehr, was die »latenten Funktionen« eines auf die Vermeidung von Bürgerorientierung ausgehenden bürokratischen Verhaltens von Behörden sind, dann stoßen wir in der Tat auf einen ganzen Katalog von Einzelbefunden, zu dessen Darstellung ich geradezu eine Gliederung benötige: Man kann zwischen »rationalen« und »nicht-rationalen« Motiven unterscheiden, wie auch zwischen solchen, die sich auf den Leitungsebenen von Verwaltungen oder Behörden finden und solchen, die sich z.B. bei Sachbearbeitern ausbilden, die unmittelbar an der besagten kommunikativen Frontlinie arbeiten.

1) Es gibt, um in medias res zu gehen, für die Leitungen von Verwaltungen, Behörden oder Dienststellen eine Fülle von »rationalen« Motiven, eine effektive Bürgerorientierung – ungeachtet aller Lippenbekenntnisse und guten Absichten – letztlich nicht ernsthaft zu wollen. Ich erwähne in diesem Augenblick nur einmal die finanziellen Folgen, die vor allem dann zu Buche schlagen, wenn man mit »leeren Kassen«

zu rechnen hat, was inzwischen aber ein Dauerzustand geworden zu sein scheint. Es mag zwar durchaus opportun sein – und auch den eigenen guten Absichten entsprechen – in der Öffentlichkeit großzügig aufzutreten. Wie z.B. die Praxis der Ausführung des Bundessozialhilfegesetzes erweist, gibt es jedoch in den zuständigen kommunalen Behörden sehr strikte vertrauliche Richtlinien für die Entscheidung über Einzelfälle, mit denen die Sachbearbeiter zu äußerster Sparsamkeit, d.h. also praktisch zu restriktivem Verhalten aufgefordert werden. Wir selbst haben bei einem noch nicht abgeschlossenen Forschungsprojekt über die Öffentlichkeitsbeteiligung bei Großvorhaben festgestellt, daß die wesentlichen Entscheidungen bei informellen Vorgesprächen mit den Betreibern fallen, so daß das nachfolgende Anhörungsverfahren oft zu einer Farce wird. Der Grund ist schlicht darin zu suchen, daß die Genehmigungsbehörde die mit einer Effektuierung des Beteiligungsverfahrens verbundene Verfahrenskomplizierung und -verlängerung fürchtet.

2) »Rationale« Bürgerfreundlichkeits-Vermeidungsmotive ähnlicher Art finden sich auch auf der Sachbearbeiterebene, wo sie in erster Linie mit der Vermeidung von Arbeitsbelastungen zu tun haben. Empirische Beobachtungen zeigen, daß es eine generelle Tendenz gibt, nur sehr zurückhaltend auf das Besondere an »schwierigen Fällen« einzugehen und daß eine starke Neigung zur Typisierung besteht, d.h. also, mit anderen Worten ausgedrückt, das charakteristische »bürokratische« Verhalten zu entwickeln. Die verfügbaren Forschungsergebnisse zeigen aber auch, daß Antragsteller, die in der Lage sind, ihren Fall selbst von der Umgangssprache in die Amtssprache zu übersetzen und ihn in einer emotional neutralisierten Weise zu repräsentieren, mehr Geld erhalten, als diejenigen, die dies nicht vermögen (und die – zumindest im Sozialbereich – im Zweifelsfall die Bedürftigeren sind). Schwierige Fälle, die u.U. zu allem Überdruß noch auf eine diffuse, mit bestehenden Vorschriften schwer zur Deckung zu bringenden Weise dargeboten werden, verursachen Arbeitsbelastungen, die man als Sachbearbeiter persönlich »wegstecken« muß, was man mit einer gewissen Zwangsläufigkeit als ärgerlich empfinden muß, auch wenn man sich an und für sich als »bürgerorientiert« versteht. Wir selbst konnten bei der Befragung von Bediensteten feststellen, daß den Bürgern vielfach mit emotionalem Nachdruck mangelnde Verwaltungsfreundlichkeit vorgeworfen wurde. Man ist zwar »kommunikativ« und »kooperativ« (oder sieht sich selbst je-

denfalls so), trägt an die Bürger jedoch Erwartungen heran, die zumindest einen Teil von ihnen überfordern. Natürlich spielt hierbei eine Rolle, daß der Personalbesatz in den Behörden auf Personalbemessungsrechnungen aufbaut, die verhältnismäßig knapp gehaltene durchschnittliche Fallbearbeitungszeiten zugrunde legen, so daß die Sachbearbeiter durchaus in reale Schwierigkeiten kommen können, wenn sie einzelnen Amtsbesuchern sehr viel Zeit widmen.

3) Zusätzliche »rationale« Bürgerfreundlichkeits-Vermeidungsmotive auf der Sachbearbeiterebene kommen z.B. in Sicht, wenn man sich die einfache Wahrheit vor Augen führt, daß Beamte Menschen sind, die befördert werden wollen und die in der Regel alles tun werden, um den Kriterien, die Beförderungen zugrunde gelegt werden, gerecht zu werden. Sieht man sich die gängigen Personalbeurteilungsbögen an, dann muß man jedoch feststellen, daß ungeachtet der großen Differenzierungskünste, die in ihnen heutzutage entfaltet werden, von »Bürgerfreundlichkeit« nicht die Rede ist. Man kann die These aufstellen, daß dies deshalb der Fall ist, weil diejenigen Leute, die solche Bögen entwerfen, typischerweise in sogenannten »Querschnittsabteilungen« arbeiten, die selbst keinen Publikumsverkehr haben. Bei Befragungen stellten wir fest, daß in solchen Querschnittsabteilungen »Bürgerfreundlichkeit« tatsächlich anders verstanden wird als an der Frontlinie selbst. Es treten hier Gesichtspunkte der Rechtmäßigkeit und Verfahrenseindeutigkeit in den Vordergrund, die unmittelbar als Kriterien der »Bürgerfreundlichkeit« interpretiert werden, wobei man aber letztlich wieder bei der Unpersönlichkeitsregel Max Webers – oder natürlich auch bei dem beamtenrechtlichen Verständnis des »Wohles der Allgemeinheit« – anlangt.

4) Dies alles waren mehr oder weniger »rationale« Motive der Bürgerfreundlichkeits-Vermeidung in Verwaltungen. Suchen wir nun nach nicht-rationalen Motiven, dann werden wir – auf der Grundlage von Ergebnissen der empirischen Forschung – ebenfalls unschwer fündig. Dies gilt vor allem für die Tätigkeit von Sachbearbeitern, die mit der Bearbeitung von Einzelfällen befaßt sind und deren Tätigkeit in die Herstellung von »Verwaltungsakten« ausmündet.

Kurz gesagt bringen diejenigen diffusen Ränder von Einzelfällen, die für den Bürger oft das Entscheidende sind, für den Sachbearbeitern oftmals einen Streß mit sich, der sich nicht allein auf Arbeitsbelastungsmomente zurückführen läßt. Vielmehr spielt hierbei auch der Unsicherheits-Streß eine gewichtige Rolle, der dadurch entsteht, daß man – insbesondere auch da, wo die moderne Delegation des Zeichnungsrechts stattgefunden hat – möglicherweise zu einer Verantwortungsübernahme genötigt wird, die die eigenen Kenntnisse und Fähigkeiten mehr oder weniger überfordert und durch die man somit in Risikozonen hineingetrieben wird, in denen dem Interesse am Dienst am Bürger ein elementares Interesse an der beruflichen Selbsterhaltung gegenübertritt. Im Verlaufe von Befragungen in der Verwaltung fällt gerade auch bei den Bediensteten mit Publikumskontakt immer wieder eine typische Datenkonstellation ins Auge, bei der das Gefühl hoher Verantwortung in Verbindung mit dem Bewußtsein jederzeit drohender Fehler eine auffällige Rolle spielt.

Wir wissen aus der Psychologie, daß Menschen, die über längere Zeit hinweg unter einem solchen Druck stehen, leicht dazu neigen, eine »Furcht vor Mißerfolg« als Persönlichkeitsdisposition zu erwerben. Als auslösende Bedingung spielt natürlich die Unübersichtlichkeit der Rechtsgrundlagen eine wesentliche Rolle. Bei einer kürzlichen Erhebung in mehreren Behörden, die wir selbst durchführten, gaben 38,8 % der befragten Mitarbeiter an, die bei ihrer Tätigkeit zu beachtenden Vorschriften »nur eingeschränkt« oder »kaum noch« überschauen zu können. Dies ist natürlich eine gewaltige Zahl, wenn man bedenkt, welcher Nachdruck in unserem System auf die Rechtsbindung des Verwaltungshandelns gelegt wird.

5) Streßbelastungen psychologischer Natur beim Umgang mit Bürgern stellen sich bei Verwaltungsmitarbeitern nun allerdings darüber hinaus noch aus zahlreichen anderen Gründen ein, so z.B. deshalb, weil sie nicht wissen, wie sie Anzeichen der Aggression oder der Frustration auf der anderen Seite begegnen sollen, weil sie unsicher sind, ob der Partner ehrlich ist oder sie vielleicht nur »über's Ohr hauen« will, oder weil sie unter widersprüchlichen Ängsten bezüglich der Rückwirkungen von Entscheidungen auf sie selbst leiden (die Gewährung eines Anliegens kann eine Rüge, seine Verweigerung aber eine Beschwerde zur Folge haben, so daß es naheliegend erscheint, das vermutliche Durchsetzungspotential eines Bürgers bei der Entscheidungsfindung von vornherein zu berücksichtigen, d.h. sich diesbezüglich also eines opportunistischen Verhaltens zu befleißigen).

III

Es ist nunmehr, wie ich annehme, verständlicher geworden, warum bisherige Bemühungen zur Erhöhung der Bürgerorientierung – oder der Bürgerfreundlichkeit – der Verwaltung nicht recht vorankommen konnten. Daß angesichts der starken Abwehr- und Vermeidungskräfte, über die ich berichtet habe, ein Freundlichkeitstraining im Rahmen eines Fortbildungskurses nicht viel nutzt, dürfte ohne weiteres klar sein.

Worauf es ankommt, kann aus den von mir angeführten Beobachtungen über die im Hintergrund von Bürgerfreundlichkeits-Vermeidungstendenzen stehenden Motive zum Teil ohne weiteres abgelesen werden. Ganz generell gesagt geht es vor allem darum, daß für diejenigen Selbstentlastungen von Arbeitsdruck und Unsicherheit, auf die wir gestoßen sind, andersartige reorganisatorische Lösungen gefunden werden. Bevor man sich den Verhältnissen am einzelnen Arbeitsplatz zuwendet, muß allerdings zum selben Zweck die günstige Beeinflussung bestimmter Rahmenbedingungen der öffentlichen Verwaltung im ganzen in Betracht gezogen werden. Ich meine, daß der günstigste Ansatzpunkt hierfür die institutionelle Absicherung des ohnehin im Gange befindlichen Umbaus des Beamtenethos (vgl. oben) ist. Es gehört hierzu nicht nur die Berücksichtigung der Bürgerorientierung in der rechtswirksamen Definition der Beamtenpflichten, sondern auch die operationale Klärung dessen, was Bürgerorientierung konkret im Rahmen der verschiedenen Tätigkeitsformen der Verwaltung bedeutet. Hier ist noch sehr viel Arbeit zu leisten, wenn man das Ziel der Bürgerorientierung wirklich ernst nehmen will.

Es kommt weiterhin darauf an, daß Kriterien der Bürgerorientierung in die Kriterienkataloge der Personalbeurteilung im öffentlichen Dienst eingebracht werden.

Weiterhin muß sichergestellt werden, daß bei allen Personalbemessungs-Berechnungen in Zukunft genügend Zeit für Beratungs- und Informationsleistungen an der bürgerbezogenen Kommunikationsfront einkalkuliert werden. Dies gilt vor allem da, wo neue Informationstechniken eingeführt werden. Gegenwärtig gibt es in diesem Zusammenhang allenthalben ein Regiment strikter Rationalisierungsnormen, bei denen der Gesichtspunkt der Personaleinsparung ganz im Vordergrund steht. Natürlich kostet es etwas, wenn man dieses Regiment durch die Einbringung von Gesichtspunkten der Bürgerorientierung relativiert.

Die erzielbaren Gewinne an »Verdrossenheits«-Abbau sollten jedoch die erforderlichen Aufwendungen rechtfertigen.

Was dringend erforderlich ist, ist weiterhin eine Intensivierung der »Anpassungsfortbildung« für Sachbearbeiter und Vorgesetzte mit Bürgerkontakt. Es kommt hierbei einerseits darauf an, die Psychologie des Geschäfts, das man betreibt, zu erlernen, d.h. etwa die illusionäre Vorstellung, der Bürger müsse hochgradig »verwaltungsfreundlich« sein oder werden, zu überwinden. Natürlich spielt hier der eingangs erwähnte »Wertewandel« eine entscheidende Rolle. Gleichzeitig kommt es aber auch darauf an, die professionelle Kompetenz im Bereich der Rechtsnormenanwendung zu erhöhen. Es hat, wie ich meine, keinen Zweck, sich an diesem Punkt immer wieder mit abstrakten Bekenntnissen zur »Entregelung« oder »Privatisierung« herausreden zu wollen. Natürlich werden wir auch in Zukunft weiterhin mit einer Unzahl von Normen zu leben haben. Entscheidend ist, daß diejenigen Behördenmitarbeiter und Vorgesetzten, die diese Normen anwenden müssen, hierbei über eine ausreichende Sicherheit verfügen. Die Unsicherheit des öffentlichen Dienstes bei der Normenanwendung ist ein Skandalon ersten Ranges. Nur unter der Voraussetzung, daß hier Abhilfe geschaffen wird, wird auch die unselige Neigung von übergeordneten Führungsebenen und Oberbehörden eingeschränkt werden können, die nachgeordneten Ebenen durch endlose Verwaltungsvorschriften zusätzlich zu gängeln. Vertrauensbildung innerhalb der Verwaltung selbst durch Erhöhung der professionellen Kompetenz auf den unteren Ebenen heißt das Stichwort, das in diesem Zusammenhang einschlägig ist.

Von größter indirekter Bedeutung in allen diesen Zusammenhängen ist eine Verbesserung der Führungsqualität in der öffentlichen Verwaltung. Wie man längst weiß, besitzt derjenige Vorgesetzte, der eine gut entwickelte Personalführungskompetenz hat und der den richtigen Führungsstil anwendet, ein enormes Potential der »Unsicherheitsabsorbtion«. In der Verwaltung hat sich diese Einsicht allerdings noch längst nicht herumgesprochen. Die Vorgesetzten fühlen sich überwiegend als »Obersachbearbeiter«, die so führen, wie sie es für richtig halten, ohne die geringste Anleitung hierzu erhalten zu haben. »Entweder man hat das Händchen, oder man hat es nicht«, wird dazu oft erklärt. Für denjenigen, der die Bedeutung einer guten Personalführung kennt, stellt dies ein beinahe schon zynisches Eingeständnis der vollständigen Ahnungslosigkeit in diesem Bereich dar.

Zu alledem kommen nun natürlich noch die verschiedenen »Systemaspekte« der Gestaltung der Kommunikation zwischen Verwaltung und Bürger hinzu, so der weitere Ausbau von Bürgerbeteiligungsverfahren – und in diesem Zusammenhang das Bürgergutachten – , so die Ausgliederung und Verselbständigung von Verwaltungsaufgaben, so die Entregelung, wo immer sie wirklich möglich ist.

Faßt man alles zusammen, so erkennt man, daß es einen beträchtlichen Spielraum des Handelns gibt, um die Bürgerorientierung von Verwaltungen zu erhöhen. Daß trotz beträchtlichen guten Willens bisher nur ein kleiner Teil dieses Spielraums ausgeschöpft wurde, sollte niemanden entmutigen. Die Zukunft hat nicht nur »schon begonnen«, sondern sie beginnt in jedem Augenblick aufs neue.

»Kooperative Führung«
Ein Leitbild für die Zukunft?

I

In den letzten Jahren wurde viel über die Ursachen der oft als bedrohlich empfundenen japanischen Erfolge gerätselt. Führt man sich vor Augen, welche Deutungen bisher im Vordergrund standen, dann wird man sich allerdings einer gewissen Verwunderung nicht enthalten können.

Im Grunde genommen wurde nämlich immer wieder in einer ausgesprochen traditionalistischen Fasson festgestellt, die Japaner würden ihre Mitarbeiter besser »im Griff« haben als wir. Mit Bewunderung wurde auf die japanischen Qualitätszirkel hingewiesen, zu denen sich die Mitarbeiter nach Ablauf der Arbeitszeit versammeln, um – ohne Kosten für die Firma oder Behörde! – über Verbesserungsmöglichkeiten nachzusinnen. Mit einem gewissen Neid nahm man diejenigen Berichte in sich auf, nach denen die japanischen Mitarbeiter des morgens die Firmenhymne absingen, um sich dergestalt eingestimmt in hochmotivierter innerer Verfassung an die Arbeit zu begeben. Der Neid vergrößerte sich – verbunden mit verhaltenem Groll gegen die europäischen Gewerkschaften – in Anbetracht von Berichten, denen zufolge die japanischen Mitarbeiter dazu neigen, ihr ohnehin äußerst knapp bemessenes Urlaubsbudget nicht auszuschöpfen und sich ohne Murren beliebig oft an entlegene Standorte versetzen zu lassen. Die in letzter Zeit auftauchenden Berichte über die sagenhafte »Corporate Identity« der Japaner setzten alledem die Krone auf. Nunmehr wußte man oder glaubte man zu wissen, was des Rätsels Lösung ist: Die Japaner sind »wirbewußt« und organisationstreu bis zur Selbstaufgabe und sie verstehen es, diese ihre Gabe nach Kräften einzusetzen und auszunutzen. In

Verbindung mit dieser Erkenntnis begann man dann manchmal resignative Töne anzuschlagen, indem man feststellte, die offensichtlich ausschlaggebende japanische Kultur lasse sich nicht importieren. Von hier bis zur Kulturkritik gegenüber den Verhältnissen im eigenen Lande war dann oft nur ein Schritt. Die Klage über den Verlust der »Sekundärtugenden« vereinte sich mit dem Gedanken, ob nicht die Zeit für eine entschlossene Rückkehr zu den harten Sitten aufrechterer früherer Entwicklungszustände reif sei.

Die in solchen Reflexionen zum Ausdruck gelangenden Meinungen über Japan sind nun zwar keinesfalls gänzlich falsch. Sie sind allerdings insofern schief, als sie mit einer beachtlichen Konsequenz einen zentralen und letztlich entscheidenden Aspekt des japanischen Modells umgehen und ausklammern, den man mit dem Stichwort der »kooperativen Monokratie« charakterisieren kann.

Gemeint ist hiermit ein Führungsstil, in dessen Zentrum nicht die Entscheidungsgewalt und -entschlossenheit, sondern vielmehr die Weisheit, die Geduld, die Hörfähigkeit und die Konsultationsbereitschaft des letztlich Entscheidungsbefugten steht, der sich mehr als väterlicher Moderator und Koordinator seiner Mitarbeiter versteht als ihr Einpeitscher oder »Herr und Meister«. »Geh' erst zu den Mitarbeitern und dann zum Chef, wenn Du einen Auftrag haben willst«, so lautet der Rat eines japanerfahrenen Empfehlungshandbuchs, das auf pragmatische Weise den entscheidenden Angelpunkt hervorhebt, um den sich alles andere gruppiert. Man kann dann, wenn man erst einmal bis zu der hier zum Ausdruck gelangenden tieferen Einsicht vorgedrungen ist, z.B. ohne allzu großes Erstaunen registrieren, daß die Japaner die angeblich so »typisch japanischen« Qualitätszirkel und die Corporate Identity nicht etwa selbst erfunden, sondern vielmehr irgendwann einmal aus den USA importiert haben, wo sie ursprünglich als zunächst wenig beachtete »Innovationen« das Licht der Welt erblickt hatten.

Diejenige Bewußtseinssperre, die uns im allgemeinen von einer realistischen Einsicht in den wahren Kern des »japanischen Wunders« trennt, scheint für dasjenige gespaltene Verhältnis zur Personalführung typisch zu sein, dem man bei uns auch heute noch auf Schritt und Tritt begegnet.

Zwar geht das offizielle Bekenntnis zu einem »kooperativen Führungsstil« bereits auf die siebziger Jahre zurück, so daß man manchmal auf die Meinung stoßen kann, dieses Thema sei eigentlich längst »abgehakt« und brauche gar nicht mehr eigens erörtert zu werden.

Man gewinnt allerdings dann, wenn man sich in der aktuellen Managementszene umsieht, sehr bald den Eindruck, daß es sich hierbei wohl eher um einen der berühmten »lichten Augenblicke« des Zeitgeistes gehandelt hat und daß wir gegenwärtig hinsichtlich der angeblich verwirklichten kooperativen Führung in einem Stadium der ans Tageslicht drängenden unausgetragenen Zweifel und Ungewißheiten und der auf ihnen fußenden offenen Infragestellungen angelangt sind.

Einmal kommen diese Infragestellungen von der führungswissenschaftlichen Seite her, die sich in den letzten Jahren mit der Entwicklung »situativer« Verfeinerungen des Wissens um die Führung beschäftigt hat und die da und dort auf dem Standpunkt steht, das Bekenntnis zu einem einzigen optimalen Führungsstil werde dem nicht gerecht; zum anderen kommen diese Infragestellungen aber auch von der Seite mancher Praktiker her, die sich – zumindest hinter vorgehaltener Hand – über die Bemühung mokieren, mit Hilfe von Führungsricht- oder Leitlinien das Führungsverhalten der Vorgesetzten auf einen gemeinsamen Nenner bringen zu wollen und die sich auf den Standpunkt stellen, entweder habe man »das Händchen« oder nicht und hieran würden auch noch so ausgefeilte Führungsrichtlinien nichts ändern können.

Nimmt man diese beiden höchst unterschiedlichen Relativierungen ins Visier und faßt man weiterhin ins Auge, daß dessen ungeachtet die bisher erlassenen Führungsricht- und Leitlinien, in denen die kooperative Führung verbindlich gemacht wird, durchweg noch in Kraft sind und insbesondere auf den Leitungsebenen durchaus noch ernst genommen werden, dann erkennt man, daß hinsichtlich der Frage nach der »richtigen Führung« gegenwärtig ein unklarer Zustand eingetreten ist. Dieser Zustand wird dadurch verschärft, daß neuerdings einige Führungspropheten mit dem »Il Principe« von Machiavelli durchs Land reisen und dem aufhorchenden – und vielleicht da und dort auch beifällig nickenden – Praktiker verkünden, die klare und harte Hand werde von den meisten Mitarbeitern immer noch besonders geschätzt und die wesentliche Eigenschaft eines Vorgesetzten sei die Durchsetzungskraft. Einige andere Propheten stoßen im Grunde genommen in dasselbe Horn, wenn sie vom Geheimnis der persönlichen »Power«, der »Ausstrahlung« und des »Charisma« ausgehen und sich auf den Standpunkt stellen, die Führungsfähigkeit des Vorgesetzten entscheide sich im Besitz oder Nichtbesitz dieser Eigenschaften, die man alllenfalls noch durch die Eintrainierung fernöstlicher ZEN-Weisheiten und -Techniken verstärken könne.

Damit aber nicht genug. Das Bild aktueller Unklarheiten über die Führung wird dadurch beträchtlich angereichert, daß sich einige Wissenschaftler auf den Standpunkt stellen, es sei überhaupt fraglich, ob es unter den modernen und in Zukunft erwartbaren Bedingungen angesichts eines generell absinkenden »Führungsbedarfs« überhaupt noch der Mitarbeiterführung durch führungsbefähigte Vorgesetzte bedürfe. In diesem Zusammenhang hat es Äußerungen gegeben, denen zufolge die Entwicklung der neuen Technologien mit den von ihnen angebotenen Möglichkeiten einer horizontalen Vernetzung auf Sachbearbeiterebene den Vorgesetzten mehr oder weniger überflüssig mache. In der Tat wurde da und dort bereits von Ausdünnungen des mittleren Managements berichtet. Weiterhin hat sich aber die in den letzten Jahren prominent gewordene St. Gallener Schule um F. Malik zu der These verstiegen, eine neue »Strategie des Management komplexer Systeme« werde in Zukunft an die Stelle der Führung über Menschen treten. Andre haben gemeint, die zunehmende Regelungsdichte im Verwaltungsbetrieb werde den Vorgesetzten immer mehr erübrigen, und so weiter.

Summa summarum ist die Führung, wie man erkennen kann, im gegenwärtigen Augenblick keineswegs mehr unangefochten, wobei die eigentliche Pointe die ist, daß sich der von verschiedenen Seiten auf sie hinzielende Angriff keineswegs ausschließlich gegen die »kooperative« Führung richtet, sondern vielmehr auch gegen die Personalführung als solche. Die »führungsfreie« Organisation autonom kooperierender Menschen taucht an einigen Stellen zumindest zwischen den Zeilen als Utopie am Verwaltungs- und Unternehmungshimmel auf, flankiert allerdings von ihrem strikten Gegenbild der powergeladenen Macht- und Kraftherrschaft des Führungsübermenschen, der die Mitarbeiter in Angst und Schrecken versetzt und der dadurch angeblich zur Arbeitsleistung »motiviert«.

II

Es soll an dieser Stelle mit einigem Nachdruck die Auffassung zum Ausdruck bringen, daß Anlaß besteht, sich von alledem mit Entschiedenheit abzusetzen. Es soll nachfolgend versucht werden, eine Doppelthese zu belegen, die ohne weitere Einleitung vorgetragen werden soll.

Der erste Teil dieser Doppelthese lautet, ganz schlicht formuliert:

Die Führungsfähigkeit des Vorgesetzten ist und bleibt eine entscheidend wichtige Voraussetzung der Verwaltungs- und Unternehmensleistung.

Der zweite Teil der Doppelthese lautet, ähnlich schlicht formuliert:

Die »kooperative Führung« ist – richtig verstanden – das einzig und allein geeignete Führungsleitbild für die Zukunft.

An diese Doppelthese sollen die folgenden vier Ergänzungsthesen angeschlossen werden:

1) Es gibt in der Verwaltung wie auch in großen Teilen der Wirtschaft gegenwärtig eine akute Führungsproblematik, die zwar weitgehend »verdeckt« ist und die deshalb auch bisher eine verhältnismäßig geringe Beachtung gefunden hat, die aber dennoch so gravierend ist, daß dringende Abhilfe erforderlich erscheint;

2) diese akute Führungsproblematik hat ihren Kern in einem »Implementationsdefizit« (oder auch: bei einer Umsetzungsblockade) der meisten bisher erlassenen Führungsricht- und -leitlinien;

3) bezüglich der Umsetzung der kooperativen Führung bedarf es einer wohlüberlegten Konzeption und Strategie;

4) die Praktizierung von Führungsfähigkeit und -verantwortung durch den einzelnen Vorgesetzten bedarf der Einbettung in eine übergreifende Modernisierungsstrategie, die sie stützt und die ihr den erforderlichen Bedingungsrahmen verschafft. Es ist nicht sinnvoll, die Frage nach der Verbesserung der Führungsfähigkeiten und -qualität abgehoben von anderen Fragen zu stellen, die im Rahmen der Gesamtfrage nach der »Verwaltung 2000« oder der »Unternehmung 2000« auftauchen. Allerdings muß der Personalführungsfrage im Rahmen dieser Gesamtfrage ein spezifischer Stellenwert zuerkannt werden. Die Antworten auf diese Gesamtfrage werden in einem erheblichen Maße von denjenigen Antworten mitbestimmt, die auf die Personalführungsfrage gegeben werden können.

Soweit die Thesen, für die nun natürlich zu Recht Belege erwartet werden. Bei ihrer Präsentierung wird nachfolgend auf die Ergebnisse eines umfangreichen empirischen Forschungsprojekts zum Thema »Führung und Arbeitsmotivation in der öffentlichen Verwaltung« zurückgegriffen, das der Autor während der letzten Jahre zusammen mit einigen Mitarbeitern in einer größeren Zahl höchst unterschiedlicher Behörden durchführte. Die Übertragbarkeit dieser Ergebnisse auf die Wirtschaft setze ich im folgenden einmal ganz kühn voraus. Auf die Wiedergabe von Zahlen wird an dieser Stelle weitestgehend verzichtet. Bezüglich der ausführlichen Wiedergabe der Forschungsergebnisse kann auf drei inzwischen erschienene Bücher[1] verwiesen werden, in denen sich u.a. ein umfangreiches Tabellenmaterial findet

Es sei mit einem ersten empirischen Grundsachverhalt begonnen, an dem man kaum vorbeigehen kann, wenn man sich mit der aktuellen Führungssituation beschäftigt: Alle Vorgesetzten praktizieren – ob sie sich dessen nun bewußt sind oder nicht – einen so oder so gearteten »Führungsstil«, d.h. also ein Führungsverhalten mit ganz bestimmten verhältnismäßig feststehenden und situationsüberdauernden Merkmalen, das von den Mitarbeitern als solches wahrgenommen wird. Die gelegentlich auftauchende Meinung, der »Führungsstil« sei ein verhältnismäßig realitätsfremdes theoretisches Konstrukt, wird durch diese Entdeckung eindeutig widerlegt.

Der zweite empirische Grundsachverhalt, der gleichermaßen interessant ist, läßt sich unmittelbar anschließen: Es gibt über alle untersuchten Behörden hinweg eine verhältnismäßig kleine Zahl von solchen Führungsstilen, die sich mit einer geradezu monotonen Wiederholung immer wieder auffinden lassen und denen sich jeweils die ganz überwiegende Mehrzahl der Vorgesetzten ohne Schwierigkeiten zuordnen läßt. Nachfolgend werden diese fünf Führungsstile aufgezählt, wobei diejenigen Bezeichnungen verwendet werden, die wir selbst ihnen aufgrund ihrer von uns aufgefundenen Merkmale gegeben haben:

---

[1] Hippler, G. (u.a.): Führung und Arbeitsmotivation in Kommunalverwaltungen, Gütersloh 1989;
Klages, H. (Hrsg.): Öffentliche Verwaltung im Umbruch – neue Anforderungen an Führung und Arbeitsmotivation, Gütersloh 1990;
Klages, H./G. Hippler: Mitarbeitermotivation als Modernisierungsperspektive, Gütersloh 1991.

- »aufgabenorientierter« Stil (14,6 % aller erfaßten Fälle);
- »mitarbeiterorientierter Stil« (12,4 %);
- »mitarbeiter- und aufgabenorientierter Stil« (20,6 %);
- »Freistil« (14,5 %) und endlich
- »autokratischer Stil« (32,5 %).

Die mengenmäßige Verteilung der fünf Stile wird in dem folgenden Schaubild deutlich:

Verteilung der Führungsstile über alle Behörden (%)

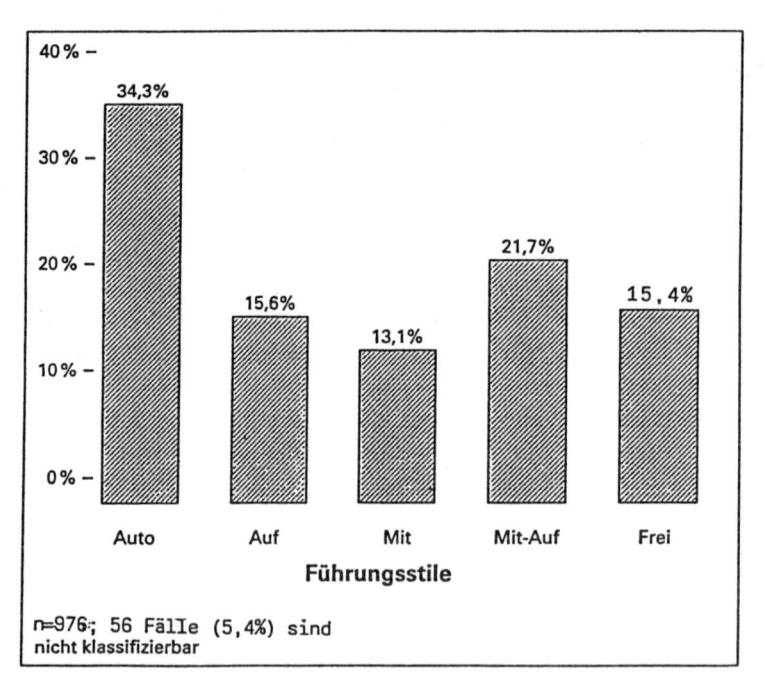

Auto	Auf	Mit	Mit-Auf	Frei
34,3%	15,6%	13,1%	21,7%	15,4%

Führungsstile

n=976; 56 Fälle (5,4%) sind nicht klassifizierbar

Quelle: H. Klages: Führung und Arbeitsmotivation, in: Verwaltungsmanagement 5/1991, S. 7

Diejenigen Vorgesetzten, die den »mitarbeiterorientierten« Stil praktizieren, werden von ihren Mitarbeitern als »äußerst kollegial« bezeichnet. Sie gehen demzufolge »auf jeden einzelnen ein«, haben »immer ein offenes Ohr«, überlassen es ihren Mitarbeitern, wie sie sich »ihre Arbeit einteilen«, gewähren Handlungsspielraum, kritisieren »nie ungerechtfertigt«, sprechen aber auch Anerkennung aus, »wenn jemand gute Arbeit geleistet hat«.

Gegenüber diesem Typus tut sich der »aufgabenorientiert« führende Vorgesetzte in den Augen seiner Mitarbeiter als ein Fachmann hervor, der seine Augen überall hat und der bestrebt ist, durch eigenes Dazutun einen hohen Leistungsstandard zu gewährleisten, der aber hierbei den Handlungsspielraum seiner Mitarbeiter, die er eher als Zuarbeiter und ausführende Organe ansieht, stark einengt, ohne ein persönliches Verhältnis zu ihnen anzustreben.

Der »mitarbeiter- und aufgabenorientierte« Vorgesetzte liegt in der Mitte zwischen diesen beiden Stilen, indem er einerseits ebenfalls sehr stark ergebnisorientiert ist, gleichzeitig andererseits aber auch dazu neigt, die Mitarbeiter fürsorglich »unter seine Fittiche« zu nehmen und sie – in einer oft ins Patriachalische bzw. Autoritative hinüberreichenden Weise – an der Hand zu führen.

Derjenige Vorgesetzte, der den »Freistil« praktiziert, ist demgegenüber in den Augen seiner Mitarbeiter schwer berechenbar, weil er »mal so, mal so« entscheidet, ohne daß sich dies schlüssig aus der jeweiligen Situation heraus ableiten und begründen lassen würde.

Den »Autokraten« endlich charakterisiert nicht nur seine deutlich erkennbare direktive Neigung, sondern vielmehr vor allem seine Bereitschaft, seine Mitarbeiter – bei Minimierung des Führungsaufwands und -risikos – für sich »rackern« zu lassen, um anschließend ihre Leistungen dort, wo ihm dies nutzbringend erscheint, als seine eigenen darzustellen, oder sie auch rabiat »im Regen stehen zu lassen«, falls sich dies als opportun erweist.

Es wird nach dieser Charakterisierung sicherlich nicht überraschen, wenn mitgeteilt wird, daß zwei dieser Stile, nämlich der autokratische Stil und der Freistil, von den befragten Mitarbeitern negativ erlebt werden.

Der autokratische Stil hat, wie an dieser Stelle klargestellt werden muß, grundsätzlich nichts mit demjenigen autoritativen Führungsstil zu tun, der in der Verwaltung wie auch in der Wirtschaft früher gepflegt wurde (Ähnlichkeiten mit diesem älteren Stil sind eher beim mitarbeiter- und aufgabenorientierten Stil zu finden). Der »autokratische« Vorgesetzte handelt nicht »fürsorglich« und nicht »verantwortlich«, sondern vielmehr egozentrisch. Er verfolgt eine ich-bezogene Minimax-Strategie, indem er bemüht ist, den Führungsaufwand und das

Führungsrisiko zu minimieren und seinen eigenen Führungsnutzen auf Kosten der Mitarbeiter zu maximieren. Von daher gesehen läßt sich dieser Stil als »ausbeutend« charakterisieren.

Eine ähnliche Negativ-Charakterisierung kann man dem Freistil zukommen lassen, der den Mitarbeitern eine für sie offensichtlich ganz wesentliche Erfahrung der »Berechenbarkeit« und »Verläßlichkeit« des Vorgesetztenverhaltens verweigert. Man mag auch in diesem Fall von einer »Ausbeutung« sprechen, denn der »unberechenbare« Vorgesetzte sichert sich selbst – wiederum auf Kosten seiner Mitarbeiter – einen Freiraum für persönliche Spontaneität, die ihm selbst einen psychischen Profit einbringt, so z.B. das Gefühl, ein stets von Gedankenblitzen strotzendes Genie zu sein.

Daß die Mitarbeiter diese beiden Führungsstile negativ erleben, erscheint verständlich. Es wäre erstaunlich und würde fast schon für Masochismus sprechen, wenn es anders wäre. Diese beiden Stile sind eklatant »unkooperativ«, indem sie den Mitarbeitern keine »partnerschaftliche« Grundeinstellung entgegenbringen, indem sie keinen angemessenen Handlungsspielraum gewähren, indem sie nicht, wie dies heute eigentlich erwartet wird, Verantwortung übertragen, indem sie keine ausreichende Information zugänglich machen, indem sie nicht durch das Angebot von »Feedback« die wünschenswerte Selbstkontrolle ermöglichen, indem sie keine Beteiligung bei Arbeitsplanungen und Entscheidungsvorbereitungen anbieten, indem sie keinen Rat und keine Unterstützung in schwierigen Arbeitssituationen gewähren, indem sie keine angemessene Fehlertoleranz entwickeln, keine ausreichende Rückendeckung gewährleisten, bei Fehlschlägen nicht ausreichend ermutigen und die Mitarbeiter bei ihren Bemühungen um die erforderliche Weiterbildung nicht angemessen unterstützen. (Wie der Kenner bemerken wird, handelt es sich bei allen Einzelpositionen dieser Aufzählung um Dinge. die man in den in Kraft befindlichen Führungsricht- und Leitlinien nachlesen kann, die also eigentlich stets gewährleistet sein sollten).

Wie man diese beiden eklatant unkooperativen Führungsstile zu bewerten hat, ist damit allerdings, so könnte jedenfalls eingewendet werden, noch nicht entschieden, denn es könnte ja z.B. der »ekelhafte« Vorgesetzte, der seine Mitarbeiter nach dem Prinzip »Management by Champignon« behandelt, der sie also im Dunkeln läßt, gelegentlich mit Schmutz bewirft und ihnen, wenn sie sich vorwagen, eins auf den Kopf gibt, nichtsdestoweniger ein effizienter Vorgesetzter sein. Man könnte sich auf den Standpunkt stellen, zu sagen: Das ist einer, der bestimmt nicht geliebt wird, der aber auch gar nicht geliebt werden will, der es in Kauf nimmt, nicht geliebt zu werden, der aber aus seinen Mitarbeitern auf der anderen Seite herausholt, was aus ihnen überhaupt herauszuholen ist und der somit im Dienst der Allgemeinheit oder des Unternehmens womöglich viel mehr leistet als ein anderer Vorgesetzter, den seine Mitarbeiter zwar lieben, dem sie aber »auf der Nase herumtanzen«, weil sie wissen, daß er zu schwach ist, um notfalls auch einmal hart durchzugreifen.

Es kann nun zwar gar keinen Zweifel daran geben, daß der nette aber »schwächliche« Vorgesetzte ein höchst problematischer Typ ist, der am besten gar kein Vorgesetzter wäre. Es kann auch ebenso wenig einen Zweifel daran geben, daß es unter denjenigen Vorgesetzten, die von ihren Mitarbeitern positiv beurteilt werden, im Einzelfall durchaus einmal einen solchen Typ geben mag.

Dies bedeutet nun aber nicht im mindesten eine Ehrenrettung des Autokraten und des im Freistil führenden Vorgesetzten. Im Gegenteil! Eine solche entschiedene Stellungnahme wird durch die Daten ermöglicht, die aufgrund der Untersuchungen gewonnen werden konnten und die eine sehr weitgehende Kontrolle der Führungseffektivität der aufgefundenen fünf Führungsstile gestatten.

Was die empirischen Daten zusammengenommen erkennen lassen, sind – um das wesentliche vorweg zu nehmen – die sehr eindrucksvollen, statistisch hochsignifikanten Auswirkungen der unterschiedlichen Führungsstile auf die verschiedensten leistungsbeeinflussenden Sachverhalte, so insbesondere auf die von den Mitarbeitern wahrgenommene Tätigkeitssituation, wie auch auf ihre Arbeitseinstellungen einschließlich der Arbeitsmotivation als wesentlicher Grundlagen ihrer Arbeitsleistung und -produktivität. Im einzelnen betrachtet geht es hierbei

- um das Ausmaß der von den Mitarbeitern wahrgenommenen Konflikte in der eigenen Abteilung; weiter
- um das Ausmaß der von den Mitarbeitern empfundenen Unsicherheit bei der Aufgabenerfüllung;
- um den Grad der Leistungsbezogenheit der Arbeitsatmosphäre in der eigenen Abteilung;

- um das Ausmaß der von den Mitarbeitern empfundenen Streßbelastung;
- um das Ausmaß der bei den Mitarbeitern feststellbaren Resignationssymptome;
- und das Ausmaß der Arbeitszufriedenheit, wie auch letztlich
- um das Ausmaß der Sachmotivation der Mitarbeiter, d.h. um ihre Neigung, ihre Arbeit so schnell und gut zu erledigen wie möglich, dabei Hindernisse aus eigener Kraft zu überwinden, einen hohen Leistungsstandard zu erreichen und Durchhaltevermögen zu entwickeln, wenn eine Aufgabe mehr Zeit als ursprünglich geplant beansprucht, oder sich entgegen den anfänglichen Erwartungen als wesentlich komplizierter entpuppt.

Alle diese für die Arbeitsleistung und -produktivität der Mitarbeiter wesentlichen Größen werden, um es zu wiederholen, durch die Art des Führungsstils des Vorgesetzten maßgeblich beeinflußt, wobei festgehalten werden kann, daß der autokratische Stil und der Freistil in allen Fällen signifikant schlechter abschneiden als die drei anderen Stile. Genauer gesagt liegt der Autokrat in allen Fällen ganz am Ende, während der Freistil-Amateur etwas bessere Werte aufweist, was jedoch im Augenblick nicht weiter zu interessieren braucht. Denken wir an die Zahlen zurück, die genannt wurden, um die Verbreitung der einzelnen Führungsstile zu kennzeichnen, so können wir also feststellen, daß zusammengerechnet etwa 50 % der Vorgesetzten einen Führungsstil praktizieren, der nicht nur von seinen Merkmalen her »unkooperativ« ist, sondern der gleichzeitig auch geeignet ist, das Arbeitsklima in ihrem Zuständigkeitsbereich zu verderben und die individuelle Leistungsdisposition der Mitarbeiter zu senken. Nahezu 50% der Vorgesetzten sind dementsprechend – von ihrem Führungsverhalten her beurteilt – schlechte Vorgesetzte, was immer man auch sonst zu ihren Gunsten anführen mag. Dies gilt für die Verwaltung; ich muß offenlassen, inwieweit es auch für die Wirtschaft gilt. Ich wäre jedoch erstaunt, wenn sich hier bei einer eingehenden Untersuchung, die bisher noch aussteht, wesentlich andere Zahlen einstellen würden. Ich stütze mich, wenn ich dies sage, insbesondere auf eine Untersuchung von Wolff und Göschel, in welcher berichtet wird, daß im Jahr 1982 65% der befragten Mitarbeiter erklärten, »autoritär« geführt zu werden.

Aus dem umfangreichen Material, das zur Verfügung steht, sei nachfolgend zur Illustration des Gesagten nur ein einziges Schaubild herausgehoben, das aufgrund unserer eigenen Untersuchungen diejenigen durchschnittlichen Niveaus der »leistungsbezogenen Arbeitsatmosphäre« sichtbar macht, die auf verschiedenen Ebenen der öffentlichen Verwaltung bei Praktizierung verschiedener Führungsstile erreicht werden können. Es läßt sich ohne Schwierigkeit erkennen, daß der autokratische Stil (=Auto) und der Freistil (=Frei) auf allen Verwaltungsebenen niedrige Niveaus der leistungsbezogenen Arbeitsatmosphäre nach sich ziehen, wobei dem autokratischen Stil charakteristischerweise in allen Fällen die Rolle des absoluten Schlußlichts zufällt:

Leistungsbezogene Arbeitsatmosphäre
nach F-Stilen und Bereichen (Mittelwerte <Skala von 1-7>)

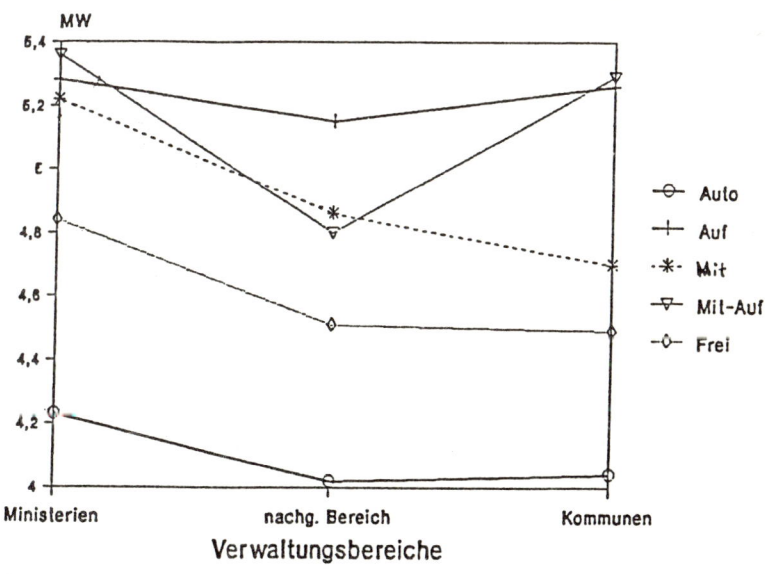

Faktor a. d. Fragen 2801,2803,2809,2810
im Mitarbeiterfragebogen. Haupteffekte:
F-Stil: p < .001, Bereich: p < .01

Quelle: Eigene Datenauswertungen

III

Aus den vorstehenden Ausführungen läßt sich die Folgerung ableiten, daß die Führungsfähigkeit des Vorgesetzten eine entscheidend wichtige Voraussetzung der Verwaltungs- und Unternehmensleistung ist und bleibt und daß die »kooperative« Führung unverändert als Orientierungsleitbild zu dienen hat. Zumindest gilt das letztere in dem sehr weitgefaßten Sinne, daß es die ausgesprochen unkooperativen Stile sind, die vermieden bzw. abgebaut werden müssen, wenn ein befriedigendes Ausmaß von Arbeitszufriedenheit und Leistungsmotivation bei den Mitarbeitern sichergestellt werden soll.

Es läßt sich aber auch die weitere Folgerung ableiten, daß wir gegenwärtig in der Tat eine akute Führungsproblematik haben, denn wenn ca. 50 % der Vorgesetzten unkooperativ und gleichzeitig auch kontra-produktiv führen, wenn also, mit anderen Worten, jeder zweite Vorgesetzte den falschen Führungsstil hat, dann ist dies – bei aller Toleranz und bei aller Bescheidenheit hinsichtlich dessen, was ich sich in diesem Feld erreichen läßt – schlicht gesagt eine ziemliche Katastrophe. Daß hier etwas getan werden muß, daß hier, wie man heute gern sagt, ein »Handlungsbedarf« existiert, dürfte schon von dieser einen Zahl her gesehen unstreitig sein.

Es muß bei alledem besonders bedenklich erscheinen, daß es sich um eine verhältnismäßig verborgene oder »verdeckte« Problematik handelt, die, wie schon gesagt, bisher nur eine verhältnismäßig geringe Beachtung findet.

Anders ausgedrückt können sich der Autokrat und der Freistil-Amateur bis heute noch verhältmäßig ungeschoren in der Verwaltung (und vielleicht auch in der Wirtschaft) tummeln, ohne – wegen ihres Führungsstils – mit irgendwelchen Schwierigkeiten oder Nachteilen rechnen zu müssen. Man kann sogar noch einen Schritt weiter gehen und sagen, daß diese Vorgesetzten für ihren verwaltungsschädlichen Führungsstil belohnt werden.

Dies ist einerseits deshalb der Fall, weil sie den persönlichen Profit, den ihnen ihr Führungsstil auf Kosten der Mitarbeiter einbringt, ungeschmälert und gewissermaßen »kostenlos« einstreichen können. Dies ist darüber hinaus aber auch bis zu einem gewissen Grade noch in einem viel direkteren Sinne der Fall. Wir konnten bei unseren Untersuchungen in der Kommunalverwaltung feststellen, daß die Autokraten durchschnittlich gesehen eine höhere Beförderungshäufigkeit und -geschwindigkeit aufwiesen als alle anderen Vorgesetzten. Autokratisch zu führen zahlt sich unter den gegenwärtigen Bedingungen also aus. Es läßt sich angesichts dessen davon ausgehen, daß die gegenwärtige Verbreitung des Autokraten (nach unseren Ermittlungen ca. ein Drittel aller Vorgesetzten) nur eine Augenblicksaufnahme repräsentiert und daß man – wenn sich nichts ändert – in Zukunft mit einer möglicherweise sehr schnellen weiteren Ausbreitung dieses Stils zu rechnen haben wird. Wenn man will, dann verkörpert dieser negative Führungsstil unter den gegenwärtigen Bedingungen ein Führungsverhalten, für das aus der Vorgesetztenpersektive betrachtet sehr vieles spricht. Wer die nötige dicke Haut besitzt, der fährt – persönlich gesehen – sehr gut, wenn er diesen Führungsstil praktiziert, der, um dies zu wiederholen, eine Minimierung des Führungsaufwands und des Führungsrisikos bei einer gleichzeitigen Maximierung des Führungsnutzens ermöglicht.

Es ist dementsprechend zu befürchten, daß wir dann, wenn wir keine Abhilfe zu schaffen vermögen, in der »Verwaltung 2000« (und vielleicht auch in der »Wirtschaft 2000«) eine Mehrheit von »Autokraten« haben werden. Die »Verwaltung 2000« wird, wenn dies passiert, gänzlich unabhängig davon, was in ihr sonst wo anders und besser gestaltet sein wird als heute, ganz bestimmt nicht das sein, was wir uns gegenwärtig von ihr erhoffen. Sie wird möglicherweise eine schlechtere Verwaltung sein als die Verwaltung 1991, denn unter den Bedingungen eines denkbaren Motivationszusammenbruchs bei den Mitarbeitern helfen auch die ausgeklügeltsten organisatorischen und technologischen Wunderwerke nicht weiter.

So unbequem dies auch erscheinen mag – wir müssen uns offenbar zu der Einsicht bereit finden, daß wir im Führungsbereich ein Defizit haben, das sich – vorerst einmal in dem oben definierten breit verstandenen Sinne – als ein Implementationsdefizit bezüglich der kooperativen Führung begreifen läßt, wobei das Vorhandensein oder Nichtvorhandensein von Führungsricht- oder Leitlinien empirisch gesehen kaum zu Buche schlägt, denn wir fanden die gekennzeichnete Führungsproblematik verhältnismäßig unterschiedslos auch dort, wo solche Richt- oder Leitlinien vorhanden waren.

Es kann an dieser Stelle die obige Ergänzungsthese (2) »abgehakt« werden, die sich auf die Feststellung eines solchen Implementationsdefizits bezog, und es soll nunmehr abschließend zu den Ergänzungsthesen (3) und (4) übergegangen werden, bei denen es sich darum handelte, für die Umsetzung der kooperativen Führung eine wohlüberlegte Konzeption und Strategie zu fordern und gleichzeitig auf die Bedeutung einer übergreifenden Modernisierungsstrategie als Bedingungsrahmen hinzuweisen.

Bei der Forderung nach einer wohlüberlegten Strategie ist zunächst einmal daran zu denken, daß insbesondere der Autokrat mit hoher Wahrscheinlichkeit kaum dazu bereit sein wird, sein für ihn selbst durchaus profitables Führungsverhalten allein aufgrund des bloßen Vorhandenseins von Führungsleit- oder Richtlinien, oder auch aufgrund wohlgemeinter Belehrungen in Fortbildungs- oder Trainingskursen zu ändern. Mit solchen Mitteln kommt man höchstwahrscheinlich nicht an den Autokraten heran.

In die Überlegungen muß aber auch an eine weitere Beobachtung einbezogen werden, die wir bei unserer Untersuchung machten und die uns bei zahlreichen sonstigen Kontakten mit Vorgesetzten immer wieder begegnete.

Kurz gesagt huldigte eine große Zahl von Vorgesetzten einer ausgeprägten Skepsis hinsichtlich der Bereitschaft und Fähigkeit der Mitarbeiter, den kooperativen Führungsstil zu praktizieren und insbesondere das in sie gesetzte Vertrauen zu rechtfertigen. Unsere Arbeitswelt ist offenbar voll von Vorgesetzten, die irgendwann einmal bemüht waren, den ihnen angesonnen kooperativen Führungsstil zu praktizieren, die aber irgendwann Enttäuschungserlebnisse hatten und die dann resignierten, oder sich berechtigt fühlten, zu einem anderen, härteren und möglicherweise auch egoistischeren Führungsstil überzugehen, weil sie glaubten, sich sagen zu dürfen oder zu müssen, alles andere sei letztlich wirklichkeitsferner Idealismus und törichte Gutmütigkeit.

Solche Vorgesetztenäußerungen müssen zweifellos sehr ernst genommen werden, auch wenn sie im Einzelfall den Charakter einer bloßen Ausflucht haben mögen. Es läßt sich die Behauptung aufstellen, daß die Außerachtlassung der Enttäuschungsanfälligkeit der »kooperativ« verstandenen Vorgesetzten-Mitarbeiter-Beziehung eine entscheidende Erklärung für das Implementationsdefizit der bisherigen Führungsricht- und Leitlinien liefert und daß die bisherigen Ansätze genau an diesem Punkt einer Korrektur und Erweiterung bedürfen.

Das Stichwort, um das es dabei geht, heißt »Vertrauensverpflichtung« als Vorgesetztenaufgabe und -verantwortung. Es ist dies ein neuartiges Stichwort, das mit einigen Worten verdeutlicht werden soll.

Es ist mit diesem Stichwort die an den Vorgesetzten gerichtete Forderung gemeint, daß er auf eine Enttäuschung seiner Erwartungen durch einen Mitarbeiter keinesfalls ohne weiteres mit Vertrauensentzug reagieren darf. Er muß sich in einem solchen Fall vielmehr sagen: Wenn der Mitarbeiter meinem Vertrauen nicht gerecht wird, wenn er es vielleicht sogar mißbraucht, so bedeutet dies, daß ich selbst ihn noch nicht soweit gebracht habe, sich angemessen zu verhalten. Ich habe hier also noch eine Entwicklungsarbeit vor mir, die ich leisten muß, damit der Mitarbeiter in einer möglichst nahen Zukunft in die Lage versetzt wird, mein Vertrauen zu rechtfertigen. Der Vorgesetzte wird, mit anderen Worten, grundsätzlich dazu bereit sein müssen, die Verantwortung für die Erfüllung seiner Erwartungen an den Mitarbeiter selbst zu übernehmen, d.h. also seinerseits dafür Sorge zu tragen, daß er in seine Mitarbeiter erfolgreich Vertrauen investieren kann. Ohne die hiermit beschriebene »Vertrauensverpflichtung« des Vorgesetzten kann man m.E. den »kooperativen« Führungsstil vergessen, denn Enttäuschungen erlebt natürlich jeder Vorgesetzte noch und noch. Die entscheidende Frage ist, ob er »enttäuschungsfest« reagiert, oder sich, wie bisher, vom Kurs abbringen läßt und dem Kooperativitätsideal offen oder verdeckt abschwört.

Wie erreicht man nun aber die mit Personalentwicklungskompetenz gepaarte Selbstverpflichtung des Vorgesetzten auf die Durchhaltung von Vertrauen auch im Enttäuschungsfall?

Nur wenn wir auf diese Frage eine praktikable Antwort finden, wird der Prozentsatz der kooperativ führenden Vorgesetzten in Zukunft nicht weiter abnehmen, sondern ansteigen.

IV

Es muß an dieser Stelle nochmals der Autokrat ins Licht gerückt werden. Von ihm können wir eine solche Vertrauensverpflichtung auf einer freiwilligen Grundlage mit völliger Sicherheit nicht erwarten, denn er fühlt sich ja, wie schon gesagt, in seiner Rolle sehr wohl und er denkt von Haus aus überhaupt nicht daran, sich in den ganz sicherlich zumindest anfangs sehr viel unbequemeren, weil zeit- und energieaufwendigeren kooperativen Führungsstil ohne Not hineintreiben zu lassen.

Gelingt es uns aber nicht, den Autokraten einzubinden, so müssen wir den kooperativen Führungsstil letztlich doch vergessen, denn dann wird der autokratische Stil, d.h. also das Gegenteil der kooperativen Führung siegen und die bestehenden Führungsrichtlinien müssen am Ende eingestampft werden.

Die gerade aufgeworfene Frage spitzt sich also auf die Frage zu, wie wir den Autokraten zur Kooperativität einschließlich der Vertrauensverpflichtung bewegen, wenn bloße Überzeugungs- oder Trainingsarbeit mit Sicherheit nicht fruchtet. Die Frage nach der »Implementation« der kooperativen Führung enthüllt an diesem Punkt einen überraschend harten Kern. Mit Idealismus und gutem Willen ist, wie sich erweist, hier nichts zu erreichen. Es bedarf vielmehr härterer Bandagen.

Mit Zwang oder Androhung disziplinarischer Konsequenzen wird man allerdings wohl ebenfalls kaum viel weiter kommen und es muß sich die Frage erheben, was eigentlich im Mittelfeld zwischen dem ineffizienten freundlichen Zureden und der ebenso ineffizienten Drohung noch übrigbleibt, oder ob die Antwort vielleicht auch jenseits dieses möglicherweise gar nicht sehr ergiebigen Mittelfelds auf einer anderen Ebene zu finden ist.

Die letztere Annahme scheint richtig zu sein. Genauer gesagt erfordert die Antwort auf die gestellte Frage die Bereitschaft, den Blick auf Rahmenbedingungen im Bereich desjenigen allgemeineren Managementkonzeptes zu richten, ohne welches eine Organisation in Zukunft ganz offensichtlich nicht mehr auskommen kann.

Fragt man sich ganz konkret, wie eine erfolgversprechende, d.h. alle Vorgesetzten erreichende und verpflichtende Implementation der kooperativen Führung aussehen kann, so werden wir keineswegs von der bisher geübten Praxis der Aufstellung und Verabschiedung von Führungsricht- oder Leitlinien abzurücken haben.

Wir werden uns allerdings des Glaubens zu enthalten haben, allein schon mit diesem einen Instrument die Führungsqualität in einer Organisation entscheidend verbessern zu können. Vielmehr wird es sich empfehlen, dieses Instrument in erster Linie dafür zu verwenden, die Entschlossenheit der Leitung zu einem Engagement zu Gunsten der Verbesserung der Führungsqualität zu dokumentieren und das als Zielvorstellung gewählte Führungsleitbild deutlich werden zu lassen. Es wird sich deshalb empfehlen, in den Text einen deutlichen Hinweis darauf aufzunehmen, daß ein Implementationsvorgang beabsichtigt ist, dessen Zielsetzung darin bestehen soll, die Vorgesetzten zu einer verantwortlichen Umsetzung des Führungsleitbilds zu befähigen und zu verpflichten. Es empfiehlt darüber hinaus, in den Text auch diejenigen flankierenden Maßnahmen aufzunehmen, die beabsichtigt sind, um dem Führungsleitbild zur Durchsetzung zu verhelfen.

Insbesondere für die ernsthaft widerstrebenden Vorgesetzten, mit denen man angesichts des Vorhandenseins von »Autokraten« rechnen muß, wird es eine heilsame Vorwarnung bedeuten, wenn ihnen z.B. klargemacht werden kann, daß die Einführung eines veränderten Bewertungsschemas für die Personalbeurteilung beabsichtigt ist, in welchem die Frage nach der Führungsfähigkeit unter Zugrundelegung der Kriterien der kooperativen Führung eine gewichtige Rolle spielt. Da gerade solche Vorgesetzten sehr auf ihr berufliches Fortkommen bedacht sind, wird die mit einer solchen Ankündigung für sie verbundene »Botschaft« lauten, daß sich kooperative Führung in Zukunft unmittelbar auszahlt und daß es eine irrationale Selbstschädigung bedeuten würde, wenn sie sich einen unkooperativen Führungsstil vorwerfen lassen müßten.

Natürlich »greift« eine solche Maßnahme nur unter der Voraussetzung, daß zwischen den Ergebnissen der Personalbeurteilung und der Beförderungspraxis eine ausreichend enge Beziehung besteht. Die Bescheinigung eines unkooperativen Führungsstils im Beurteilungsvorgang wird andernfalls keine Sanktionswirkung und damit auch keine verhaltenssteuernde Potenz entwickeln können. Mit anderen Worten besteht ein direkter Bedingungszusammenhang zwischen der wirklich erfolgreichen Einführung der kooperativen Führung und dem Vorhandensein eines effizienten Personalentwicklungssystems. Das eine Modernisierungsthema hängt also mit einem zweiten sehr eng zusammen, das nach einer zunehmend hörbarer werdenden Auffassung gegenwärtig auf der Tagesordnung von Wirtschaft und Verwaltung steht.

Nun wäre natürlich zum Thema der Verknüpfung des Personalführungskonzepts mit der Personalentwicklung eine Unmenge zu sagen. Statt dessen soll am Ende noch ein zusätzliches Stichwort eingebracht werden, das auf eine andersartige Verknüpfung hinweist. Dieses Stichwort lautet »Führungscontrolling«, oder um im Klartext zu reden, »Vorgesetztenbeurteilung« durch die Mitarbeiter.

Nach alledem was wir selbst im Verlauf unserer Untersuchung hierüber feststellen konnten, ist das Urteil von Mitarbeitern über ihre Vorgesetzten einem verbreiteten Vorurteil zuwiderlaufend keineswegs von Ressentiments und unerfüllbaren Erwartungen geprägt. Vielmehr sprechen die vorliegenden Befragungsergebnisse für eine erstaunlich differenzierte Urteilsfähigkeit der Mehrheit der Mitarbeiter und für ein ausgesprochene Realistik der Erwartungen, die sie den Vorgesetzten gegenüber hegen. Was liegt also eigentlich näher als der Entschluß, diese brachliegende Informationsquelle zu nutzen – sei es auch nur, um den Vorgesetzten eine Chance der Selbstkontrolle zuzuspielen?

Wir selbst meinen, eine solche »Investition in das Humankapital« auf alle Fälle empfehlen zu sollen. Der mit ihr verbundene Aufwand ist viel geringer als gemeinhin angenommen wird. Auf der anderen Seite kann der erzielbare Nutzwert für die Verwirklichung eines leistungsfördernden Führungsverhaltens kaum überschätzt werden.

Mein Thema lautete: »Ist die kooperative Führung ein Leitbild für die Zukunft?«

Ich hoffe, daß die Antwort, die ich gegeben habe, deutlich geworden ist. Sie lautet: Ja, diese Art von Führung ist nach wie vor höchst aktuell und sie stellt ein Leitbild für die Zukunft dar – vorausgesetzt, daß wir uns den Anforderungen, welche die Verwirklichung eines solchen Leitbilds mit sich bringen, gewachsen zeigen.

Modernisierung der öffentlichen Verwaltung

1. Aktuelle Herausforderungen an die öffentliche Verwaltung

1.1. *Eine notwendige Vorklärung*

Wenn heute von aktuellen Herausforderungen an die öffentliche Verwaltung (= ö.V.) die Rede ist, dann werden überwiegend Kataloge präsentiert, in denen sich die allerverschiedensten Einflußfaktoren tummeln. Man gewinnt in einigen Fällen den Eindruck, daß die Autoren in eine Konkurrenz um die umfangreichsten Kataloge eingetreten sind. Das Bild wird aber umso unübersichtlicher, je länger die Kataloge werden. Außerdem wird unklar, welche Kriterien die Autoren zugrunde legen, um »aktuelle« Herausforderungen zu definieren. Typischerweise enthalten die Kataloge Ladenhüter, wie z.B. die »zunehmende Aufgabenkomplexität«, von der bereits in den 60er Jahren die Rede war. Es findet hier eine Einebnung statt, die es erschwert, das, was tatsächlich »gegenwärtig« ist, überhaupt noch in den Blick zu bekommen.

Zwar ist es richtig, daß viele vergangene Herausforderungen von der ö.V. noch nicht restlos aufgearbeitet wurden, so daß man von einem Innovationsstau sprechen kann, den sie vor sich herschiebt. Auf der anderen Seite kann es jedoch nicht angehen, immer dann, wenn von notwendigen Innovationen die Rede ist, sogleich das »ganze Paket« so, wie es in der Vergangenheit geschürt wurde, in unveränderter Form auf den Tisch legen zu wollen.

Sicherlich würde es eine gefährliche Kurzatmigkeit bedeuten, wenn man sich immer nur um das jeweils Aktuelle kümmern und die ungelösten Problemreste der Vergangenheit »verdrängen« würde. Es wäre auch gefährlich, die potentiellen Dilemmas übersehen zu wollen, die sich daraus ergeben, daß sich die öffentliche Verwaltung – in einem weit stärkeren Maße als z.B. die private Wirtschaft – »Offenheits«-, »Sensibilitäts«- und »Verantwortungs«-Anforderungen gegenübersieht, die von verschiedenen Seiten – nämlich von Seiten der Politik und des Rechts, wie auch von Seiten der Bürger und der Bediensteten – an sie herangetragen werden und die ihr die komplexe Leistung einer divergierenden »Umwelten« gegenüber geöffneten und reaktionsfähigen Selbststeuerungskonzeption abfordern, die grundsätzlich einen »synthetischen« Charakter besitzen muß.

Wenn man sich nicht in den Fallstricken des irrationalen Handelns verfangen will, dann muß man jedoch erstens dazu bereit und in der Lage sein, immer wieder die Prioritäten zu überprüfen und ggf. neu zu ordnen. Man muß sich dann aber zweitens auch dazu bereit finden, diejenigen Ausstrahlungseffekte, die von den jeweils vorherrschenden Prioritäten auf die übrigen ausgehen, angemessen in Rechnung zu stellen.

Bekannte Probleme stellen sich, wie man richtigerweise sagt, unter veränderten Umständen anders dar. So betrachtet wird es aber zu einem erstrangigen Erfordernis rationaler Situationsdiagnostik und Handlungslogik, von den jeweils vorherrschenden Herausforderungen her zu denken, d.h. sie mit allem Nachdruck vorrangig in den Blick zu nehmen und auf ihre Auswirkungen hin zu überprüfen. Der mögliche Hinweis, die moderne Computersimulation lasse »Hierarchisierungen« solcher Art überflüssig werden, wäre oberflächlich, denn die Fähigkeit zu ihnen gehört zu den unabdingbaren Voraussetzungen der Konstruktion der entsprechenden Modelle. Erst die Auffindung der »starken«, der »durchschlagenden« oder »dominierenden« Einflußkräfte und -linien bringt Konturen in das informationslose Grau der vollständig erfaßten Komplexität der in der Wirklichkeit vorhandenen Zusamenhänge und ermöglicht es, über die zutreffende, wenngleich frustrierende, Wahrheit hinwegzuschreiten, daß irgendwo »alles mit allem« zusammenhängt.

Nachfolgend wird aus diesen Überlegungen die Konsequenz gezogen, den Anforderungen an die öffentliche Verwaltung, die sich aus dem gesellschaftlichen Wertewandel seit den 60ern ergeben, eine vorrangige analyseleitende Rolle zuzuschreiben. Es kann hierbei davon ausgegangen werden, daß diesem Einflußfaktor eine verhältnismäßig universelle, d.h. in allen institutionellen Bezugsfeldern der Verwaltung zur Geltung gelangende Bedeutung zukommt. Wenn im folgenden zwei dieser Bezugsfelder – der Bürger und das Verwaltungspersonal – in den Mittelpunkt rücken, d.h. also das Bezugsfeld Politik und Recht nicht unmittelbar angesprochen werden, dann wird damit natürlich eine »Einseitigkeit« inkauf genommen. Es kann jedoch davon ausgegangen werden, daß die Ergebnisse, zu denen der nachfolgende Text gelangt, im Hinblick auf dieses im Hintergrund verbleibende Bezugsfeld kontrolliert sind und daß ihre Kompatibilität mit den aus ihm fließenden spezifischen Anforderungen grundsätzlich sichergestellt ist.

1.2. Der Wertewandel als Zentrum gegenwärtiger Herausforderungen an die öffentliche Verwaltung

Es kann ergänzt werden, daß sich diese Entscheidung mit der Behauptung verbindet, daß man vom Wertewandel her den besten Blick auf die heute insgesamt bestehenden Herausforderungen an die Innovationskraft der ö.V. erhält. Hierbei wird unterstellt, daß es sich bei den vom Wertewandel ausgehenden Einflüssen auf die ö.V. nicht nur um den berühmten zusätzlichen Tropfen handelt, der das Faß zum Überlaufen oder Umkippen bringt und der somit einen »Katastropheneffekt« auslöst. Es wird vielmehr davon ausgegangen, daß der Wertewandel selbst eine entscheidende Wandlungsherausforderung darstellt, die andere Herausforderungen mit einem teils »älteren Anspruch« überstrahlt und überlagert, so daß sie eine veränderte Qualität gewinnen und neu überdacht werden müssen.

Wie nachfolgend noch deutlicher wird, ist es für eine mit ausreichender Grundsätzlichkeit operierende Herausforderungsanalyse von großer Bedeutung, zunächst einmal die Auswirkungen des Megatrends des Wertewandels (vgl. hierzu insbesondere den Abschnitt .... des vorliegenden Bandes) in den Blick zu nehmen.

Es sei allerdings bereits an dieser Stelle darauf hingewiesen, daß es zur Erreichung der erforderlichen Strukturierungsfähigkeit unumgänglich sein wird, die Analyse auch auf die Ebene der pluralistischen Entwicklungspfade des Wertewandels (vgl. nochmals den Abschnitt ...) auszudehnen. Es erweist sich in diesem Zusammenhang von neuem, daß die in diesem Buch verschiedentlich in den Vordergrund gestellte Kluft zwischen einem institutionentauglichen »aktiven Realismus« und einer privatistischen »Hedomat«-Orientierung eine entscheidende kulturelle Spannungslinie der gegenwärtigen Gesellschaftssituation markiert.

1.3. *Die doppelte Betroffenheit der öffentlichen Verwaltung durch den Wertewandel*

Wenn von der Betroffenheit der ö.V. durch den gesellschaftlichen Wertewandel die Rede ist, dann müssen von allem Anfang an zwei »Systemgrenzen« der ö.V. in den Blick genommen werden, die in der verwaltungswissenschaftlichen und vor allem auch in der managementwissenschaftlichen Literatur allzu oft voneinander abgetrennt und mit Blick auf unterschiedliche Problemstellungen und -lösungen behandelt werden, die sich anscheinend nur auf wenigen schmalen Verbindungsstegen begegnen.

Der Ausgang vom Wertewandel läßt überraschend sichtbar werden, daß diejenigen aktuellen Probleme, mit denen die Verwaltung im Bereich ihrer Beziehungen zum Bürger, wie auch im Personalsektor betroffen ist, eine identische Wurzel haben. Auf beiden Seiten, von außen wie von innen, begegnet die Verwaltung genau denselben Einstellungs- und Erwartungsänderungen, die der Wertewandel ausgelöst hat und begünstigt. Daß der »schwierige« Bürger und der »schwierige« Mitarbeiter simultan auftretende Probleme darstellen, ist also keinesfalls ein Zufall, sondern vielmehr nichts anderes als die notwendige Folgeerscheinung eines überall mit gleicher Grundtendenz wirksam werdenden gesellschaftlichen Wandels.

Die offenkundigen Unterschiede zwischen den sich in den beiden Feldern stellenden konkreten Problemen sind somit nicht etwa durch verschiedenartige Psychologien der Beteiligten, sondern »situativ« bedingt: Der Bürger ist mit der ö.V. anders konfrontiert als der Mitarbeiter, wobei die jeweils unterliegenden Rollendefinitionen den entscheidenden Erklärungszugang abgeben. Während der Bürger der ö.V. – zumindest subjektiv gesehen – in der verhältnismäßig souveränen Rolle des Anspruchsträgers begegnet, begegnet ihr der Mitarbeiter in der völlig anders strukturierten Rolle des regelungsunterworfenen Organisationsmitglieds. Pointiert ausgedrückt akzeptiert das Individuum in der

Mitarbeiterrolle vielfältige Verhaltensverpflichtungen, die es in der Bürgerrolle nie auf sich nehmen würde. Die autozentrischen Sensibilitäten, Ideosynkratien und Bedürfnisausprägungen, die der Wertewandel mit sich bringt, können von der ö.V., mit anderen Worten, an denjenigen Systemgrenzen, an denen sie mit den Menschen konfrontiert wird, auf unterschiedliche Weise »beherrscht« werden, und sie treten somit auf unterschiedlichen Intensitätsniveaus in Erscheinung. Derjenige Richtungspfeil, den sie in sich tragen, ist nichtsdestoweniger derselbe.

1.3.1. *Bürger und Verwaltung*

1.3.1.1. Wenn man diejenige Veränderung des Verhältnisses zwischen Bürger und Verwaltung, die der Wertewandel mit sich bringt, auf einen charakteristischen Nenner bringen will, dann wird man von dem Sachverhalt einer stark verringerten Autoritätsakzeptanz auszugehen haben.

Es kann zwar auch unter den Bedingungen des Wertewandels grundsätzlich noch von der Fortgeltung desjenigen »Legalitätsglaubens« ausgegangen werden, den Max Weber als eine Grundbedingung der Existenz des modernen rationalen Staates bezeichnete. Mit anderen Worten kann auch unter diesen Bedingungen noch davon ausgegangen werden, daß der Bürger durchschnittlich gesehen eine grundsätzliche Bereitschaft entwickelt, den »formal korrekt und in der üblichen Form zustande gekommenen« rechtsverbindlichen Regelungen mit einem ausreichenden Maß von »Fügsamkeit« zu begegnen.

Die »Schwierigkeit« des vom Wertewandel geprägten Bürgers erweist sich nun allerdings darin, daß er diese Bereitschaft nicht mehr bedingungslos erbringt, sondern daß er sie mit einem Vorbehalt verbindet, welcher die Ausübung seiner unveräußerlichen Souveränitätsrechte von Fall zu Fall betrifft. Mit anderen Worten ist die regelungsbezogene Fügsamkeit des »schwierigen« Bürgers nur unter der Bedingung garantiert, daß er – aufgrund eigenen Dafürhaltens – keine Gründe findet, sie zurückzunehmen, um – ggf. auch unter Nutzung »unkonventioneller« Möglichkeiten des politischen Verhaltens – von seinen Souveränitätsrechten Gebrauch zu machen.

Der »schwierige« Bürger überträgt, in der Sprache der politischen Wissenschaft ausgedrückt, den mit der Wahrnehmung seiner Interessen beauftragten politischen Vertretungsinstanzen in Wirklichkeit nur ein bedingtes Mandat, das durch »imperative« Erwartungen informaler Art eingeschränkt wird. In den damit gegebenen Legitimitätsvorbehalt ist aber grundsätzlich auch der Staat einbezogen, dem seitens des »schwierigen« Bürgers keine eigenständige Wirklichkeit im Sinne älterer Staatstheorien mehr eingeräumt wird, der vielmehr grundsätzlich einer »instrumentellen« Deutung unterzogen wird, d.h., schlicht gesagt, als Dienstleistungseinrichtung im Interesse des Bürgers verstanden wird.

1.3.1.2. Man wird bei alledem die folgenden mitwirkenden – oder genauer gesagt: aus der jüngeren Vergangenheit mehr oder weniger unaufgearbeitet nachwirkenden – Herausforderungsfaktoren angemessen zu berücksichtigen haben:

a) Wandlungen im Charakter der Verwaltungsaufgaben, die sich einerseits – aufgrund ihrer wachsenden Verflochtenheit mit immer verzweigteren Spektren gesellschaftlicher Interessen – als zunehmend »vernetzt« darstellen und die – u.a. auch aufgrund der zunehmend einflußreichen Thematisierungszyklen der Medien – eine Tendenz zu einem immer plötzlicheren und unberechenbareren (oder »katastrophischen«) Auftreten offenbaren;

b) Entwicklungen in Richtung eines »kooperativen Staates«, die sich daraus ableiten, daß in einer pluralistischen Gesellschaft mit starken Chancen der Einwirkung auf das politische System nur noch in einem abnehmenden Maße Spielräume für eine hoheitliche administrative Entscheidungstätigkeit unter Anzielung einseitig verfügter Verwaltungsakte bestehen, in welcher vielmehr Verträge und Absprachen an Bedeutung gewinnen, welche Aushandlungsprozesse zur Grundlage haben;

c) Tendenzen zu einer verstärkten gesellschaftlichen Außenkontrolle der gesamten Staatstätigkeit, welche sich einerseits mit einer immer universelleren Medienpräsenz und dem Zunehmen eines investigativen Journalismus, andererseits aber auch mit demjenigen anwachsenden Kontrollinteresse in Verbindung bringen lassen, welches der Bürger logischerweise angesichts einer zunehmenden existenziellen Abhängigkeit von staatlicher oder staatlich regulierter Daseinsvorsorge entwickelt.

1.3.2. Die Motivationsabhängigkeit der Mitarbeiterleistung

1.3.2.1. Auch für die durch den Wertewandel bedingten Änderungen des Verhältnisses zwischen der Verwaltung und ihrem eigenen Personal gibt es eine Schlüsselformulierung, welche einen Zugang zu der gesamten Breite der einschlägigen Sachverhalte vermittelt. Sie lautet, daß die Arbeitsleistung der Bediensteten – in grundsätzlicher Übereinstimmung mit dem, was sich für die private Wirtschaft feststellen läßt – in einem hohen Maße »motivationsabhängig« geworden ist.

Genauer gesagt kann »die volle Hingabe«, die dem Bediensteten im Beamtenrecht abgefordert wird, nicht mehr schlicht als eine »Dienstleistungspflicht« interpretiert werden, die ggf. durch ein traditionales Beamtenethos absicherbar ist, das seine Grundlage in der Treueverpflichtung eines Alimentationsempfängers gegenüber dem Dienstherrn findet. Ein über das Maß des arbeitsrechtlich Unvermeidbaren hinausgehendes persönliches Engagement des Einzelnen für seine Tätigkeit kann unter den heutigen Bedingungen normalerweise überhaupt nicht mehr »eingekauft« oder durch vertragliche Regelungen vereinbart werden. Es muß vielmehr im Arbeitsprozeß selbst mitproduziert werden, was nichts anderes heißt als daß die Arbeitsgegebenheiten so gestaltet werden müssen, daß sie eine motivierende Kraft und Wirksamkeit entfalten.

1.3.2.2. Angesichts der unterschiedlichen Pfade, welche der Wertewandel im Rahmen des Megatrends einschlagen kann, muß realistischerweise bei den Bediensteten mit unterschiedlichen Varianten von Motivierungsbereitschaft gerechnet werden: Die einen (die Hedomats) sind unter der Bedingung motivierbar, daß ihnen eine neigungsentsprechende Tätigkeit angeboten wird, die dem Prinzip »Spaß haben« genügt. Sie werden durch das Angebot von Handlungsspielräumen und Selbstverantwortung u.U. nur verwirrt und letztlich demotiviert werden. Sie brauchen vielmehr einen Vorgesetzten, der als unsicherheitsabsorbierende Instanz zu wirken versteht. Völlig anders wird es sich diesbezüglich aber bei den »aktiven Realisten« verhalten, denen man gerade diese beiden letzteren Ressourcen anbieten muß, damit der für die Erzielung der Arbeitsleistung erforderliche Motivierungseffekt eintritt.

1.3.2.3. In der Vergangenheit kam es verschiedentlich zu Diffamierungen des Wertewandels und seiner Folgen auf die Arbeitseinstellungen der Menschen. Es wurde z.B. davon ausgegangen, die Deutschen seien dabei, ein »faules Volk« zu werden, d.h. ihre herkömmlichen Arbeitstugenden zu verlieren.

Aus der hier vertretenen Perspektive betrachtet handelt es sich hierbei um Fehlbeurteilungen des Wertewandels und seiner Folgen. In der Tat vermitteln zwar insbesondere die Hedomats sehr problematische Eindrücke von den »schwierigen« Mitarbeitern. Erstens kann aber dieser Typus nicht verallgemeinert werden. Es stehen ihm insbesondere die aktiven Realisten gegenüber, an denen alle Negativformeln abprallen müssen. Zweitens besitzen aber selbst die Hedomats ein – zunächst noch latentes – Potential an aktiv-realistischen Selbstentfaltungsorientierungen, das unter bestimmten Bedingungen aktualisierbar ist. Insgesamt gesehen bedeutet der Wertewandel nur für traditionale (d.h. heutzutage »veraltete«) Konzepte des Personalmanagement eine Katastrophe. Für »moderne« Konzepte des Personalmanagement bedeutet der Wertewandel dahingegen eine produktive Herausforderung und eine potentielle Quelle der Freisetzung einer ungewöhnlichen, weit über das früher übliche Maß hinausgehenden Leistungsenergie. Der Blick auf die Erfolgschancen der intelligenten Potentialnutzung sollte dementsprechend an die Stelle des Lamentierens über den »Werteverfall« und den Verlust der traditionalen Tugenden treten.

1.3.2.4. Einflüsse der demographischen Entwicklung: Auch auf der Personalseite sind zusätzlich zu den Herausforderungen, die der ö.V. aus den Folgen des Wertewandels erwachsen, weitere Einflüsse zu berücksichtigen, wenn das Thema der Verwaltungsmodernisierung auf die Tagesordnung gesetzt wird. Als der bedeutendste Einflußfaktor ist die demographische Entwicklung anzusehen, genauer gesagt diejenige Tendenz zur Bevölkerungsschrumpfung, die sich aus dem Absinken der Geburtenzahl seit der ersten Hälfte der 60er Jahre ableitet, die ihrerseits als eine unmittelbare Folgeerscheinung des Wertewandels anzusehen ist.

Die Wirkung dieses Einflußfaktors läuft grob gesagt auf eine Verstärkung desjenigen Drucks hinaus, der auf der ö.V. aufgrund der Veränderung der Arbeitseinstellungen und -erwartungen in der Folge des Wertewandels lastet. Dieser zunächst nicht unmittelbar einsichtige Zusammenhang wird deutlich, wenn man sich vor Augen führt, daß das Absinken der Geburtenzahl seit dem Beginn der 80er Jahre zu einem

Schrumpfen der in das Berufsleben eintretenden Jahrgänge geführt hat (vgl. das Stichwort der »geburtenschwachen Jahrgänge«, das insofern beschönigend ist, als es sich hier um eine Tendenz handelt, mit deren Umkehr auf absehbare Zeit nicht zu rechnen ist).

Unter den Bedingungen einer günstigen Konjunkturlage, wachsender Qualifikationsanforderungen aufgrund der technologischen Entwicklung und einer nichtsdestoweniger ausbleibenden technologiebedingten Freisetzung von Arbeitskräften mußte die Absenkung der Zahl der Berufseinmünder unweigerlich zu einer ansteigenden Konkurrenz um qualifizierte Arbeitskräfte führen.

Die ö.V. geht mit einem deutlichen Handicap in diese verschärfte Konkurrenz hinein, da ihre traditionellen Sonderangebote eines hohen gesellschaftlichen Ansehens des öffentlichen Dienstes und einer zuverlässigen Arbeitsplatzsicherheit unter den Bedingungen des entwickelten Sozialstaats nicht mehr dieselbe Attraktivität entwickeln können wie früher und da außerdem ihre Möglichkeiten, den finanziellen Anreizen der gewerblichen Wirtschaft Paroli zu bieten, sehr eingeengt sind. Infolge der hier bestehenden Klemme beginnen sich heute bereits akute Sorgen bezüglich der Gewinnung qualifizierter Berufseinmünder auszubreiten. Die ö.V. fühlt sich in dieser Lage gedrängt, den einzigen Ausweg, der ihr noch verbleibt zu nutzen, d.h. die Attraktivität des öffentlichen Dienstes im Wege der Steigerung »nicht-finanzieller Anreize« zu erhöhen. Hiermit wird die ö.V. aber in eine frontale Begegnung mit den Folgen des Wertewandels im Bereich der Arbeitseinstellungen und -erwartungen hineingetrieben. Sie wird, anders ausgedrückt, dazu gezwungen, auf die Suche nach Motivierungsstrategien zu gehen und hierbei in den Wettbewerb mit der gewerblichen Wirtschaft einzutreten, die diesen Weg der Leistungsoptimierung inzwischen ihrerseits entdeckt hat und gegenüber den finanziellen Anreizen in den Vordergrund zu stellen beginnt.

Aus der demographischen Entwicklung erwächst der ö.V. somit letztlich derjenige bisher weitgehend noch fehlende Problemdruck, der sie dazu zwingt, den gesellschaftlichen Wertewandel als eine Modernisierungsherausforderung anzunehmen.

2. Bisherige Reaktionen der öffentlichen Verwaltung auf die Herausforderung des Wertewandels (Ist-Analyse)

2.1. *Der Stellenwert der Fragestellung*

Wenn man sich mit der Thematik der Modernisierung der öffentlichen Verwaltung in einer praxisbezogenen, d.h. letztlich auf Handlungsempfehlungen zielenden Weise beschäftigt, dann kommt man unter keinen Umständen daran vorbei, sich darüber Rechenschaft abzulegen, was bereits – in richtiger oder falscher Richtung – geschehen ist. Nur auf dem Hintergrund einer solchen Ist-Analyse kann ein Urteil darüber gefällt werden, inwieweit die ö.V. bislang zu einer »angemessenen« Reaktion auf den Wertewandel gelangte. Nur von ihr her kann letztlich auch ein erfahrungsbegründetes Urteil darüber abgegeben werden, wie umfangreich der aktuell bestehende Änderungsbedarf ist.

Angesichts des umfassenden Charakters, der dem Wertewandel als einem Herausforderungsfaktor zuzumessen ist, scheint einer solchen Anforderung auf den ersten Blick betrachtet nur auf dem Wege einer – hier gar nicht zu leistenden – Gesamtgeschichte und -analyse der Verwaltungsreform(en) in der (alten) Bundesrepublik entsprochen werden zu können.

Ein solcher erster Eindruck trügt zwar, da er diejenigen Möglichkeiten der Zuspitzung der Fragestellung und der Bewertungsperspektiven außer acht läßt, welche sich mit der Absage an den diffusen Katalogensatz (vgl. den Anfang dieses Textes) und mit dem Ansatz beim Wertewandel als einem kompakt analysierbaren Phänomen verbinden. Nichtsdestoweniger erscheint es notwendig, mit einiger Entschlossenheit zu vorgreifenden Gesamturteilen vorzustoßen und sich hinsichtlich ihrer Belegung selektiv zu verhalten.

In diesem Sinne soll zunächst die These aufgestellt werden, daß sich die ö.V. dem Wertewandel als einer Modernisierungsherausforderung – ungeachtet einer Vielzahl von Einzelschritten, die in die richtige Richtung wiesen – noch nicht in der erforderlichen Weise gestellt hat, so daß sich von einem gravierenden Modernisierungsdefizit sprechen läßt. Dieses Modernisierungsdefizit muß umso schwerwiegender erscheinen als der Wertewandel geeignet ist, sowohl – von außen her – die Legitimität der Verwaltung als auch gleichzeitig – von innen her – ihre Effizienz und Effektivität in Frage zu stellen. Die verhältnismäßig traditionale, an »bewährten« Grundsätzen und Werten orientierte Gesinnung, in welcher die Verwaltung bislang dem Wertewandel entgegentrat, wird dementsprechend einem grundlegenden Wandel unterzogen werden müssen. Es läßt sich absehen, daß dies ein schmerzhafter Prozeß sein wird, zumal die »richtige« Reaktion auf den Wertewandel ein Vorgang ist, der bereits auf der konzeptionellen Ebene Schwierigkeiten bereitet, die nur bei einem Heraustreten aus den Bahnen des gewohnten Denkens und Handelns überwunden werden können.

2.2. Bürgerbezogene Reaktionen der öffentlichen Verwaltung

2.2.1. Die Ausgangslage der ö.V. beim Einsetzen des Wertewandels wurde in einer einschneidenden Weise durch den etwa gleichzeitig anlaufenden Vorgang der Territorial- (oder Gemeinde- und Landkreis-)Reform bestimmt, die grob gesagt auf eine Erhöhung der Professionalität des Verwaltungshandelns durch eine Vergrößerung der kommunalen Verwaltungseinheiten zielte.

Man mag sich durchaus auf den Standpunkt stellen, daß die ö.V. der Bundesrepublik mit diesem Entschluß zum »Neubau der Verwaltung« (F.Wagener) einen erstaunlichen Beweis ihrer Reaktionsfähigkeit gegenüber gesellschaftlichen Entwicklungen und Wandlungen erbrachte, zumal diese Reform einen unmißverständlichen Bürgerbezug aufwies. Die Geschichte dieser Reform enthüllt allerdings, daß die ö.V. die Thematik, um die es ging, zunächst nur partiell erfaßte und daß sie hinsichtlich ihrer Reaktionsmuster zu wiederholten Korrekturbewegungen gezwungen wurde.

2.2.2. Es wird dies bereits darin deutlich, daß auf die Territorialreform im ursprünglichen Sinne des Wortes eine »Funktionalreform« folgen mußte, in welcher diejenigen Verluste an »Bürgernähe«, die durch die Vergrößerung der Verwaltungseinheiten entstanden, durch eine Delegations- und Dekonzentrationsbewegung kompensiert werden sollten.

Das Stichwort der »Bürgernähe« führte die ö.V. aber weit über diesen ersten Korrektur- und Erweiterungsansatz hinaus. Unter dem direkten Eindruck der Entstehung des seit dem Ende der 60er Jahre lautstark auf der gesellschaftlichen Bühne erscheinenden »schwierigen« Bürgers – das Jahr 1969 galt u.a. als ein Jahr der Bürgerinitiativen –

199

wurden in einer Mehrzahl einschlägiger Kommissionen »Entbürokratisierungs«-Konzepte, wie auch Maßnahmen zur Bekämpfung der »Gesetzes-, Normen- und Regelungsflut«, zur Einräumung partizipativer Chancen in Planungs- und Genehmigungsverfahren und zur Vereinfachung der Gesetzgebungs-, Rechts- und Verwaltungssprache erörtert. Es kamen vielfältige Ideen zur Erhöhung der »Bürgerfreundlichkeit« der Verwaltung im täglichen Umgang mit Behördenbesuchern hinzu.

2.2.3. Dies alles mutet im Rückblick sehr eindrucksvoll an. Fragt man nun aber – im Sinne einer Erfolgsevaluierung – nach der Effektivität aller dieser Ansätze, so muß man – mit einem gewissen Mut zur Abkürzung – von einer sehr weitgehenden Wirkungslosigkeit sprechen. Den eindrucksvollsten Beleg hierfür stellen diejenigen Umfrageergebnisse dar, aus denen sich ablesen läßt, daß sich die Einstellungen des »schwierigen« Bürgers zur ö.V. nicht verbesserten.

Die oft zitierte Entdeckung, daß die Verwaltungsbewertungen der Bürger umso positiver werden, je mehr sie sich auf konkrete Ämter und Sachbearbeiter beziehen, widerlegt diese Tatsache nur scheinbar. Die Grundeinstellung der Mehrheit der Bürger wird weiterhin durch Fremdheit und durch eine Mischung von Anspruchshaltungen und Mißtrauensneigungen bestimmt, die nur von denen überwunden wird, die aufgrund eigener beruflicher oder ehrenamtlicher Tätigkeiten als verwaltungsnah eingestuft werden können.

2.2.4. Der Eindruck einer weitgehenden Ineffektivität der auf »Bürgernähe« zielenden Reformbemühungen wird durch die ausbleibende Verwirklichung, wie auch durch die kraftlose oder halbherzige Ingangsetzung und das baldige Erlahmen zahlreicher Vorhaben verstärkt, die zeitweilig enthusiastisch diskutiert worden waren. Man gewinnt bei einem Gesamtüberblick das Gefühl, daß die Verwaltung in Anbetracht derjenigen dramatischen Erscheinungen, welche die Entstehung des »schwierigen« Bürgers mit sich brachte, zwar einen momentanen Schock durchlebte, daß sie sich aber anschließend »erholte«, um in »konservativere« Reaktionsmuster zurückzupendeln.

In der Tat wird man im Rückblick vieles, was in den 60er und 70er Jahren z.B. im Zusammenhang der »Partizipation« der Bürger gedacht und projektiert wurde, als unausgegoren anzusehen haben. Typischerweise standen in diesem Bereich zeitweilig holistische Vorstellungen von Fundamentaldemokratie im Vordergrund, denen das Signum eines »linken« Utopismus an die Stirn geschrieben war.

Kann somit die Tendenz der ö.V. zu einem Zurückpendeln in frühere Positionen keineswegs als abwegig bezeichnet werden, so bedeutet dies aber auch keineswegs, über dem gesamten Problemkomplex »die Akten schließen« zu können. Die Gesamtthematik, um die es seit der Territorialreform und während der »Bürgernähe«-Kampagnen ging, ist vielmehr nach wie vor unerledigt. Es kann ohne Schwierigkeit prognostiziert werden, daß ihre Rückkehr auf die Agenda bevorsteht oder bereits im Gange ist. Je früher und deutlicher in der ö.V. erkannt wird, daß eben hierin die »eine Seite« der aktuellen Herausforderung an ihre Innovationsfähigkeit besteht, desto besser.

2.3. Personalbezogene Reaktionen der öffentlichen Verwaltung

2.3.1. Auch auf der Personalseite gab es verhältnismäßig frühe Innovationen, in denen sich eine beachtliche Sensibilität der ö.V. gegenüber den im Gange befindlichen gesellschaftlichen Entwicklungen dokumentiert. Folgt man einer Darstellung von E.Laux, dann nahm insbesondere das Modell »Führung durch verstärkte Delegation« in der Verwaltungspraxis seit den 60er Jahren einen verhältnismäßig weiten Raum ein. Zu erwähnen sind im einzelnen Bemühungen um die Delegation des Zeichnungsrechts, wie auch Experimente mit umfassenden Führungsmodellen (Harzburger Modell, MbO, KGSt-Modell). Weiterhin wurde allenthalben eine Projektorganisation mit nicht-hierarchischen Managementformen eingeführt. Seit den 70er Jahren kam es endlich zu einer generellen Akzeptierung des sogenannten »kooperativen« Führungsstils.

2.3.2. Auch hier läßt sich also eine auf den ersten Blick betrachtet verhältnismäßig eindrucksvolle Bilanz bisheriger Reaktionen der ö.V. aufmachen. Auch hier führt allerdings die Erfolgsevaluierung zu einem ernüchternden Resultat.

Zwar erbringt die empirische Analyse der Arbeitssituation in der ö.V. eine Vielzahl von Ergebnissen, die ausgesprochen positiv anmuten. So läßt sich bei einer direkten Messung der Arbeitsmotivation über alle Verwaltungsbereiche hinweg – jedenfalls gegenwärtig noch – ein verhältnismäßig hoher Durchschnittswert ermitteln. Gleichzeitig stellen sich bei der Feststellung der Mittelwerte für die Zufriedenheit mit den Merkmalen der ausgeübten Tätigkeit recht ansehnliche Ergebnisse ein. Dasselbe gilt für das Ausmaß der subjektiv erlebten Kollegialität, für den Stellenwert des Berufs im Interessenspektrum der Bediensteten, wie auch z.B. für die durchschnittliche Einschätzung der organisatorischen Gegebenheiten in der jeweiligen Behörde.

Es finden sich bei näherem Zusehen allerdings auch eine Reihe von Problemindikatoren, bei deren Einbeziehung sich insbesondere die Zukunftsperspektive des so sonnig erscheinenden Bildes verändert. So ist aus den vorliegenden Untersuchungsergebnissen abzulesen, daß die Mehrzahl der Verwaltungsmitarbeiter den Eindruck hat, bei ihrer Tätigkeit ihre Fähigkeiten und Kenntnisse nicht voll einsetzen zu können. Weiterhin gibt es einen gewaltigen Überhang an unerfüllten Aufstiegsinteressen, eine sehr heftige Kritik am Übermaß kaum noch zu überschauender und auch oft nicht praxisgerechter Vorschriften, einen Leidensdruck angesichts allzu eingeengt erscheinender Handlungsspielräume, eine extrem schlechte Bewertung der Leistungsgerechtigkeit der Beförderungspraxis, wie auch ungezählte Klagen angesichts unausreichender Fortbildungsmöglichkeiten.

Besonders bedenklich müssen aber auch die Erkenntnisse über den in der ö.V. faktisch ausgeübten Führungsstil erscheinen. Über alle Verwaltungsbereiche hinweg betrachtet führen – aus der Sicht der befragten Mitarbeiter beurteilt – ca. 50% der Vorgesetzten ausgesprochen nicht- oder anti-kooperativ, d.h. auf eine motivationsbeeinträchtigende Weise. Ungeachtet der in einem großen Teil der Verwaltung erlassenen Führungsricht- oder Leitlinien ist die Realisierung des angestrebten Führungsverhaltens somit nicht gelungen. Dieser Befund wird dadurch unterstrichen, daß in der Vorgesetztenhierarchie Führungsstilfragen ganz offenbar kein Gesprächsthema sind. Man geht in der Praxis überwiegend von der stillschweigenden Annahme aus, daß die Ausübung der Personalführung gewissermaßen eine Privatangelegenheit der Führenden selbst ist. »Entweder man hat das Händchen oder nicht« – auf diese fatale »Persönlichkeitstheorie« reduziert sich weitgehend das führungsphilosophische Credo der ö.V. in der ersten Hälfte der 90er Jahre, d.h. also bereits in gefährlicher Nähe zu dem oft zitierten Jahr 2000, in welchem die Verwaltung nach der Auffassung gegenwärtiger Reformer einen Idealzustand der perfekten Modernisierung erreicht haben sollte.

3. Modernisierungsperspektiven der öffentlichen Verwaltung

3.1. *Strategische Vorüberlegungen*

Aus der doppelten Betroffenheit der ö.V. durch den Wertewandel leitet sich die Notwendigkeit der »Harmonisierung« von Programmen ab, die auf verschiedene Zielfelder gerichtet sind. Hierbei gibt es allerdings eine grundsätzliche Prioritätenrangfolge: Die ö.V. ist in erster Linie »für den Bürger da«, nicht für ihr eigenes Personal. An der »externen« Systemgrenze ist also anzusetzen. Die innere ist anschließend in Angriff zu nehmen und – unter möglichster Optimierung der mit ihr verbundenen Ziele – so zu gestalten, daß »Übereinstimmung« (d.h. mindestens Kompatibilität, nach Möglichkeit aber »Synergie«) gewährleistet ist.

3.2 *Bürgerbezogene Modernisierungsperspektiven*

3.2.1. Zentraler Ausgangspunkt ist, daß die ö.V. ihren traditionalen »hoheitlichen« Verhaltensstil ablegen und eine bürgerorientierte »Benutzeroberfläche« entwickeln muß.

3.2.1.1. Dies setzt erstens voraus, daß die ö.V. – soweit sie unmittelbar abrufbare (kaufbare) Leistungen ohne Anschluß- oder Abnahmezwang erbringt – ein Dienstleistungsverhalten entwickelt, das exakt dem werbenden Stil der Privatwirtschaft entspricht. Nach Möglichkeit sollten überall, wo dies der Fall ist, anreizvermittelnde Wettbewerbssituationen hergestellt werden, wobei es keine Rolle spielt, ob es sich um Wettbewerb mit privaten oder anderen öffentlichen Anbietern handelt. Alle gegenwärtig noch bestehenden öffentlichen Monopole sollten überprüft und nach Möglichkeit abgeschafft werden. Weiterhin sollte grundsätzlich überall die Privatisierung der Leistungserbringung als eine Möglichkeit ins Auge gefaßt werden. Entsprechende Prüfprozeduren verbindlichen Charakters sollten installiert werden.

3.2.1.2. Zweitens setzt dies voraus, daß die ö.V. überall dort, wo sie individuell abrufbare gesetzlich vorgeschriebene Leistungen zu erbringen hat, die formalisierten Prüfverfahrenserfordernissen unterliegen, den Bürger nicht mehr wie bisher dazu zwingt, ihre interne Zuständigkeitsverteilung »abzulaufen«. Das Prinzip des Aufbaus einer Benutzeroberfläche bedeutet in diesem Zusammenhang, daß

– eine »ganzheitliche« Sachbearbeitung eingeführt wird, die in der Lage ist, alle Aspekte einer Problemlage (nicht also nur eines »Falles«, da sich in Falldefinitionen in der Regel bereits verwaltungsinterne Zuständigkeitsverteilungen niederschlagen) aufzunehmen. Ggf. sind ämterübergreifende Teams aufzubauen, die eine kooperative Problembearbeitung gewährleisten, in denen jedoch jeder einzelne Mitarbeiter als ganzheitlich zuständiger Ansprechpartner des Bürgers zur Verfügung stehen muß (die bisher im Vordergrund stehenden »Freundlichkeits«-Appelle und -Trainings müssen demgegenüber unwesentlich erscheinen);
– dezentralisierte Bürgerinformations- und -beratungsstellen als Anlaufstellen eingeführt werden, die in der Lage sind, dem Bürger umfassende Informations- und Beratungsleistungen zukommen zu lassen, die sich auf sämtliche öffentlichen und privaten Bedingungen von Leistungsgewährung, wie auch auf Zuständigkeiten beziehen. Es muß zusätzlich die Möglichkeit geben, hier auch Beschwerden »loszuwerden« (der »Bürgerbeauftragte« sollte als inneradministrativ verfügbarer Controller, wie auch als Ansprechpartner für den Bürger in besonderen Fällen bestehen bleiben). Die Idee eines »Bürgeramts« oder »Bürgerbüros« mit der Direktzuständigkeit für Antragsbearbeitungen etc. wird mit der Maßgabe aufgegriffen, daß größere Gebietskörperschaften durchgängig über Außenstellen mit einem entsprechenden Leistungs- und Kompetenzprofil verfügen sollten. Das Prinzip der anreizvermittelnden Wettbewerbssituation könnte hiermit verbunden werden, indem es den Bürgern freigestellt wird, unabhängig von ihrem Wohnort nach eigenem »Gusto« jede beliebige Außenstelle aufzusuchen. In den Hauptstellen selbst sollte zwar eine Bürgeranlauf- und -beratungsstelle, jedoch kein gesondertes »Bürgeramt« eingerichtet werden. Wo die Idee mit einer solchen Akzentuierung verfolgt wird, überspringt sie den entscheidend wichtigen Beratungs- und Informationsaspekt und billigt dem professionellen Aspekt der Verwaltungsarbeit einen zu geringen Spielraum zu, so daß sie letztlich geeignet ist, auf seiten des Bürgers uneinlösbare Illusionen bezüglich der Einfachheit des Umgangs mit der Verwaltung entstehen zu lassen, die nur in Enttäuschungen und Frustrationen enden können.

3.2.2. Bürgerbeteiligung: Es muß hier zunächst auf die »Partizipations«-Emphase der 60er und 70er Jahre und auf ihre spezifische Schwäche eingegangen werden, die darin bestand, daß einer holistischen Vorstellung von »Fundamentaldemokratie« gefolgt wurde. Inzwischen sind aber praktikablere Modelle entstanden: die »kleinen« Bürgerinitiativen, die Stadtteilvertretungen mit Beratungs-, Initiativ- und Vorschlagsrechten und bestimmten Entscheidungskompetenzen, die verschiedenartigen Bürgerbeteiligungsregelungen im genehmigungsrechtlichen Bereich, wie letztlich auch die »Planungszelle« Dienelscher Provenienz.

Es sollten die rechtlichen Grundlagen des Verwaltungshandelns daraufhin überprüft werden, inwieweit sie partizipationsfördernde oder -hemmende Vorschriften enthalten. Gleichzeitig sollten die bereits bestehenden Partizipationsansätze – unter Verwertung bisher vorliegender Untersuchungsergebnisse – einer umfassenden Evaluierung unterzogen werden. Im Anschluß hieran sollten entsprechende Verwaltungsrechtsreformen eingeleitet werden.

3.3. *Personalbezogene Modernisierungsperspektiven*

3.3.1. Aus dem übergreifenden Ziel der »Produktion« von Motivation im Arbeitsprozeß selbst resultieren unmittelbar eine Reihe von Folgerungen. Bevor man ihnen nachgeht, muß man jedoch die immer wieder sofort auftauchende Frage beantworten, inwieweit der im Rahmen des Wertewandels beobachtbare Selbstentfaltungs-Pluralismus und die aus diesem resultierende unterschiedliche »Ansprechbarkeit« der Mitarbeiter überhaupt ein einheitliches Handlungskonzept zuläßt. Diese Frage muß mit folgender (Doppel-)These beantwortet werden:

a) Es ist notwendig (und möglich), mit einem einheitlichen Rahmen- oder Leitkonzept zu arbeiten, das sich an einem »Zieltypus« des wünschenswerten Mitarbeiters orientiert. Es kommt hierfür in erster Linie der »synthetische« Typus des aktiven Realisten in Frage, der eine organisationsfähige sozialpsychologische Modernität verkörpert.

b) Es gehört zu den wesentlichen Personalführungs- und -entwicklungsaufgaben der Vorgesetzten auf den verschiedenen Ebenen, die gleich nachfolgend zu kennzeichnenden Motivierungsbedingungen personenbezogen so auszudifferenzieren, daß eine typenspezifische Optimierung erreicht werden kann, ohne daß hierbei allerdings der genannte Zieltypus aus den Augen gelassen wird, der grundsätzlich in jedem Mitarbeiter als eine »objektive Möglichkeit« und somit als ein mehr oder weniger leicht realisierbares Potential steckt.

3.3.2. Es ist bei der Kennzeichnung der motivationsfördernden Bedingungen zunächst von der Frage auszugehen, ob Geld der erstrangige Motivator ist.

Auf diese Frage kann von F.Herzberg her geantwortet werden, dessen Zweifaktorenmodell »im Trend« der allgemeinen gesellschaftlichen Entwicklung liegt: Die mangelnde Verfügung über Geld – oder das Gefühl, bei seiner Zuteilung ungerechterweise benachteiligt zu werden – kann dementsprechend unzufrieden machen und dann auch motivationsdämpfend wirken. »Motivieren« kann Geld jedoch nur in Verbindung mit einem strikten Leistungsbezug, d.h. in Verbindung mit einem Meßsystem, das die Ermittlung von Zielerreichungsgraden und Zielüberschreitungen gestattet.

3.3.3. Es kommt aber hinzu, daß ein solches Meßsystem, wenn es erst einmal vorhanden ist, seine eigene Motivations-Produktivität enthüllt, da die Erreichung oder Überschreitung von Arbeitszielen – unter der Bedingung, daß sie vom einzelnen akzeptiert und verinnerlicht werden – direkt als ein nicht-materieller Anreiz zu wirken vermag. Die motivationstheoretisch vorgehende Fragestellung begegnet sich hier direkt mit der Managementtheorie (vgl. »MbO« bzw. »Führen durch Ziele«, »Managementzyklus«, etc.).

3.3.4. Mit dem Ansatz »Führen durch Ziele« verbindet sich unmittelbar – im Sinne der Entwicklung eines angemessen gestalteten Gesamtinstrumentariums – der Einsatz des »Controlling«, wie auch die Bereitschaft zum »Performance Measurement« (»PM«).

3.3.5. Der hiermit gewonnene Ansatz muß mit den sozialpsychologischen Erkenntnissen aus der Entwicklung von »Weg-Ziel-Modellen« etc. vermittelt werden: Arbeitsziele müssen die Mitarbeiter von den äußeren Bedingungen her gesehen erreichbar erscheinen und dürfen sie weder über- noch unterfordern. Diese Einsicht darf aber nicht auf eine passive Weise verstanden werden, sondern muß in eine aktive Vorgehensweise der Optimierung der Arbeitsbedingungen und der individuellen Kenntnisse und Fertigkeiten (vgl. das Stichwort Personalentwicklung) umgesetzt werden.

3.3.6. Arbeitsziele müssen den Mitarbeitern weiterhin – von ihren eigenen Wertverwirklichungserwartungen her gesehen – belohnend erscheinen.

»Belohnend« können – neben materiellen Anreizen – auch immaterielle Anreize wie Lob und Anerkennung, darüber hinaus aber natürlich auch Sowohl-als-auch-Anreize wie insbesondere glaubwürdig leistungsbezogene Beförderungsaussichten sein. Es ist von großer Bedeutung, daß in der ö.V. aus den hier vorliegenden Einsichten geeignete Konsequenzen gezogen werden, d.h. daß insbesondere eine leistungsbezogene und somit u.a. auch an Zielerreichungsgraden ausgerichtete Beförderungspraxis betrieben wird (vgl. hierzu nochmals das Stichwort Personalentwicklung).

3.3.7. Tätigkeiten sind – insbesondere für Menschen mit aktiv-realistisch ausgeformten Selbstentfaltungswerten – per se belohnend, soweit sie die Entstehung von »Leistungsmotivation« im engeren Sinne des Wortes zulassen. Gemeint ist hiermit die Möglichkeit, bei der Ausübung der Tätigkeit Erfolgserlebnisse haben und auf ihrem Hintergrund aufgrund eigener Entscheidungen einen selbstgesetzten Gütemaßstab steigern zu können. Voraussetzungen hierfür sind die Verfügbarkeit eines verhältnismäßig großen Handlungsspielraums, die Möglichkeit einer selbstverantwortlichen Tätigkeit und die Gewährleistung deutlich wahrnehmbarer Erfolgsrückmeldungen. Die Bedingungen hierfür sind in einer möglichst weitgehenden Entscheidungs- und Verantwortungs-Dezentralisierung, in der Ausschöpfung vorhandener Delegationsmöglichkeiten und in ihrer Steigerung durch Maßnahmen der Arbeitsgestaltung bzw. -strukturierung, wie auch wiederum durch die Realisierung des Prinzips »Führung durch Ziele« (vgl. oben) zu sehen.

3.3.8. Der per se (oder »intrinsisch«) belohnende Charakter von Tätigkeiten wird stark erhöht durch die Möglichkeit ihrer positiven Wahrnehmung, dadurch also, daß man sich von ihnen persönlich angezogen fühlen kann, daß sie den eigenen »Neigungen entsprechen« können, daß man sie als »interessant«, oder auch pauschal als »angenehm« empfinden kann. Diese Motivationsbedingung kann durch eine Fülle von Ansätzen gefördert werden, so durch eine den Mitarbeiterwünschen Rechnung tragende Arbeitsplatzzuweisung (vgl. hierzu nochmals das Stichwort Personalentwicklung), durch Arbeitsgestaltung bzw. -strukturierung, wie auch durch »kooperative Führung«.

3.3.9. Die Mitarbeitermotivation wird weiterhin durch eine leistungsbezogene Arbeitsatmosphäre positiv beeinflußt. Damit ist derjenige Klima-Faktor gemeint, der heute oftmals mit dem – teils mißverständlich verwendeten – Schlagwort des »Corporate Identity« angesprochen wird. Alles was eine solche Atmosphäre als einen überindividuellen Sachverhalt fördert, ist somit willkommen. Mögliche Entstehungsansätze finden sich sowohl auf der Ebene der öffentlichen Verwaltung selbst (vgl. das Stichwort eines »neuen (Dienstleistungs-)Ethos« des öffentlichen Dienstes), wie auch auf der Ebene einzelner Verwaltungsbereiche oder -zweige (vgl. z.B. den Zugehörigkeitsstolz der »Bundesbahner« oder der »Postler«), oder Behörden, wie letztlich auch auf der Ebene einzelner Organisationseinheiten, wo sie durch kooperative Führung stark begünstigt werden.

3.3.10. Nicht zuletzt entscheidet sich der Erfolg der »Produktion« von Mitarbeitermotivation in der Abwesenheit von Motivationsbarrieren. In einem sehr hohen Ausmaß wird das Ausmaß solcher Barrieren durch die Vernachlässigung der vorstehend unter 3.3.2. bis 3.3.9. genannten Motivationsbedingungen bestimmt. Es kommen an dieser Stelle aber auch zusätzliche Dinge hinzu, die bisher nicht genannt wurden, so etwa Konflikte innerhalb und zwischen Organisationseinheiten aufgrund unterschiedlicher Aufgaben- oder Leistungsvorstellungen oder z.B. aufgrund unscharfer Zuständigkeitsdefinitionen, daneben aber z.B. auch hohe Ausprägungen der bei sehr vielen Verwaltungsmitarbeitern vorhandenen »Furcht vor Mißerfolg«. Gefordert sind hier die Organisations- und Koordinationsfähigkeit der Führungskräfte, wie auch ein unsicherheitsabsorbierender (d.h. wiederum kooperativer) Führungsstil.

3.4. *Systemerfordernisse der Verwaltungsmodernisierung*

3.4.1. Wie bereits die vorstehenden Ausführungen sichtbar machen, gibt es im personalbezogenen Bereich eine immer wieder in Erscheinung tretende Wechselbeziehung zwischen den in Frage kommenden Modernisierungsansätzen. Das Prinzip der Führung durch Ziele, das Performance Measurement, das Controlling, die Arbeitsstrukturierung, die – in sich selbst vielgliedrige – Personalentwicklung, die Entscheidungs- und Verantwortungsdezentralisierung und die kooperative Führung stellen ganz offensichtlich die wechselseitig aufeinander hindeutenden Hauptelemente oder -säulen eines funktionalen Interdependenzfeldes dar. Es mag übertrieben sein, davon ausgehen zu wollen, daß die einzelnen Elemente nur unter der Bedingung Wirksamkeit entfalten können, daß auch die übrigen Elemente realisiert sind. Daß zwischen den genannten Elementen ein Verhältnis gegenseitiger Ergänzung besteht, ist jedoch eindeutig erkennbar. Jeder Ansatz der Verwaltungsmodernisierung, die diesen »systemischen« Aspekt vernachlässigt, wird nur verhältnismäßig niedrige Effizienz- und Effektivitätsgrade erreichen können. Umgekehrt kann davon ausgegangen werden, daß ein Modernisierungsansatz, der die zwischen den Einzelelementen bestehenden Vernetzungsmöglichkeiten ins Auge faßt und auschöpft, ein unabsehbar großes Synergiepotential freisetzen und nutzen kann.

3.4.2. Die oben angesprochene Notwendigkeit einer Harmonisierung der bürgerbezogenen und der personalbezogenen Aspekte der Verwaltungsmodernisierung unter Sicherung einer bürgerorientierten Benutzeroberfläche des Verwaltungshandelns unterliegt von daher betrachtet – ungeachtet ihrer Priorität – strikten Restriktionen. Es kann ohne weiteres festgestellt werden, daß jeder gravierende Eingriff in das interne Gefüge effizienz- und effektivitätsverbürgender Systembedingungen des Verwaltungshandelns negative »externe Effekte« hervorrufen müßte, welche letztlich auch wiederum problematische Rückwirkungen auf den bürgerbezogenen Bereich selbst haben müßten.

3.4.3. Glücklicherweise steht aber eine solche Inkompatibilitätsfrage nicht ernsthaft zur Diskussion. Zusammenfassend beurteilt wird das Prinzip der Gewährleistung einer bürgerorientierten Benutzeroberfläche durch die internen Systemerfordernisse der Verwaltungsmodernisierung nirgends grundsätzlich in Frage gestellt.

Allerdings ergeben sich von dieser Seite her Belastungen und Anforderungen, die die Erhebung des Harmonisierungsziels zu einer Gestaltungsaufgabe erzwingen.

So kann gar kein Zweifel daran bestehen, daß eine »ganzheitliche« Sachbearbeitung an die mit ihr befaßten Mitarbeiter sehr hohe Qualifizierungsansprüche stellt, die im Personalentwicklungskonzept zu berücksichtigen sind. Weiter kann z.B. aber auch kein Zweifel daran bestehen, daß die im Umgang mit dem »schwierigen« Bürger erforderliche intensivere Einzelfallzuwendung von den Verwaltungsmitarbeitern letztlich nur unter der Bedingung erbracht werden wird, daß sie in einem viel höheren Maße als bisher üblich in die Mitarbeiterbeurteilung einfließt. Weiter ist aber z.B. auch damit zu rechnen, daß die Ausweitung der Zuständigkeiten von Dienststellen auf die Zuständigkeitsbereiche anderer Dienststellen, wie sie durch die Einführung von fachlich uneingegrenzten Bürgerberatungsstellen und von Außenstellen mit Bürgeramtsqualität herbeigeführt wird, für die Verwaltung selbst zusätzliche Konfliktrisiken mit sich bringt. In allen Fällen sind neben der Personalentwicklung auch das Controlling und die Personalführungs- und Koordinationsfähigkeit der Vorgesetzten gefordert.

Mit anderen Worten wird durch das Erfordernis der Entwicklung einer bürgerorientierten Benutzeroberfläche der auf dem verwaltungsinternen Leistungssystem lastende Druck verstärkt. Der Differenzierungsgrad der zu berücksichtigenden Ziele und Leistungs- bzw. Erfolgsmerkmale vermehrt sich; potentielle Bruchstellen sind durch den Einsatz von Managementfähigkeiten und organisatorischen Sicherungen zu entschärfen.

3.5. Instrumentelle Bedingungen der Verwaltungsmodernisierung

Es kommt an dieser Stelle insbesondere die moderne Informationstechnologie ins Blickfeld, welche in einer nahezu universellen Weise die Verwirklichungsbedingungen der Verwaltungsmodernisierung auch dort mitbestimmt, wo sie sich an den Herausforderungen des Wertewandels orientiert. Eine ausführlichere Würdigung muß im vorliegenden Zusammenhang entfallen.

Es sei jedoch angemerkt, daß nach der hier vertretenen Auffassung das »Informationsmanagement« nicht als ein Substitut für die Reorganisation von Verwaltungsstrukturen (K.Lenk) verstanden werden kann. Es leitet sich diese Einschränkung, durch welche die Informationstechnologie auf eine instrumentelle Position festgelegt wird, unmittelbar aus der hier gewählten Wertewandels-Orientierung ab. Es wird davon ausgegangen, daß eine voll »informatisierte« Verwaltung grundsätzlich nur unter der Bedingung gleichzeitig eine nach außen »bürgernahe« und nach innen »motivationsfähige« Verwaltung ist, daß auch anderen Leistungs- und Erfolgsmerkmalen als einem optimierten Informationsfluß Rechnung getragen wird.

3.6. Implementationsaspekte der Verwaltungsmodernisierung

3.6.1. In der ö.V. dominiert die Auffassung, daß man »nicht alles zu gleicher Zeit« machen kann. Ungeachtet der Tatsache, daß diese Auffassung keinesfalls falsch ist, wird ihr oftmals in der Absicht gehuldigt, ein eklektisches, punktuell-symptombezogenes und systemische Verknüpfungen außer acht lassendes Vorgehen hyperpragmatischer Art zu rechtfertigen.

Dem hier vertretenen Standpunkt zufolge kann es einen ernsthaften Ansatz zur Verwaltungsmodernisierung, der den Anspruch erhebt, mehr als nur »Flickwerk« im Auge zu haben, ohne ein umfassendes Gesamtkonzept nicht geben.

Dies bedeutet zwar keineswegs eo ipso, daß die Implementation des Gesamtkonzepts in einem Zuge (oder simultan) erfolgen muß. Es ist jedoch zu beachten, daß bei einem »inkrementalen« Vorgehen nicht nur auf längere Sicht vielfältige Synergieeffekte entfallen, sondern darüber hinaus auch Funktionslücken und -störungen wahrscheinlich sind. So wird z.B. eine ganzheitliche Sachbearbeitung, die nicht im PE- und Personalführungsbereich abgesichert und gestützt wird, nur niedrige Performanzgrade erreichen können. Umgekehrt wird ein PE- oder Personalführungskonzept, das nicht auf die Erfordernisse einer bürgerorientierten Benutzeroberfläche eingeht, zu Fehlsteuerungen bei der Führungskräfteentwicklung führen müssen, etc.

Insgesamt gesehen legt sich von daher eine integrierte Implementationsstrategie nahe, die zwar »irgendwo« (d.h. dort, wo sich dies pragmatisch nahelegt) ihren Anfang nimmt, die jedoch einem Zeitplan folgt, welcher das Gesamtkonzept zugrunde legt.

3.6.2. Es kommt hier am Ende das Akzeptanzerfordernis eines Vorgehens nach den Grundsätzen der »Organisationsentwicklung« ins Blickfeld. In Verbindung hiermit taucht nochmals der Gesichtspunkt einer Verankerung der Verwaltungsmodernisierung in einem angemessenen »Corporate Identity« am Horizont des zukunftsorientierten Verwaltungshandelns auf.

Es wird allerdings an dieser Stelle nicht – oder noch nicht – in die lautstarke Verherrlichung dieses Gesichtspunkts eingestimmt, mit der sich öfters recht naive und überwiegend wohl auch illusionäre Vorstellungen über eine »bequeme« Lösung aller Modernisierungsprobleme der ö.V. auf dem Wege eines kollektiven Ethik-Konsenses zwischen allen Beteiligten verbinden.

Es sei in diesem Zusammenhang angemerkt, daß das Corporate Identity grundsätzlich als die Resultante der in ihm zusammenströmenden arbeitsklimatisch und organisationskulturell wirksamen Elemente der Verwaltungswirklichkeit anzusehen ist. Es ist somit eher ein Ergebnis der hier beschriebenen Handlungsansätze als ein unmittelbar anvisierbares Zielobjekt. Eine Verwaltungsorganisation, die ein positiv entwickeltes Corporate Identity hat, demonstriert, daß sie den aktuellen Herausforderungen, vor die sie sich gestellt sah, auf geeignete Weise gerecht zu werden vermochte, nicht aber, daß sie eine »Geheimwaffe« zur direkten Beeinflussung der Organisationskultur einzusetzen wußte.

Probleme und Perspektiven
der Systemtransformation

Wertewandel in den neuen Bundesländern
Fakten und Deutungsmodelle

(mit Thomas Gensicke)

I

Es ist in der letzten Zeit verschiedentlich bemerkt worden, daß im Hinblick auf die Werte- (oder, allgemeiner: Mentalitäts-)Entwicklung in Ostdeutschland unterschiedliche Deutungsmodelle kursieren. Bei dem Versuch, diese Deutungsmodelle zu charakterisieren, wurden bisher gewöhnlich Dichotomien aufgestellt. So konnte beispielsweise von einem skeptischen im Unterschied zu einem optimistischen »Szenario« (D. Fuchs, H.-D. Klingemann, C. Schöbel 1991, S.45), oder auch von typisch »westlichen« Fremddeutungen im Unterschied zu anders gelagerten ostdeutschen Selbstdeutungen (Th. Gensicke 1991) gesprochen werden.

Im Interesse einer stärkeren Fokussierung der weiteren Forschung scheint es sich zu lohnen, an diesem Punkt etwas stärker zu insistieren, d.h. über solche Dichotomien hinaus vorzustoßen und die Untersuchung der in Wirklichkeit vorhandenen zahlreicheren Deutungsansätze und ihres Verhältnisses zu den Daten einige weitere Schritte voranzutreiben.

Es soll im folgenden eine Annäherung an dieses Ziel unternommen werden, indem zunächst vier Deutungs*dimensionen* aufgewiesen werden, die bei der Beantwortung der Frage nach der Werte-Entwicklung in Ostdeutschland vor und nach der Wende, wie auch bei der Interpretation der Daten regelmäßig im Vordergrund stehen (und wahrscheinlich auch stehen müssen) und deren unterschiedliche Behandlung für den Charakter der jeweils eingenommenen Deutungsposition maßgeblich zu sein scheint.

Die *erste* Dimension betrifft den Wertewandel selbst und die mit ihr verbundene Entscheidungsfrage lautet, ob es in der DDR einen »Wertewandel«, der diesen Namen verdient, gab oder nicht. Es ist offenkundig, daß die Deutung der Werte-Entwicklung der Ostdeutschen von der Antwort auf diese Frage maßgeblich beeinflußt werden muß. Man schlägt notwendigerweise elementar unterschiedliche Deutungswege ein, wenn man diese Frage bejaht oder verneint.

Die *zweite* Dimension steht unter dem Stichwort »Modernisierungseinwirkung« und die zugehörige Entscheidungsfrage lautet, ob in Verbindung mit der Werte-Entwicklung der Ostdeutschen ein erklärungshaltiger Modernisierungseinfluß angenommen werden kann oder nicht.

Die *dritte* Dimension steht demgegenüber unter dem Stichwort »systemtypische Einwirkung« und sie betrifft die Entscheidungsfrage, ob die Werte-Entwicklung in Ostdeutschland in erklärungsrelevanter Weise durch Gegebenheiten beeinflußt wurde, die mit dem SED-Regime in Verbindung standen oder nicht.

Vordergründig betrachtet scheint es sich hier um eine Alternative zu den Modernisierungseinflüssen zu handeln. Es wird jedoch gleich nachfolgend deutlich werden, daß dies nicht notwendigerweise so sein muß, daß es vielmehr durchaus von den Daten selbst nahegelegte Möglichkeiten gibt, die Werte-Entwicklung in der DDR sowohl auf Modernisierungseinflüsse, wie auch gleichzeitig auf systemtypische Einwirkungen zurückzuführen.

Die *vierte* und letzte Dimension betrifft die Frage, ob langfristige zukünftige Unterschiede zwischen den Werten der Ostdeutschen und der Westdeutschen erwartet werden müssen oder nicht und ob in diesem Zusammenhang mit längerfristig wirksamen Mentalitätsdifferenzen zwischen den beiden Bevölkerungsteilen zu rechnen ist.

Offensichtlich ist diese letztere Dimension von den drei anderen nicht gänzlich unabhängig, denn je nachdem, wie man die mit ihnen verbundenen Entscheidungsfragen beantwortet, gelangt man einigermaßen zwingend zu der einen oder zu der anderen Folgerung. Es kann diese Einsicht aber kein Einwand gegen die Einbeziehung der Dimension sein. Man benötigt sie vielmehr unabdingbar, wenn man Portraits der bisher erkennbaren Deutungspositionen herstellen will, die deren kennzeichnende Züge wiederzugeben vermögen.

II

Wendet man sich nun eben diesen bisher erkennbar gewordenen Deutungs*positionen* zu, dann kann man schnell feststellen, daß in ihnen sämtliche Varianten der Verbindung mit den vorstehend genannten Dimensionen auffindbarer Entscheidungsmöglichkeiten in Erscheinung treten und auch – mehr oder weniger intensiv – mit Daten belegt werden. Mit anderen Worten sind diese Deutungen sehr widersprüchlich und auf den ersten Blick betrachtet scheinen es auch die Daten zu sein.

Man trifft den wirklichen Sachverhalt aber wohl genauer, wenn man feststellt, daß die Daten verhältnismäßig komplex sind, sodaß sie sehr verschiedenartigen Deutungsmodellen, die an dieser Komplexität mehr oder weniger vorbeigehen, Anhaltspunkte und scheinbare Bestätigungen zu liefern vermögen.

Wir wollen uns nunmehr *drei* dieser Positionen zuwenden, die sich vor allem deshalb in erster Linie als Untersuchungsobjekte anbieten, weil sie in der gegenwärtigen Diskussion eine besonders signifikante Rolle spielen.

Es sei an *erster* Stelle eine Deutung genannt, derzufolge in der DDR zwar eine Wandlungsentwicklung der Werte stattfand, die jedoch nicht von den im Westen maßgeblichen Modernisierungseinwirkungen, sondern vielmehr ganz überwiegend von den Existenzbedingungen der Menschen unter dem Herrschaftssystem der SED geprägt war. Dieser Deutung zufolge wurden die Menschen unter diesen »entmündigenden« Bedingungen – im Gegensatz zu den parteioffiziellen Zielbekundungen – ihrer Initiative und Selbständigkeit beraubt, oder auch zu einem opportunistischen Anpassungsverhalten gezwungen, das im Endeffekt in mangelnder Selbstsicherheit und Resignation, wie auch in Unterwürfigkeit und Perspektivenlosigkeit resultierte (vgl. Joachim Maaz 1990). Typischerweise wird da, wo man dieser Deutung zuneigt, von einer tief verankerten Werte- und Mentalitätsdeformation ausgegangen. Als aktuelle Datenbelege für sie werden z.B. Ergebnisse des Allbus 12/1990 ins Feld geführt, denen zufolge im Osten viel größere Ansprüche an den Staat bestehen als im Westen, sodaß also – so wird jedenfalls interpretiert – Anlaß bestehe, vom Vorhandensein einer »Versorgungsmentalität« auszugehen. Mit dieser Deutung verbindet sich regelmäßig die Annahme langfristig nachwirkender negativer Folgen. »Vermutlich wird«, so heißt es z.B. bei Peter Eisenmann (1991, S.9), »noch mindestens ein Generationswechsel erfolgen müssen, um von einem unvoreingenommenen Hineinwachsen in die neue demokratische Gesellschaft in den neuen Bundesländern sprechen zu können«.

Das *zweite* Deutungsmodell weicht von diesem ersten in wesentlicher Hinsicht ab, indem es davon ausgeht, daß es der SED-Führung weder auf direktem noch auf indirektem Wege gelang, entscheidende Einbrüche in die Mentalitätsstruktur der Bevölkerung zu erzielen. Es wird vielmehr davon ausgegangen, daß es in der Bevölkerung der DDR zu einer weitgehenden mentalen Einigelung und zur Konservierung derjenigen kleinbürgerlichen Wertesubstanz kam, die in Deutschland um die Jahrhundertmitte dominierte. Es wird im Rahmen dieses Modells angenommen, daß hierbei die Entstehung einer »Nischengesellschaft« eine wesentliche Rolle spielte, welche einen mehr oder weniger systemindifferenten Raum der Privatheit jenseits der vom System beherrschten Bereiche des Gesellschaftsprozesses sicherzustellen vermochte. Konsequenterweise wird davon ausgegangen, daß in der DDR kein mit den Vorgängen im Westen vergleichbarer Wertewandel stattfand, wenngleich eine grundsätzliche Bereitschaft dazu besteht, Ansätze hierzu anzuerkennen, wie sie z.B. von Walter Friedrich für die DDR-Jugend festgestellt wurde (W. Friedrich 1990). Die strukturellen Modernisierungen, die in der DDR stattfanden, konnten sich, so wird angenommen, auf der Mentalitätsebene nicht oder nur sehr begrenzt auswirken, sodaß sich gewissermaßen ein Modernisierungsstau entwickelte. Insbesondere auch angesichts der inzwischen erfolgten Eingliederung der DDR in das Staats-, Rechts- und Gesellschaftssystem des Westens wird davon ausgegangen, daß allerdings eine kurzfristige »Nachholung« des Wertewandels möglich ist, daß also nicht notwendigerweise mit langfristigen Mentalitätsunterschieden zwischen West- und Ostdeutschland gerechnet werden muß – vorausgesetzt daß der gegenwärtige »Modernisierungsschock« (Werner Weidenfeld und Karl-Rudolf Korte 1991) bald überwunden werden kann, der die Gefahr eines Rücksturzes der Bevölkerung in die Nischengesellschaft und eines Abgleitens in eine Versorgungs- und Zuteilungsmentalität mit sich bringt.

Als Datenbelege kommen für diese zweite Deutungsposition erstens diejenigen Umfrageergebnisse aus der letzten Zeit in Betracht, aus denen sich ein Konservatismus- und Materialismusüberhang im Osten ablesen läßt (vgl. hierzu z.B. Willi Herbert und Rudolf Wildenmann <1991>, die aufgrund einer Erhebung im Frühjahr 1990 von einer »hohen Bedeutung materialistischer und hedonistischer Werte, sowie von Fleiß und Ehrgeiz und Sicherheit« in Ostdeutschland sprachen). Zum zweiten geraten im Rahmen dieser Deutung aber auch Ergebnisse von Datenanalysen ins Blickfeld, denen zufolge es im Jahr 1990 in der DDR noch gänzlich ungewöhnliche, auf nischengesellschaftliche Kommunikations- und Solidaritätsbezüge hinweisende Korrelationen zwischen Materialismuswerten und Werten wie »Phantasie und Kreativität«, »Toleranz«, »Hilfsbereitschaft«, »Partnerschaft« und »Anerkennung durch Freunde« gab (H. Klages, 1991). Drittens wird im Rahmen dieser Deutungsposition aber auch allen denjenigen aktuellen Daten eine besondere Aufmerksamkeit gewidmet, die sich auf die gegenwärtige Entwicklung der Akzeptanzbereitschaften, Zufriedenheitsneigungen und Zukunftsantizipationen in der Bevölkerung der neuen Bundesländer beziehen. Insgesamt gesehen kann also davon ausgegangen werden, daß der Datenbezug dieser zweiten Deutungsposition wesentlich breiter und intensiver ist als der der ersten Position.

Die *dritte* Deutungsposition liefert zunächst nochmals ein – sehr entschiedenes – Gegenbild zu der ersten. Sie setzt sich aber gleichzeitig auch von der zweiten ab, indem sie sehr nachdrücklich davon ausgeht, daß in der DDR ein massiver Wertewandel stattgefunden habe, der von Modernisierungsbedingungen bestimmt gewesen sei und der in wesentlicher Hinsicht dieselbe Richtung einschlagen konnte wie der Wertewandel in Westdeutschland.

Es wird hierbei erstens unterstellt, daß die politisch-ideologische Strategie der SED einen Entschichtungs- und Enttraditionalisierungseffekt hatte, der als Pendant zur »nivellierten Mittelstandsgesellschaft« des Westens eine »nivellierte Arbeitergesellschaft« säkularisierten Charakters entstehen ließ. Zweitens wird davon ausgegangen, daß auch im Osten – teils auf dem historischen Hintergrund einer hochentwickelten Industriestruktur – Entwicklungen der Wirtschafts- und Berufsstruktur stattfanden, die trotz aller Einzelabweichungen in dieselbe Richtung wiesen wie die Wandlungen im Westen. Es wird weiterhin drittens davon ausgegangen, daß auch hier eine verstädterte Gesellschaft vorhanden war, die einen – vergleichsweise bescheidenen – Massenwohlstand entfalten und angesichts absinkender Arbeitszeiten den Übergang zur Freizeitgesellschaft beginnen konnte. Viertens wird endlich aber auch sehr nachdrücklich auf die »Freiräume persönlicher Entfaltung und Eigenständigkeit« Bezug genommen, die es in der DDR, wie angenommen wird, für alle diejenigen gab, die dazu bereit waren, auf die von den Herrschaftsträgern angebotenen privilegierten Karrierechancen zu verzichten (vgl. zu alledem Thomas Gensicke 1991). Konsequenterweise wird auf diesem Hintergrund angenommen, daß insbesondere für die Jugend Ostdeutschlands der Übergang in das westliche System keinerlei Zwang zu einem fundamentalen Mentalitätswandel mit sich bringt. Es bedarf hierzu, so wird angenommen, allenfalls kurzfristiger Anpassungs- und Umstellungsprozesse, wobei – ähnlich wie bei der zweiten Position – den gegenwärtigen Modalitäten des »Aufschwungs Ost« eine besondere Bedeutung beigemessen wird.

Kurz gesagt ist der Datenbezug dieser dritten Position gegenüber der zweiten nochmals verbreitert, indem hier insbesondere diejenigen Daten aus der DDR in den Aufmerksamkeitsbereich gelangen, welche Mentalitätswandlungen im Zuge von Modernisierungsprozessen indizieren. Zusammen mit den entsprechenden strukturellen Daten interessieren hier z.B. Daten über die Entwicklung der religiösen Bindungen, der Scheidungsquoten und der unehelichen Kinder; dann aber natürlich auch Daten über die Entwicklung der subjektiven Prioritäten (oder »Werte«) und Ansprüche, der Zufriedenheiten, der Situationseinschätzungen und -bewertungen, des politischen Interesses und z.B. der Systemloyalität. Es wird hier auch mit einer vermehrten Dringlichkeit nach Längsschnittdaten gesucht, um die Dynamik der Entwicklungen zu entschlüsseln und auf diesem Wege z.B. der Beziehungen zwischen sozialstrukturellen und mentalen Modernisierungsentwicklungen habhaft zu werden.

III

Läßt man nun die drei Positionen in derjenigen Reihenfolge, in der sie vorstehend behandelt wurden, nochmals im Zusammenhang Revue passieren, so kann man hinsichtlich der jeweils erreichten Breite und Intensität der Datenerfassung und -verarbeitung eine aufsteigende Reihe konstatieren, die keinesfalls zufälliger Natur ist. Die erste Position enthüllt sich dabei, kurz gesagt, als eine stark von eingewurzelten westlichen Totalitarismus-Konzepten und -Vorstellungen beeinflußte Position, die ihre Formung in der kämpferischen Auseinandersetzung mit dem Weltkommunismus erhielt und die sich die Menschen, die dem kommunistischen Herrschaftsanspruch unterworfen waren, immer nur als bedauernswerte Opfer oder als Mittäter vorstellen konnte. Es besteht hier zu den empirischen Daten ein hochgradig selektives Verhältnis, das von den präexistenten Grundüberzeugungen her gesteuert wird.

Solche Neigungen sind in der zweiten Position überwunden. Es besteht hier jedoch eine ebenfalls nicht unproblematische Neigung, hinsichtlich der Verhältnisse in der ehemaligen DDR pauschal dem Schlüsselkonzept einer »gestörten« (genauer gesagt: gehemmten) Sozialisation zu folgen, das erst auf der Ebene der dritten Position aufgegeben wird. Wir erzielen, *so betrachtet*, beim Übergang von der ersten zur zweiten und von der zweiten zur dritten Position sowohl Zuwächse an »Vorurteilsfreiheit«, wie auch gleichzeitig Gewinne an Datenintegrationsfähigkeit und es *mag* von daher gerechtfertigt erscheinen, die von der ersten zur dritten Position hinführenden Reihe als eine Fortschrittsreihe zu interpretieren.

Allerdings wäre es nun sicherlich falsch, davon auszugehen, auf der Ebene dieser dritten Position sei bereits das Maximum der wünschbaren Objektivierung erreicht. Zwar können der dritten Position sehr beträchtliche Verdienste hinsichtlich der Öffnung des empirischen Blicks für zeitlich zurückliegende Vorgänge innerhalb der DDR zugeschrieben werden, die im Westen über die Jahrzehnte hinweg erstaunlicherweise verborgen blieben und die dort vielfach auch heute noch auf Indifferenz oder Unglaubigkeit stoßen, da sie kognitive Dissonanzen hervorrufen. Auf der anderen Seite ist jedoch unübersehbar, daß das auch das dritte Modell von einem sehr stark ausgeprägten, in einer bestimmten Richtung verlaufenden subjektiven Erkenntnisinteresse geleitet ist, von dem nämlich, der massiven Unterschätzung der DDR und der neuen Bundesländer durch die »Wessis« ein kräftig korrigierendes, Kontrastakzente setzendes Gegenbild entgegenzusetzen. Insoweit ist auch das dritte Modell noch von derjenigen mentalen Konfliktdynamik mitbestimmt, welche den Vereinigungsprozeß gegenwärtig bis in sublime Höhenlagen sozialwissenschaftlicher Konzeptentwicklungen hinein begleitet. Auch diesem Modell haftet – wenngleich von einer entgegengesetzten Seite her – noch ein seine Objektivitätschance beeinträchtigender Mangel an Differenzierungsfähigkeit an. Es repräsentiert gewissermaßen denjenigen groben »Keil«, der dem groben »Klotz« der implizite unterlaufenden »Ossi«-Diffamierung Paroli zu bieten vermag, nicht also bereits denjenigen abschließenden Schritt der Entsubjektivierung, den man sich im Interesse der Gewinnung eines unbeeinflußt-informativen Bildes wünschen mag.

So betrachtet läßt die aufsteigende Reihe der drei Modelle die Skizzierung eines *vierten* Modells zu, das in der Richtung einer weiteren Objektivierung noch einige zusätzliche Schritte vollzieht, wenngleich es wahrscheinlich nicht beanspruchen kann, ein endgültiges Modell zu sein.

Dieses vierte Modell nimmt Elemente vor allem des zweiten und dritten Modells auf und fügt ihnen einige weitere hinzu, sodaß es notwendigerweise komplexer ist. Von daher verbindet sich mit diesem vierten Modell auch ein nochmals vergrößerter Datenbedarf, wie auch, wahrscheinlich, ein weiter verstärkter Datenverarbeitungsanspruch. In grober Skizzierung enthält das vierte Modell die folgenden *Grundannahmen*, die einer empirischen Überprüfung zugänglich sind, für die teilweise auch bereits Daten zur Verfügung stehen:

Das Modell geht *erstens* davon aus, daß es in der DDR vor allem in der Jugend nachweislich einen zunehmenden Wertewandel gab, in dessen Verlauf Selbstentfaltungswerte an Boden gewannen und der somit grundsätzlich gesehen mit dem Wertewandel in der (alten) Bundesrepublik kompatibel ist, wenngleich er mit diesem keinesfalls identisch gesetzt werden kann.

In Tabelle 1 wird ein besonders aufschlußreicher Beleg hierfür präsentiert, der von Th. Gensicke erarbeitet wurde. Es handelt sich um die Ergebnisse einer auf Daten aus dem Jahr 1990 aufbauenden vergleichenden Analyse der in der (alten) Bundesrepublik und der im Übergang befindlichen DDR auffindbaren »Wertetypen« (vgl. zur Erläuterung der Vorgehensweise und der in der Tabelle verwendeten Typenbezeichnungen Anhang 1).

Es zeigt sich, daß im Jahr 1990 zwischen den in West- und Ostdeutschland auffindbaren Wertetypen erstaunliche qualitative und quantitative Ähnlichkeiten bestanden. Es mag als besonders bemerkenswert registriert werden, daß der eine Wertesynthese repräsentierende Typus des »aktiven Realisten«, dem in früheren Veröffentlichungen eine Schlüsselfunktion für die künftige Demokratie- und Gesellschaftsentwicklung in Westdeutschland zugeschrieben wurde (Klages 1988, S.118 ff.), wider Erwarten in Ostdeutschland in derselben Größenordnung in Erscheinung tritt.

Tabelle 1: Anteile und durchschnittliches Alter der Werttypen

Wertetyp-Ost	Alter (Mittelwert)	%	Wertetyp-West	Alter (Mittelwert)	%
Konservativer	53	17.4	Konservativer	59	11.4
Resignierter	53	9.8	Resignierter	52	14.8
Entfaltungsorientierter Konservativer	50	9.7	Entfaltungsorientierter Konservativer	52	6.8
Hedo-materialistischer Konservativer	46	10.2	Hedo-materialistischer Konservativer	50	11.7
Aktiver Realist	43	18.1	Aktiver Realist	48	20.8
Hedonistischer Materialist	38	8.8	Hedonistischer Materialist	41	8.8
Entfaltungsorientierter Idealist	41	8.4	Entfaltungsorientierter Idealist	41	10.8
Aktiver Hedo-Materialist	35	17.6	Aktiver Hedo-Materialist	40	14.8
Mittelwert gesamt	45	100		48	100

Quelle: Eigene Berechnungen auf der Basis eines Datensatzes der FGE Mannheim vom März/April 1990, n=808 (DDR), n=1700 (BRD). Die 8 Typen in der ehemaligen DDR und der BRD wurden aufgrund von 8 möglichen Verknüpfungen von hohen und tiefen Ausprägungen auf jeweils 3 Dimensionen gebildet, die durch Faktorenanalysen ermittelt wurden. Die Dimensionen sind 1. "Selbstentfaltung, idealistisches Engagement", 2. "Konservatismus" und 3. "Hedonismus, Materialismus" (weitere Erläuterungen im Anhang 1).

Zweitens wird im vierten Modell nun aber auch – ganz ebenso wie im dritten Modell – strukturellen Modernisierungseinwirkungen ein erhebliches Gewicht zuerkannt. Es wird hierbei davon ausgegangen, daß die Evidenz der in diese Richtung weisende Datenbelege, die von ostdeutschen Analytikern wie Walter Friedrich, Thomas Koch und Thomas Gensicke beigebracht wurden, dermaßen erheblich ist, daß man schlechterdings nicht an ihnen vorbeigehen kann. Es verbindet sich mit dieser Entscheidung zunächst keine Stellungnahme in dem Streit darüber, ob die DDR ein »moderner« oder nur ein »semi-moderner« (W.Zapf) Industriestaat war. Daß sie ein Industriestaat war und daß dies – auch auf der Ebene der Wertorientierungen der Bevölkerung – gesellschaftliche Folgen hatte, die teils auch von der Parteiführung der SED zwangsweise mitgetragen oder hingenommen werden mußte, steht jedoch, das wird im vierten Modell angenommen, völlig außer Frage.

Dieses Modell geht nun allerdings in Abweichung vom dritten Modell weiterhin davon aus, daß die Entwicklung der Wertorientierungen in der Bevölkerung der DDR gleichzeitig in einem sehr erheblichen Maße auch von *systemttypischen* Einwirkungen mitbestimmt wurde. Das Modell fällt an diesem Punkt jedoch keineswegs auf das »Entmündigungs«-Paradigma des ersten Modells zurück, sondern befleißigt sich vielmehr einer differenzierenden Hypothesenbildungsarbeit. Dem gegenwärtigen Stand zufolge geht das vierte Modell hierbei von einer in der DDR abgelaufenen Entwicklung aus, die sich in einer *Phasenabfolge* etwa folgender Art ausdifferenzieren läßt:

Phase 1 (eine sehr lange, über mindestens zwei Jahrzehnte hinweg währende Phase!): Einsetzen ideologisch bestimmter gewaltsamer Enttraditionalisierungsvorgänge; gleichzeitig aber auch: ideologische »Überformung« bestimmter traditionaler Werte, die dadurch stabilisiert werden (Beispiele: arbeitszentriertes Selbstverständnis; quasikleinbürgerliche Konsumbeschränkung; egalitäre Sozialordnung mit Werte-Entsprechungen in der herkömmlichen (Teil -)Gesellschaft der »kleinen Leute«);

Phase 2 (eine verhältnismäßig spät anschließende Phase!): innere Abnabelung wachsender Teile der Gesellschaft vom System; Entstehung einer informal-nischengesellschaftlichen Privatsphäre bei gleichzeitiger Ausbildung einer mit Rollendistanz verbundenen adaptiven Verhaltenskompetenz gegenüber den Herrschaftsträgern als einer DDR-spezifischen systemtypischen Modernisierungskomponente (vgl. hierzu die Tatsache, daß in der Bevölkerung in der Regel sowohl die systemoffizielle Normsprache, wie auch eine von Vorsichtsmotiven mitbestimmte Öffentlichkeitssprache und eine von solchen Zwängen befreite Privatsprache beherrscht wurden). Gleichzeitig *auch* Nutzung von »Freiräumen« innerhalb der vom System beherrschten Räume (diese im Deutungsmodell 3 plakativ betonte Komponente wird im Modell 4 zwar aufgenommen, zugleich aber relativiert).

Phase 3 (während der 80er Jahre einsetzend): Zunehmende Abwendung großer Bevölkerungsteile von dem unglaubwürdig werdenden System (vgl. auch A. Köhler 1991); Steigerung der Rollendistanz unter Ausbildung massenwirksamer devianter Verhaltenspraktiken (vgl. z.B. die in dieser Phase alltäglich werdenden gefälschten Erfolgsmeldungen im Rahmen des »sozialistischen Wettbewerbs«); zunehmende Orientierung an dem über das Fernsehen zugänglichen Alternativsystem des westlichen »Klassenfeindes«, das geradezu einer Idealisierung verfällt; ansteigende Rangposition hedonistischer Werte vor allem in der Jugend, prärevolutionäre Disposition.

Tabelle 2 (Erläuterungen und Quellenhinweise in Anhang 2) liefert eindrucksvolle Datenbelege zu der in dieser Phase stattfindenden Wertedynamik.

Phase 4 (in der Zeit der Wende): Einstellung auf die in Verbindung mit dem Übergang ins westliche System antizipierten neuen Anforderungen und Chancen: Aktualisierung vorhandener Wertereserven in Richtung eines »konventionalistischen Selbstbezugs« mit der Folge eines Wiederanstiegs kurze Zeit vorher noch absinkender Werte wie Arbeitsethos, Selbstkritik, Wissen: Die »Wende« als Wertewandelsgenerator!

Das überraschende, im Westen bisher noch kaum registrierte wertewandelsdynamische Geschehen in dieser Phase wird höchst eindrucksvoll demonstriert durch die Grafiken 1 und 2.

Auf die abschließende Frage nach der *Erwartbarkeit langfristig fortbestehender Unterschiede* zwischen den Werten der Westdeutschen und der Ostdeutschen antwortet das Deutungsmodell 4 mit einem konditionalen »Jein«, das auf alternativ mögliche Entwicklungen im situativen Bereich abhebt.

Es wird hierbei davon ausgegangen, daß die gegenwärtige Umbruchsituation in den neuen Bundesländern für die Bevölkerung extreme sozialpsychologische Belastungen mit sich bringt, die durchaus mit wandlungsauslösenden Folgen auf die Wertesphäre durchschlagen können. Hierbei wird insbesondere in Rechnung gestellt, daß die Bevölkerung durch den buchstäblich »über Nacht« erfolgten Systemwechsel in die Situation eines »funktionalen Analphabetismus« mit der Folge eines kognitiven Überforderungsschocks versetzt wurde und daß gleichzeitig aufgrund der unerwartet harten sozio-ökonomischen Umstellungskrise ein kollektives »post-decision regret« eingesetzt hat. Es wird angenommen, daß die Bevölkerung unter diesen beiden Bedingungen in eine sehr labile mentale Situation versetzt ist, die nicht mehr eindeutig von vorhandenen Wertgrundlagen her in einer voraussehbaren Richtung gesteuert wird, die vielmehr umgekehrt ihrerseits auf die Wertesphäre aktualisierend und selektierend einwirkt.

Tabelle 2: Wertverschiebungen bei DDR-Lehrlingen 1975 – 1989
Zustimmungen »ohne Einschränkungen«

Werte	1975	1985	1989
Hedonismus/Materialismus:			
Öfter etwas Verrücktes erleben, Abenteuer haben	14	40	52
Sich nach der Mode richten, sich etwas Luxus leisten	22	43	44
Liebe und Sex voll genießen	36	50	66
Auto anschaffen	13	43	58
Hoher Wohnkomfort	50	74	86
Konventionalistischer Selbstbezug:			
Hohe Anerkennung erreichen, etwas gelten	13	18	32
Selbstkritik, Selbsterziehung	30	35	40
Gerechtigkeitsstreben, Selbstlosigkeit	32	33	47
In einer guten Arbeit eine hohe Ehre sehen, es beruflich zu etwas bringen	33	24	55
Bildungsstreben	38	28	36
Informalität:			
Einen Kreis guter Freunde haben	42	69	89

Quelle: W. Friedrich 1990/ Giese 1991

Grafik 1: Materielles und Lebensgenuß wichtiger Zeitlicher Verlauf von Lebenszielen bei DDR-Lehrlingen (ohne Einschränkung in %)

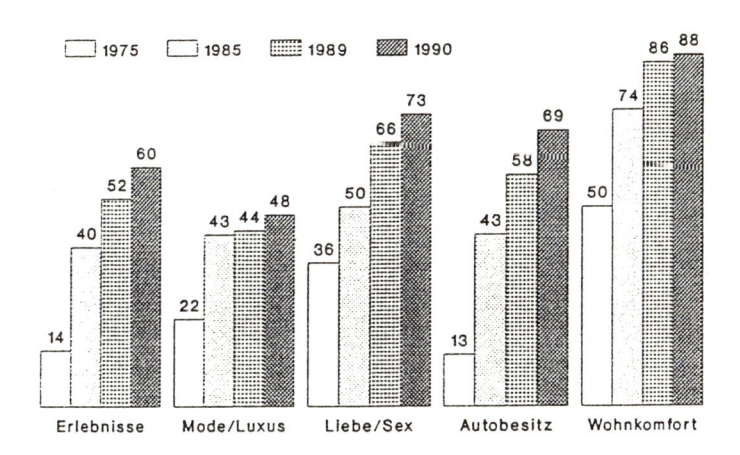

	1975	1985	1989	1990
Erlebnisse	14	40	52	60
Mode/Luxus	22	43	44	48
Liebe/Sex	36	50	66	73
Autobesitz	13	43	58	69
Wohnkomfort	50	74	86	88

Quelle: Friedrich/Giese 1990; Friedrich 1990

Grafik 2: 1989 Durchbruch beim Arbeitsethos Lebensziele im Zeitverlauf bei DDR-Lehrlingen (ohne Einschränkungen in %)

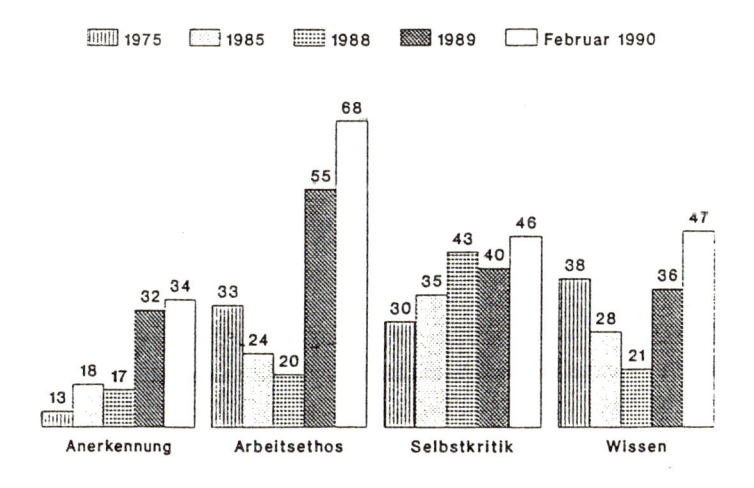

	1975	1985	1988	1989	Februar 1990
Anerkennung	13	18	17	32	34
Arbeitsethos	33	24	20	55	68
Selbstkritik	30	35	43	40	46
Wissen	38	28	21	36	47

Quelle: Friedrich 199; ZIJ-Sudie 1988

227

Es lassen sich, dem Modell 4 zufolge, für die weitere Werte-Entwicklung zwei Szenarios der künftigen Werte-Entwicklung aufstellen, nämlich erstens ein *Positiv-Szenario*, dessen entscheidende Grundvoraussetzung die baldige Überwindung der gegenwärtigen Transformationskrise ist. Innerhalb dieses Szenarios ist mit einer verhältnismäßig problemlosen »Einfädelung« der ostdeutschen Werte-Entwicklung in die in Westdeutschland vorherrschende Werte-Dynamik zu rechnen.

Im Rahmen des alternativen *Negativ-Szenarios*, das von einem längeren Fortdauern der Transformationskrise ausgeht, ist dahingegen mit einer Reaktivierung (oder Re-Aktualisierung) der in den Entwicklungsphasen 2 und 3 erworbenen Einigelungs-, Distanzierungs- und Reaktanzdispositionen und mit einem Wiederaufleben der Werte der Nischengesellschaft zu rechnen. Die Entwicklung der Einstellungen zum westlich-marktwirtschaftlichen System und zu den es repräsentierenden politischen Kräften gleitet dann ins Negative ab. Es brechen dann diejenigen Konfliktpotentiale auf, von denen Herr Noll in seinem Referat gesprochen hat. Die Entwicklung einer – bis heute noch nicht vorhandenen! – »Versorgungs- und Zuteilungsmentalität« ist dann in den Bereich des Wahrscheinlichen gerückt.

IV

Wenn man vom Deutungsmodell Nr. 4 ausgeht, dann ergibt sich eine Reihe von *Folgerungen*, auf die abschließend eingegangen werden soll.

Es handelt sich *erstens* um Folgerungen für das *praktisch-politische Handeln*, bei denen es entscheidend darum geht, Stabilisierungen im situativen Bereich zu gewährleisten, welche geeignet sind, ein »Abstürzen« der Situationswahrnehmungen und vor allem auch der Zukunftsantizipationen zu verhindern, durch welche die Wertesphäre einschneidend betroffen sein würde. Es kommt hierbei erstens darauf an, einen stetigen Fluß positiver Aufschwungsignale zu gewährleisten, damit derjenige optimistisch gelagerte mittelfristige Zukunftshorizont erhalten bleiben kann, den es in den neuen Bundesländern gegenwärtig – noch! – gibt. Außerdem ist es aus der Perspektive des Modells 4 aber auch von großer Bedeutung, vor allem die durch Arbeitslosigkeit zwangs-inaktivierten Teile der Bevölkerung nicht »herumhängen« zu lassen, sondern unter Nutzung aller geeigneten Möglichkeiten in den gesellschaftlichen Prozeß wieder einzubinden.

Von größerem Interesse werden aber möglicherweise in diesem Kreise *zweitens* die *wissenschaftlichen* Folgerungen sein, die aus dem Deutungsmodell 4 abzuleiten sind.

Hierbei muß es erstens darum gehen, der selbstkritischen Reflexion der Verstricktheit der Sozialwissenschaftler in den Sozialprozeß einer wechselseitigen Aufschaukelung von Vorurteilen, den wir gegenwärtig im Verhältnis zwischen West- und Ostdeutschland (und umgekehrt) erleben und der sich, wie gesagt, in den Modellen 1, 2 und 3 dokumentiert, einen höheren Stellenwert als bisher einzuräumen. Eine wirklich aussichtsreiche Erörterung des Modells 4 ist m.E. nicht ausschließlich von den Daten oder von den Methoden her zu leisten, sondern setzt auch eine solche selbstreflexive Objektivierungsbemühung voraus.

Zum zweiten geht es darum, daß zwar eine größere Zahl derjenigen Modellelemente, welche die Mentalitätsentwicklung in der DDR betreffen, bereits heute recht gut durch Daten belegbar sind, daß es nichtsdestoweniger diesbezüglich aber noch erhebliche Lücken gibt. Der weiteren Kompilation und sekundäranalytischen Auswertung der verfügbaren Daten kommt dementsprechend vom Modell 4 her gesehen eine sehr große Bedeutung zu.

Drittens und letztens macht das Modell 4 aber vor allem auch deutlich, welch große Bedeutung der laufenden Primärdatenerhebung mit dem Ziel des Aufbaus von möglichst dichten Zeitreihen subjektiver Daten zukommt. Aufgrund des Modells 4 kann die These aufgestellt werden, daß die Wertedynamik unverändert in Gang ist und gerade in den unmittelbar vor uns liegenden Jahren weitere Phasen durchlaufen wird, die möglicherweise dramatische Veränderungen mit sich bringen und die für die längerfristige Mentalitätsentwicklung möglicherweise von ausschlaggebender Bedeutung sein werden.

Als jemand, der kein »großer Datenproduzent« mit gesichertem Etat ist, füge ich hinzu: Wer unter solchen Bedingungen an der empirischen Sozialwissenschaft heute spart, um sie vielleicht später einmal vermehrt zu fördern, wird mit hoher Wahrscheinlichkeit Versäumnisse auf sich nehmen müssen, die nie wieder gut zu machen sind. Ein entschlossener Förderungsimpetus ist hier erforderlich. Die Zeit ist reif für ein entsprechendes Bekenntnis der Politik, wie auch für einen kämpferischen Einsatz der Wissenschaftsverwaltung.

Quellenangaben

Eisenmann, Peter: Die Jugend in den neuen Bundesländern. Sozialistische Bewußtseinsbildung und ihre Folgen, in: Aus Politik und Zeitgeschichte. Beilage zur Wochenzeitung »Das Parlament«, 28. Juni 1991 (B 27/91), S. 3 ff.

Friedrich, Walter: Mentalitätswandlungen der Jugend in der DDR, in: Aus Politik und Zeitgeschichte. Beilage zur Wochenzeitung »Das Parlament«, 13. April 1990 (N 16-17 1990), S. 25 ff.

Friedrich, Walter/ Griese, Hartmut (Hrsg.): Jugend und Jugendforschung in der DDR, Opladen 1991

Fuchs, Dieter/ Klingemann, Hans Dieter/ Schöbel, Carolin: Perspektiven der politischen Kultur im vereinigten Deutschland, in: Aus Politik und Zeitgeschichte. Beilage zur Wochenzeitung »Das Parlament«, 2. August 1991 (B 32/91), S. 35 ff.

Gensicke, Thomas: Werte und Wertwandel im Osten Deutschlands, unveröffentlichtes Manuskript, 1991

Herbert, Willi/Wildenmann, Rudolf: Deutsche Identität. Die subjektive Verfassung der Deutschen vor der Vereinigung, in: Politisch-strukturelle Gestaltungsprobleme im neuen Deutschland, Baden-Baden 1991

Klages, Helmut: Wertedynamik. Über die Wandelbarkeit des Selbstverständlichen, Zürich 1988

Köhler, A.: Marschierte der DDR-Bürger mit? Systemidentifikation der DDR-Bevölkerung vor und nach der Wende (unveröffentlichtes Referat bei der Jahrestagung 1991 der Asi in Weimar)

Maaz, Hans-Joachim: Der Gefühlsstau. Ein Psychogramm der DDR, Berlin 1990

Weidenfeld, Werner/ Korte, Karl-Rudolf: Die pragmatischen Deutschen. Zum Staats- und Nationalbewußtsein in Deutschland, in: Aus Politik und Zeitgeschichte. Beilage zur Wochenzeitung »Das Parlament«, 2. August 1991 (B 32/91), S. 3 ff.

Anhang 1

Tabelle 3: Mittelwerte und Standardabweichungen von Wertorientierungen in der DDR und der BRD März/April 1990

	DDR MW	BRD MW	DDR St.Dev.	BRD St.Dev.
Gesetz und Ordnung respektieren	5.64	**5.87**	1.32	1.19
Nach Sicherheit streben	**5.95**	5.66	1.14	1.24
Fleißig und ehrgeizig sein	**5.95**	5.52	1.13	1.29
Pflicht-und Akzeptanzwerte	**5.85**	5.68	0.88	1.03
Einen hohen Lebensstandard haben	**5.44**	4.91	1.20	1.31
Macht und Einfluß haben	**3.80**	3.55	1.60	1.66
Die guten Dinge des Lebens in vollen Zügen genießen	**5.00**	4.82	1.45	1.41
Sich und seine Bedürfnisse besser gegen die anderen durchsetzen	**5.10**	4.71	1.35	1.37
Hedonismus und Materialismus	**4.83**	4.50	0.97	1.05
Seine eigene Phantasie und Kreativität entwickeln	5.36	**5.41**	1.35	1.33
Sozial Benachteiligten und gesellschaftlichen Randgruppen helfen	4.54	**4.92**	1.33	1.41
Sich politisch engagieren	**3.84**	3.69	1.74	1.71
Auch solche Meinungen tolerieren, denen man eigentlich nicht zustimmen kann	**4.90**	4.80	1.43	1.39
Selbstentfaltung und Engagement	4.65	**4.71**	1.01	1.04
Stolz sein auf die deutsche Geschichte	**4.58**	4.18	1.65	1.72
Ein gutes Familienleben führen	**6.29**	6.13	1.06	1.13
Einen Partner haben, dem man vertrauen kann	**6.48**	6.36	1.02	1.07
Von anderen Menschen unabhängig sein	**5.77**	5.65	1.24	1.28
Viele Kontakte zu anderen Menschen haben	**6.02**	5.59	1.11	1.22
Gute Freunde haben, die einen anerkennen und akzeptieren	**6.35**	5.93	0.95	1.12
Alle Werte	**5.35**	5.16	0.56	0.62

Quelle: FGE 1990, gleiche Quelle für alle folgenden Tabellen, Mittelwerte einer 7er-Skala von 1 „überhaupt nicht wichtig" bis 7 „außerordentlich wichtig"

Die folgenden Auswertungen beziehen sich auf die Daten einer vergleichenden Untersuchung der Forschungsstelle für gesellschaftliche Entwicklungen e.V. bei der Universität Mannheim (FGE). Sie wurde im

März/April 1990 in der DDR und der BRD durch Marplan, Offenbach/Main durchgeführt (n=808/n=1700).

Leider weist die DDR-Stichprobe einige Mängel auf, was wohl auf eine überstürzte und nicht exakte Feldarbeit in der Frühzeit der empirischen Forschung in der DDR der Nachwende-Zeit zurückgeht. Als besonders problematisch stellte sich heraus, daß Abitur- und Hochschulabschlüsse viel zu gering vertreten waren. Anhand der ungewichteten Rohdaten erhielten wir für die Wertorientierungen schwer interpretierbare Faktorenstrukturen. Daher wurden die höheren Bildungsabschlüsse auf ein für die DDR repräsentatives Niveau hochgewichtet.

Obwohl sich die Mittelwerte für die gemessenen Wertorientierungen nicht dramatisch veränderten, erhielten wir jetzt weitgehend mit der Bundesrepublik vergleichbare Faktoren, die in der Folge besprochen werden sollen. Inzwischen konnte auch aufgrund anderer Forschungsergebnisse (Sozio-ökonomisches Panel/Ost, Medienanalysen) bestätigt werden, daß in Ost und West ähnliche Wertestrukturen vorhanden sind.

Tabelle 3 zeigt zunächst die Mittelwerte und Standardabweichungen von nach dem Speyerer Werteinstrument gemessenen Wertorientierungen. Werte, die wir als Pflicht- und Akzeptanzwerte bezeichnen, hedonistische und materialistische sowie Selbstentfaltungs- und Engagementswerte wurden zu Dimensionsvariablen zusammengefaßt. Sie sind ebenfalls mit Mittelwert und Standardabweichung ausgewiesen, desgleichen die Variable „alle Werte", in der sämtliche 17 Einzelwertvariablen zusammengefaßt wurden, um das allgemeine „Werte-Niveau" in Ost und West zu vergleichen.

Es fällt auf, daß den Ostdeutschen im Durchschnitt Werte wichtiger sind als den Westdeutschen. Weiterhin erkennt man, daß im Osten Pflicht- und Akzeptanzwerte stärker betont werden, im Westen hingegen Selbstentfaltungs- und Engagementswerte, allerdings in geringem Maße. Desweiteren spielen die Wertkomplexe Hedonismus und Materialismus im Osten einer deutlich wichtigere Rolle.

Geht man mehr ins Detail, dann fallen mehrere nicht schwer interpretierbare Tendenzen auf: 1. Im Osten ist ein großer Nachholwunsch zu spüren, der sich unter die Formel bringen läßt: „Durch westliche Verhältnisse endlich mehr vom Leben haben." 2. Diese Wünsche sollen durch harte Arbeit, durch „Fleiß und Ehrgeiz" erreicht werden. 3. Es sind immer noch „Nachwehen" einer revolutionären Stimmung wirksam: Einhaltung von Gesetz und Ordnung wird geringer als im Westen betont, politisches Engagement und Machtstreben ist höher ausgeprägt, Pluralismus und Konflikt werden als legitim angesehen. 5. Entweder als Prägung eines „Sicherheitssystems" in der DDR oder als Verhaltensweise für unsichere Zeiten wird das Streben nach Sicherheit hochgeschätzt. In eine ähnliche Richtung weist die deutlich höhere Bedeutung informeller Sozialbeziehungen in der DDR (Freunde, Kontaktfreude, Familie, Partnerschaft).

Tabelle 4: Dreifaktorielle Struktur BRD

	Faktor 3 Selbstentfaltung/ Engagement	Faktor 2 Konservatismus/ Leistung	Faktor 1 Hedonismus/ Materialismus
Aufgeklärte Varianz (58.3%)	12.8%	19.7%	25.9%
Gesetz und Ordnung		.82	
Sicherheitsstreben		.82	
Fleiß und Ehrgeiz		.78	
Lebensstandard			.74
Macht und Einfluß			.69
Lebensgenuß			.71
Sich durchsetzen			.69
Phantasie und Kreativität	.67		
Soziale Hilfsbereitschaft	.79		
Politisches Engagement	.62		
Toleranz	.71		

Tabelle 4 zeigt, daß in der BRD drei klar interpretierbare Wertefaktoren vorhanden sind. Zum einen handelt es sich um den klassischen Wirtschaftswunder-Konservatismus der 50er Jahre, desweiteren um mit der 68er Bewegung aufgekommene Selbstentfaltungs- und Engagementswerte und letztlich um ein „neokonservatives" hedo-materialistisches Muster der 80er Jahre.

Verblüffenderweise ließen sich diese Muster in der DDR nahezu identisch replizieren. Tabelle 5 präsentiert dieses für die westdeutsche Werteforschung völlig kontra-intuitive Ergebnis. Zwar gibt es einige Abweichungen, die ich jedoch im wesentlichen auf die mangelhafte Stichprobe zurückführe.

Für aufschlußreich halte ich die nur in der DDR vorhandene deutlich negative Ladung des Hedo-Materialismus-Faktors auf dem Item, daß die Akzeptanz von Gesetz und Ordnung anzeigt. Es handelt sich hier um ein Indiz dafür, daß dieses Muster noch zu diesem Zeitpunkt einen revolutionären, „staatsfeindlichen" Einschlag aufwies.

Tabelle 5: Dreifaktorielle Struktur DDR

	Faktor 1 Selbstentfaltung/ Engagement	Faktor 3 Konservatismus/ Leistung	Faktor 2 Hedonismus/ Materialismus
Aufgeklärte Varianz (54.1%)	27.2%	10.8%	16.1%
Gesetz und Ordnung		.66	-.37
Sicherheitsstreben		.84	
Fleiß und Ehrgeiz		.63	
Lebensstandard			.79
Macht und Einfluß			.46
Lebensgenuß	.30		.78
Sich durchsetzen	.40		.49
Phantasie und Kreativität	.68		.33
Soziale Hilfsbereitschaft	.84		
Politisches Engagement	64	-.31	
Toleranz	.51		.31

Die Faktorenanalyse eröffnete die Möglichkeit, über aus den Faktoren gebildete, identische Dimensionsvariablen Cluster-Analysen durchzuführen und die quantitative Verteilung von Wertetypen in Ost und West zu überprüfen. Dazu war es zunächst von Interesse, jeweils in Ost und West die Verteilung von Wertmustern in den verschiedenen Altersgruppen zu prüfen. Das Ergebnis war wiederum überraschend. Mit geringen Abweichungen bestätigte sich, daß auch in der DDR Selbstentfaltung und Hedo-Materialismus gerade unter den Jüngeren stark ausgeprägt sind. Pflicht- und Akzeptanzwerte (Konservatismus) waren danach vor allem eine Sache der Älteren. (Grafiken 3 und 4) Auffällig ist auch, daß in beiden Teilen Deutschlands trotz aller Modernisierungsprozesse dennoch „konservative" Werte gegenüber Orientierungen dominieren, die man im weitesten Sinne selbstverwirklungsorientiert nennen könnte.

Grafik 3: Selbstentfaltung bei den Jüngeren größer
Wertdimensionen in der DDR März/April 1990

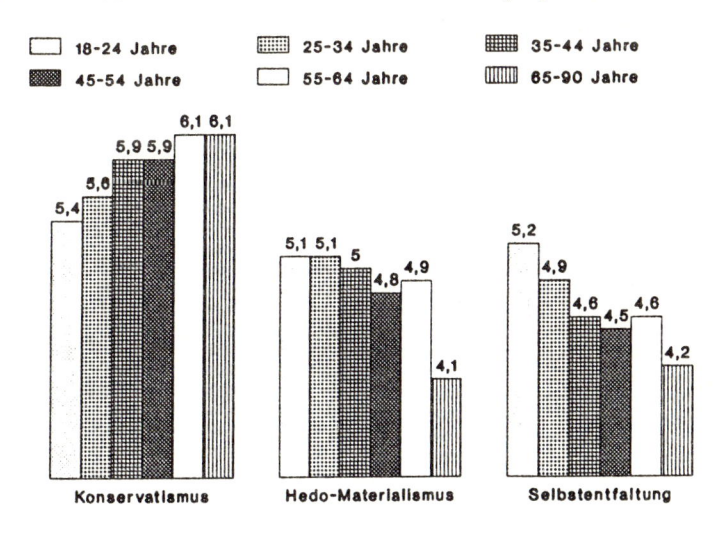

- 18-24 Jahre
- 25-34 Jahre
- 35-44 Jahre
- 45-54 Jahre
- 55-64 Jahre
- 65-90 Jahre

Quelle: FGE-Mannheim, eigene Berechnungen 1991

Grafik 4: Neues Muster Hedo-Materialismus
Wertdimensionen in der BRD März/April 1990

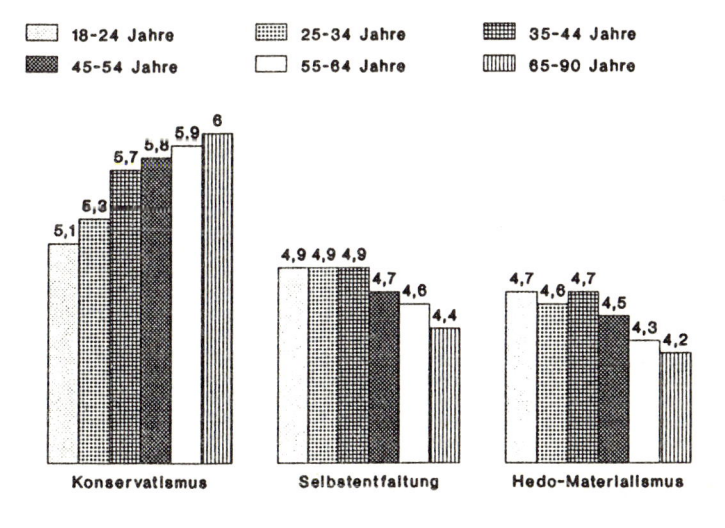

- 18-24 Jahre
- 25-34 Jahre
- 35-44 Jahre
- 45-54 Jahre
- 55-64 Jahre
- 65-90 Jahre

Quelle: FGE-Mannheim, eigene Berechnungen 1991

Das Resultat der Typenbildung mit Hilfe des SPSS-PC-Verfahrens Quick-Cluster bringt weitere Ähnlichkeiten zwischen Ost und West zu Tage. Ein Viertel der erwachsenen Bevölkerung im Osten und ein Fünftel im Westen sind „Konservative", die im Laufe von Modernisierung und Wertewandel an ihren Pflicht- und Akzeptanzwerten festhielten. Wertewandel scheint im Westen bis 1990 stärker als im Osten in Richtung Resignation, also vollständigem Werteverlust verlaufen zu sein. Im Osten wurde durch Wertewandel eher die Gruppe der Modernisten gestärkt, die entweder zu hedonistisch-materieller oder idealistisch-engagierter Selbstentfaltung neigen. Aktive Realisten, also Menschen die „konservativ" und gleichzeitig „selbstverwirklichend" eingestellt sind, sind in Ost und West in ähnlicher Maße vertreten. (Tabelle 6)

Tabelle 6: Vier-Typen-Analyse

	Konservativer	Resignierter	Aktiver Realist	Junger Modernist
BRD 1990	21.2%	25.4%	29.7%	23.7%
DDR 1990	25.1%	16.0%	30.2%	28.7%

Tabelle 1 (siehe Text) bestätigt anhand einer noch detaillierteren Cluster-Analyse mit acht verschiedenen Verknüpfungen der vorhin beschriebenen Wert-Dimensionen, daß es im Osten mehr Konservative und im Westen mehr Resignierte gibt. Selbstentfaltung scheint in der ehemaligen DDR eine stärkere Tendenz zu haben, kombiniert mit Konservatismus bzw. mit Hedo-Materialismus aufzutreten als in der BRD. Dort setzt sich im Typus des Entfaltungsorientierten Idealisten („Postmaterialist") Selbstentfaltung auch allein stärker durch.

Im Osten machen sich unter den vom Wertewandel geformten Wertetypen zwei Mischtypen Konkurrenz. Da ist zum einen der Aktive Realist, der alle drei Wertdimensionen aufweist, dem der Aktive Hedo-Materialist gegenübersteht, der Selbstentfaltung und Hedo-Materialismus kombiniert. Im Westen ist der Aktive Realist quantitativ eindeutig dominant.

Tabelle 7: Wertetypen nach Altersgruppen

Typ-Ost	18-35	36-62	63-90	Typ-West	18-35	36-62	63-90
Konservativer	16.0	54.5	29.5	Konservativer	10.9	43.2	45.9
Resignierter	26.1	31.8	42.0	Resignierter	23.7	42.6	33.7
Entfaltungsorientierter				Entfaltungsorientierter			
Konservativer	23.0	40.2	36.8	Konservativer	22.6	47.0	30.4
Hedo-materialistischer				Hedo-materialistischer			
Konservativer	27.5	51.6	20.9	Konservativer	17.3	58.4	24.5
Aktiver Realist	41.4	40.1	18.5	Aktiver Realist	26.6	50.6	22.8
Hedonistischer				Hedonistischer			
Materialist	45.6	45.6	8.9	Materialist	46.9	36.0	21.0
Entfaltungsorientierter				Entfaltungsorientierter			
Idealist	46.7	40.0	13.3	Idealist	42.9	43.4	13.7
Aktiver Hedo-				Aktiver Hedo-			
Materialist	60.8	36.7	2.5	Materialist	43.1	46.3	10.5

Tabelle 8: Wertetypen nach Geschlecht, Bildung und Berufsstatus

Typ-Ost	Frau	Bildg.	Status	Typ-West	Frau	Bildg.	Status
Konservativer	+10.1	--	--	Konservativer	+8.9	--	--
Resignierter	+3.6	--	--	Resignierter	+4.4	--	-
Entfaltungsorientierter				Entfaltungsorientierter			
Konservativer	-0.4	--		Konservativer	+4.5		
Hedo-materialistischer				Hedo-materialistischer			
Konservativer	-21.3		++	Konservativer	+1.0	-	
Aktiver Realist	-0.2			Aktiver Realist	-2.3		+
Hedonistischer				Hedonistischer			
Materialist	-5.3	(+)		Materialist	-4.3		
Entfaltungsorientierter				Entfaltungsorientierter			
Idealist	-4.1	++		Idealist	-3.0	++	++
Aktiver				Aktiver			
Hedo-Materialist	+5.5	+++	++	Hedo-Material.	-6.6	+	+

Abschließend noch einige Bemerkungen zum sozialstrukturellen Profil der Wertetypen in Ost und West. (Tabelle 7 und 8) Ähnlich ist zunächst, daß Konservative und Resignierte in Ost und West in hohen Altersgruppen verstärkt vorkommen, selbstentfaltungs- und hedo-materialistisch orientierte Wertetypen in den unteren. Das Bildungsniveau nimmt von den konservativ orientierten Typen in Richtung der entfaltungsorientierten zu. Die (in der Tabelle) mittleren Wertetypen haben ein eher durchschnittliches Bildungsniveau. Mit Einschränkungen gibt es eine ähnliche Tendenz auch im Berufsstatus.

In der Geschlechterverteilung ähneln sich Ost und West insofern, als Konservative und Resignierte eher weiblich sind. Ansonsten gibt es jedoch auch starke Abweichungen. Ich führe diese Unterschiede wiederum zum Teil auf die Stichprobe zurück. Andererseits sind sie auch Ausdruck einer anderen objektiven Situation in der damaligen DDR und BRD. Das heißt aber auch, daß eine ähnliche Ausprägung von Wertmustern in Ost und West teilweise unabhängig von der objektiv unterschiedlichen Lage erfolgt ist.

Obwohl die Wertetypen in der DDR und der BRD auch unterschiedliche sozialstrukturelle Profile zeigen, weisen sie in Grundpositionen ihres Verhaltens deutliche Gemeinsamkeiten auf.

Werte-Konservativismus führt z.B. in Ost und West politisch nach rechts. Selbstentfaltung und Engagement ist mit linker politischer Disposition verknüpft. Hedo-Materialismus führt zu politischer Indifferenz oder kann in linke und rechte politische Extremhaltungen umschlagen. Weiterhin fördert die Selbstentfaltungsorientierung in Ost und West ein positives Verhältnis zu Ausländern und ein europäisches Selbstverständnis. Konservatismus und in gewissem Maße auch Hedo-Materialismus brachten in der DDR wie in der BRD 1990 eine negativere Wahrnehmung von Ausländern und eine stärker deutsch-zentrierte Identität mit sich.

Anhang 2

Die Angaben für die ostdeutsche Jugend (Lehrlinge) beruhen auf Ergebnissen des ehemaligen Zentralinstitutes für Jugendforschung Leipzig. Literatur: Walter Friedrich, Mentalitätswandlungen der Jugend der DDR, in: Aus Politik und Zeitgeschichte, Heft 16-17, 1990, S.25-37; Harry Müller, Lebenswerte und nationale Identität, in: Walter Friedrich, Hartmut Griese, (Hrsg.), Jugend und Jugendforschung in der DDR, Opladen 1991, S.124-135; Walter Friedrich, Peter Förster, Ostdeutsche Jugend, in: Deutschland Archiv Nr.6, 7, 1991, Köln.

Die gesellschaftliche Mentalitätsdynamik als strategische Komponente der Systemtransformation

I

Die ökonomischen Konzepte der Systemtransformation in den ehemals sozialistischen Ländern folgen – ungeachtet aller Unterschiede, die sich im einzelnen feststellen lassen – gegenwärtig noch einem verhältnismäßig einfachen Grundschema, das sich in idealtypischer Verdichtung kompakt darstellen läßt.

Entscheidend ist überall die Ersetzung der zentralen Planwirtschaft durch die Marktwirtschaft, wobei kennzeichnend ist, daß man sich den Übergang meist noch im Sinne einer »Weichenstellung« vorstellt, die sich verhältnismäßig schnell und in einem Zuge bewältigen läßt. Man geht hierbei erstens davon aus, daß es entscheidend darauf ankomme, anstelle eines marktfremden Systems politisch gestützter Preise, durch welche u.a. eine Reihe elementarer Verbrauchs- und Gebrauchsgüter künstlich verbilligt wurden, Marktpreise einzuführen, bzw. durch die Freigabe der Preise spontan entstehen zu lassen. Zweitens geht man davon aus, daß auf der Grundlage freigegebener Preise spontan unternehmerische Initiativen entstehen werden, denn grundsätzlich seien nunmehr gewinnbringende Kapitalinvestitionen möglich. Man nimmt drittens an, daß durch die somit anlaufende Wirtschaftstätigkeit ein sich selbst tragender Aufschwung entstehen könnte, der in marktwirtschaftlichen Bahnen verlaufe.

Dieses hiermit natürlich nur in groben Zügen wiedergegebene Rahmenmodell verbindet sich nun zwar durchaus mit der Einsicht, daß der auf diese Weise in Gang gesetzte Transformationsvorgang für die Konsumenten und Arbeitnehmer eine krisenhafte Zuspitzung ihrer ökonomischen und beruflichen Lage mit sich bringt. Man geht jedoch davon aus, daß die »Grausamkeiten«, die mit der Explosion vorher niedrig gehaltener Preise und mit einer ansteigenden Arbeitslosigkeit verbunden sind, nur temporärer Natur sein werden. Außerdem rechnet man damit, daß der typische Geldüberhang, den das System der sozialistischen Preisbindung bei gleichzeitiger Warenknappheit mit sich gebracht hatte, dafür sorgen wird, daß sich die individuelle Spürbarkeit der Krise verringert. Die Verbraucher werden, so nimmt man an, eine Zeitlang ihr Erspartes einsetzen, um die durch den Preisanstieg entstehende Belastung abzufedern. Sie werden auf diese Weise, so wird angenommen, auch die Problemfolgen der Arbeitslosigkeit verringern können. In dem Maße, in welchem die Ersparnisse abnehmen, werden sich aber die marktwirtschaftlichen Prozesse entwickeln und stabilisieren, so daß die Erzielung von Arbeitseinkommen an die Stelle der Ersparnisverwendung treten kann. Zwischen den Arbeitseinkommen und den Güterpreisen wird zwar anfangs, so nimmt man an, noch ein Ungleichgewicht bestehen, das sich aber angesichts des zunehmenden Wirksamwerdens des Marktmechanismus fortwährend abbauen wird.

Summa summarum besteht für die Verbraucher und Arbeitnehmer somit, so wird gefolgert, Anlaß zum Optimismus. Sie handeln rational, wenn sie in den Transformationsprozeß mit einem Maximum an Krisenhinnahmebereitschaft, Umstellungsflexibilität und Leistungsmotivation hineingehen, denn hierdurch tragen sie zu seinem glatteren Verlauf und zu seiner Beschleunigung und somit auch zu einer Verminderung des auf ihnen selbst lastenden Krisendrucks bei. Da die Einsicht in diesen Zusammenhang vorausgesetzt werden könne, sei damit zu rechnen, daß sich das unterstellte rationale Verbraucher- und Beschäftigtenverhalten auch realiter einstellt. Somit seien alle wesentlichen Realisationsbedingungen des ökonomischen Transformationsprozesses garantiert.

II

Es kann nun zwar keinen Zweifel daran geben, daß diesem Transformationsmodell logische Geschlossenheit zuzusprechen ist. Dieses Modell »hinkt« allerdings an verschiedenen Punkten, so insbesondere auch an einem Punkt, welchen ich nachfolgend ganz in den Mittelpunkt rücken möchte, dort nämlich, wo es um die Kennzeichnung der Verbraucher- und Beschäftigtenrationalität geht.

Sieht man genau hin, dann kann man erkennen, daß das skizzierte Modell an diesem strategischen Punkt auf ganz bestimmten, durchaus herkömmlichen homo oeconomicus-Prämissen aufbaut, deren empirische Geltung äußerst fragwürdig ist. Einmal wird nämlich vorausgesetzt, daß die Gesellschaftsmitglieder hinsichtlich des unterstellten Gesamtablaufs des Transformationsvorgangs eine vollständige Information prognostischer Natur besitzen. Zum anderen wird ihnen vor allem aber auch die Fähigkeit der »richtigen« Codierung dieser Information, d.h. ihrer Verarbeitung im Kontext des unterstellten Rahmenmodells und in Verbindung hiermit ein hochgradiges Basisvertrauen in die Bewähung der Modellannahmen abgefordert.

Beides wird jedoch als absolut »heroisch« erkennbar, sobald man an die Stelle abstrakter Rationalitätsannahmen, die vom Modell des klassischen homo oeconomicus abgeleitet sind, empirische Verhaltenshypothesen setzt, sobald man, mit anderen Worten, den Realitäten der gesellschaftlichen Mentalitätsdynamik Rechnung trägt.

Man wird, wenn man dies tut, *erstens* festzustellen haben, daß für die Verbraucher und Beschäftigten – aus ihrer eigenen Alltagsperspektive betrachtet und gänzlich unabhängig von den Nachwirkungen sozialistischer Sozialisationseinflüsse, deren Bedeutung m.E. oft übertrieben wird – keinesfalls ein zwingender Anlaß zu einer optimistischen Basisinterpretation des Verlaufs des Transformationsprozesses besteht. Im Gegenteil wird man damit zu rechnen haben, daß den Menschen die realen Risiken dieses Vorgangs nicht verborgen bleiben. Diese bestehen z.B. darin, daß

- möglicherweise keine ausreichende unternehmerische Qualifikation verfügbar ist, oder daß
- möglicherweise das riesige Kapital nicht aufgebracht werden kann, das in Anbetracht bislang versäumter Umstrukturierungsprozesse und verschrottungsbedürftiger Industriekomplexe benötigt wird, oder daß
- möglicherweise die bisher bestehenden Lieferverbindungen zusammenbrechen, ohne daß neue Absatzmärkte ausreichend schnell erschlossen werden können, so daß nur geringe Absatzchancen für erzeugte Waren bestehen, oder daß

- möglicherweise die aufgrund des Kaufkraftüberhangs entstehende inländische Warennachfrage zumindest zum Teil von überlegenen ausländischen Konkurrenten gedeckt wird, so daß die zunächst noch unsicher in die Märkte eintretende einheimische Wirtschaft auch im heimischen Bereich nur eine begrenzte Entfaltungschance besitzt, oder daß
- die vorhandenen Infrastruktureinrichtungen nicht ausreichen, um eine Intensivierung von Warenströmen zu tragen.

Selbst unter der wenig wahrscheinlichen Voraussetzung, daß die Bevölkerung hinsichtlich der hier sichtbar werdenden offenen Fragen keinen Pessimismus, sondern einen gemäßigten Optimismus entwickelt, wird sie daraus nun allerdings *zweitens* keineswegs zwingend die ihr im Modell zugerechneten entwicklungsförderlichen Verhaltensweisen ableiten, da sie vermutlich einen allzu großen Unterschied zwischen ihrem verhältnismäßig kurzfristigen persönlichen Zeithorizont und demjenigen Zeitbedarf wahrnehmen wird, der für den Transformationsprozeß benötigt wird.

Man kann vielleicht sogar davon ausgehen, daß das allergrößte sozialpsychologische Problem in den ehemals sozialistischen Ländern gegenwärtig darin besteht, daß man in den politischen Transformationsprozeß auf der Grundlage einer aufgestauten und am Ende explodierenden Ungeduld angesichts immer wieder in die Zukunft verschobener Besserungsversprechen der kommunistischen Herrscher eintrat und daß es zu den stärksten Erwartungen an die Marktwirtschaft gehörte, die Gangart der Dinge zu beschleunigen, ja womöglich sogar Wunder zu bewirken.

Wenn nicht alles täuscht, dann ist dieser ursprüngliche Wunderglaube, der gewissermaßen zur Erblast der kommunistischen Vergangenheit gehörte und der nicht energisch genug von den neuen Regierungen bekämpft wurde, inzwischen bereits merklich abgeblaßt. Das Resultat ist aber nicht ein vergrößerter Erwartungsrealismus, sondern viel eher eine zunehmende Erwartungsenttäuschung, auf deren Grundlage resignative Einschätzungen des Zeitbedarfs der Transformation und der daraus ableitbaren persönlichen Entwicklungsperspektiven in der näheren Zukunft um sich greifen.

Es wäre naiv, wenn man annehmen würde, daß die Bevölkerung in einer solchen Lage zu der im Modell vermuteten Überlegung gelangen wird, durch eigene Krisenhinnahmebereitschaft, Umstellungsflexibilität und Leistungsmotivation den allgemeinen Gang der Dinge positiv beeinflussen zu können. Wie wir aus unzähligen Erfahrungen wissen, ist auch eine westliche Bevölkerung im allgemeinen nicht dazu fähig, den hierfür erforderlichen Schluß von Ursachen auf der Ebene des Individualverhaltens auf Wirkungen auf der Gesamtsystemebene vorzunehmen. Im Gegenteil! Wie die empirische Forschung erweist, neigt man überall da, wo es darum geht, das eigene Verhalten und das kollektive Geschehen miteinander in Beziehung zu bringen, eher zu einer Robinson-Fiktion. Man sieht sich isoliert in einer entweder trägen oder hysterischen Masse und man geht davon aus, durch ein vermeintlich kluges Kontrastverhalten Gewinne erzielen zu können. Typischerweise kommt es in dieser Situation zu einer sogenannten »Rationalitätenfalle« (Ph.Herder-Dorneich), d.h. zu »Mitnahmeeffekten«, oder zum »Trittbrettfahren« und somit eher zu parasitären als zu altruistischen Verhaltensweisen. Man wird, mit anderen Worten, dazu neigen, individuelle Überlebensstrategien zu praktizieren, die einen möglichst sicheren kurzfristigen Ertrag versprechen, wobei man Abkoppelungen von den offiziell erwarteten Wegen auch dort in Kauf nimmt, wo man von einem Absinken in die Korruption oder in die Kriminalität Abstand nimmt. Man wird, konkreter gesagt, eher unter Ausnutzung von »Beziehungen« irgendwo »unterschlüpfen« oder sich schattenwirtschaftlich betätigen, als sich für eine bedrohte Firma abrackern. Das Spektrum möglicher Verhaltensweisen reicht von der Devise »erst mal abwarten und ruhig verhalten« bis zur Jagd nach dem »schnellen Zloty«. Nahezu alle diese möglichen Verhaltensweisen werden im Hinblick auf die Transformationszielsetzung naturgemäß eher disfunktional als förderlich sein, wenngleich sie geeignet sein mögen, das Allerschlimmste, d.h. die offene Empörung, zu verhüten. Mit hoher Wahrscheinlichkeit werden sich diese Verhaltensweisen jedoch mit einer mangelnden Unterstützung der jeweils die Verantwortung tragenden Regierung bei freien Wahlen verbinden, so daß instabile politische Verhältnisse die Folge sein werden. Diese wird man insofern als transformationsschädlich einzustufen haben, als sie wiederum die Ausbreitung eines politischen Opportunismus begünstigen, der »unpopuläre Maßnahmen« scheut, d.h. nach solchen Wegen Ausschau hält, die auf kurze Sicht krisendämpfend wirken, obgleich sie auf längere Sicht krisenverlängernd und transformationsbehindernd wirken mögen. Die Neigung zum kurzfristig gezielten Hakenschlagen und Tricksen wird sich, mit anderen Worten, von der Individualebene auf die Systemebene ausdehnen.

Als politische Alternative könnte an dieser Stelle die Wendung zur Repression in Sicht kommen, d.h. also z.b. das befristete Verbot freier Wahlen Jelzin'scher Provenienz. Es läßt sich jedoch spekulieren, daß ein solches Vorgehen seinerseits sehr risikoreich ist und seinen eigenen Mißerefolg mitproduziert, da es durch ein massives Erfolgsversprechen erkauft werden muß, durch welches es sich mit einer hohen Wahrscheinlichkeit selbst überfordert. Dieses Vorgehen verbindet sich, bildhaft ausgedrückt, mit einer Aspirations- und Erwartungsbugwelle, in welcher es am Ende selbst ertrinkt – es sei denn, es ist zur weiteren Repressionsverschärfung bereit, die jedoch unvermeidlich in die Diktatur führt und dadurch zumindest die politische Transformationszielsetzung falsifiziert.

Es schlägt durchaus verschärfend zu Buche, daß es hinsichtlich der persönlichen Teilhabe an einem für die Zukunft erwartbaren Aufschwung im Transformationsprozeß sowohl auf der Systemebene, wie auch auf der individuellen Ebene sehr viel Ungewißheit gibt. Der Grund besteht darin, daß angesichts eines forcierten und auf einen kurzen Zeitraum zusammengedrängten Nachhol-Strukturwandels nur in einem sehr beschränkten Maße »Extrapolationen« bisheriger Strukturentwicklungen in die Zukunft möglich sind. Weder »oben« noch »unten« weiß man in einer solchen Situation ganz genau, ob sich das, was man gerade tut, längerfristig »auszahlt«, und man ist insbesondere »unten« eher mißtrauisch gegenüber Leuten, die angeblich zukunftssichere Angebote machen. Es entsteht hier eine Hemmung, die bei einem anwachsenden Zeithorizont der zu treffenden Entscheidungen überproportional ansteigt.

Es wird hierdurch nochmals der Trend zu einem kurzfristig ertragreichen, wenngleich längerfristig möglicherweise kontra-produktiven Verhalten verstärkt. Es betrifft dies die Berufswahl ebenso wie die Wahl des Arbeitsplatzes, oder auch die Gründung eines Geschäftes oder einer Firma. Für Menschen, die mit kurzfristig gezielten Lösungen nicht zufrieden sind, mag sich die Auswanderung in ein Land (oder zumindest die Arbeit in ihm) nahelegen, das sich nicht in einem Transformationsprozeß, sondern in einer »normalen« Entwicklung befindet und in welchem es somit berechenbarere Verhältnisse gibt.

Es nutzt einem Lande nicht viel, wenn eine Regierung meint, einer sich ausbreitenden Enttäuschung und Unzufriedenheit, die sich mit Resignation, mit Apathie und mit Protestneigungen verbindet, durch symbolische oder reale Aufputschungskraftakte begegnen zu sollen. Zwar mag man damit vielleicht eine Wahl gewinnen. Wenn sich eine Anhebung des Aspirationsniveaus nicht mit einer stabilen Anhebung der Zukunftserwartung verbindet, wenn vielmehr das Erwartungsniveau nach einiger Zeit angesichts einer Wiederkehr enttäuschender Nachrichten wegbricht, dann wird aber ein umso deutlicheres »aspiration-achievement gap« eintreten, und die sozialpsychologische Gesamtbilanz wird negativ sein.

III

In dem eingangs skizzierten Transformationsmodell war eine angemessene Mentalitätsentwicklung auf der Grundlage bestimmer homo oeconomicus-Annahmen schlicht vorausgesetzt worden. Ich gehe davon aus, inzwischen belegt zu haben, daß diese Annahmen der Wirklichkeit keinesfall gerecht werden. Das Negativ-Szenario, das ich entwickelt habe, läßt eher den Schluß zu, daß im Transformationsprozeß das Risiko einer gegenläufigen Mentalitätsdynamik mit transformationsabträglichen Folgen besteht. Es sind insbesondere die politischen Folgen, die in diesem Zusammenhang bedenklich erscheinen müssen. Aber es lassen sich auch ökonomische Folgen ausmachen, welche die Transformationszielsetzung in Frage stellen. Man denke nur daran, daß da, wo Ungewißheit, Unzufriedenheit, Resignation, oder die Jagd nach dem schnellen Zloty vorherrschen, die Arbeitsproduktivität – soweit sie von der Leistungsbereitschaft abhängt – niedrig sein wird, daß eine zu geringe Kapitalbildung stattfindet, da man angesichts weiterer Inflationserwartungen in die Sachwerte flüchtet, daß für bestimmte Berufe kein ausreichender Nachwuchs vorhanden sein wird und daß gerade diejenigen Menschen, die man besonders brauchen würde, eine Abwanderungstendenz entwickeln werden.

Daß die gesellschaftliche Mentalitätsdynamik als eine strategische Komponente der Systemtransformation angesehen werden muß, scheint somit klar zu sein. Damit ist aber auch klar, daß das Negativszenario, das ich gezeichnet habe, unter allen Umständen vermieden werden muß, wenn die Transformation gelingen soll. Genauer gesagt kann diesbezüglich das Bestehen eines Handlungsbedarfs angenommen werden.

Es erhebt sich nun allerdings die Frage, ob und wie dieser Handlungsbedarf gedeckt werden kann, ob also überhaupt irgendwelche Strategien zur Verfügung stehen, die geeignet sind, eine transformationsförderliche Mentalitätsdynamik, mit deren automatischer Entstehung nicht mit ausreichender Sicherheit gerechnet werden kann, auf dem Wege einer intelligenten politischen Einwirkung zu begünstigen.

Ich möchte diese Frage beantworten, indem ich drei mögliche Strategien skizziere, die m.E. – zumindest als Denkmöglichkeit – in Betracht kommen, wenn man sich ein solches Ziel vornimmt.

Die erste Strategie geht von der uralten melancholischen Einsicht aus, daß es immer zwei Möglichkeiten gibt, um Menschen zur Zufriedenheit zu bringen. Die eine ist die, ihre Aspirationen zu befriedigen; die andere ist die, sie zur Aufgabe ihrer Aspirationen zu veranlassen, d.h., mit anderen Worten, eine Übereinstimmung von Aspirationen und Erwartungen auf einem sehr niedrigen Niveau herbeizuführen.

Ich möchte in Klammern bemerken, daß ich auf diese Strategie vor Jahren aufgrund von Äußerungen eines sowjetischen Konservativen aufmerksam wurde, der im Gespräch mit dem damaligen Präsidenten der Westdeutschen Rektorenkonferenz die niedrige Zahl der zum Studium zugelassenen sowjetischen Studienbewerber zu rechtfertigen versuchte.

Auf den Transformationsprozeß übertragen würde die Anwendung dieser Strategie bedeuten, die Menschen nachdrücklich darauf hinzuweisen, daß für sie Anlaß besteht, zunächst einmal alle Hoffnung fahren zu lassen.

Natürlich würde man mit einem Danteskem Höllentormotto dieser Art zwar Enttäuschungsfestigkeit erzeugen können, gleichzeitig aber allerdings die für einen Aufschwung erforderliche Mentalitätsdisposition (Krisenhinnahmebereitschaft plus Umstellungsflexibilität und Leistungsmotivation) zur guten Hälfte verfehlen und somit den Transformationsprozeß selbst gefährden. Außerdem würde mit einem solchen Motto wahrscheinlich sogar der grundlegende Entwicklungsprozeß der gesellschaftlichen Wertorientierungen gestört und beeinträchtigt werden. Die Strategie kommt nur unter der Bedingung ernsthaft in Betracht, daß man ihr einen breiten Silberstreif der Hoffnung einflicht, d.h. also den Menschen klarmacht, daß es zwar unumgänglich ist, durch ein »Tal der Tränen« hindurchzugehen, daß an der anderen Seite dieses Tals aber das »gelobte Land« erreicht werden kann, wenn alle dazu bereit sind, die Ärmel hochzukrempeln und Hand anzulegen. Man kann, wenn man eine Mentalitätsbeeinflussung solcher Art erreicht, davon ausgehen, daß in der Tat eine Krisenhinnahmebereitschaft entsteht, welche mit zukunftsbezogenen Aspirationen und Erwartungen vereinbar ist und die Entstehung von Umstellungsflexibilität und Leistungsmotivation begünstigt.

Es ist demgegenüber nun eine zweite, gänzlich andersartige Strategie vorstellbar, die davon ausgeht, dem Transformationsprozeß seine Abruptheit zu nehmen, d.h. von dem einmaligen Weichenstellungsakt zu einem fließenden Übergang zu gelangen und dadurch den Menschen das Krisenerlebnis zu ersparen. Man könnte annehmen, daß unter dieser Voraussetzung eine gleitende Parallelentwicklung der Aspirationen und der Erwartungen und somit eine »harmonische« Mentalitätsdynamik garantiert sein würde, die mit den objektiven Entwicklungen stets al pari wäre, so daß keine größeren Erwartungsenttäuschungen mit all ihren Unzufriedenheits-, Resignations-, Apathie- und Protestfolgen eintreten würden.

Natürlich wird an dieser Stelle sofort der Ökonom intervenieren und feststellen, man sitze mit einer solchen Vorstellung einer Utopie auf, denn einen gleitenden Übergang von der zentralgelenkten sozialistischen Plan- und Kommandowirtschaft zur freien Marktwirtschaft gebe es angesichts der Unvereinbarkeit dieser beiden Systeme nicht. Die Zusammenbruchskrise sei vielmehr zu den unabwendbaren Transformationskosten zu rechnen und als die notwendige Ausgangsbedingung alles Nachfolgenden einzukalkulieren.

Ich will mich an dieser Stelle mit dieser höchst anzweifelbaren ökonomischen Argumentation nicht weiter auseinandersetzen. Ich will mich vielmehr auf den Gedanken konzentrieren, daß auch die zweite Strategie – so utopisch und undurchführbar sie auf den ersten Blick auch erscheinen mag – den Zugang zu einer Überlegung eröffnet, die wichtig und weiterverfolgungswert erscheint:

Wenn man auch davon auszugehen haben mag, daß die Menschen im Zusammenhang des Transformationsvorgangs erst einmal in ein tiefes Loch fallen müssen, so kann man es doch nichtsdestoweniger als ein erstrebenswertes Ziel ansehen, daß der subjektive Wiederaustieg aus diesem Loch im Sinne eines gleitenden, in sich selbst harmonisierten und mit den objektiven Entwicklungen abgestimmten Prozesses erfolgt, daß also in jedem Augenblick des Aufschwungs ein Maß an Hoffnung zur Verfügung steht, welches das Niveau des gerade Erreichten auf eine kontrollierte Weise überschreitet, so daß der Faden zu den realitätsbezogenen Erwartungen nicht abreißt, die ihrerseits mit den Fakten der Entwicklung in Übereinstimmung stehen.

Man kann an dieser Stelle auf ein Modell aus der Organisationspsychologie zurückgreifen, das unter dem Namen »Valenz-Instrumentalitäts-Erwartungs-Theorie« (oder auch schlicht Weg-Ziel-Ansatz) bekannt ist. Diese Theorie beruht auf dem einfachen Grundgedanken, daß Menschen zur Erbringung von Leistungen bereit sind, wenn sie auf diesem Wege persönliche Ziele (und hinter ihnen stehende Werte) mit einer ausreichenden Gewißheit erreichen können.

Auf den Transformationsprozeß übertragen bedeutet dies erstens, daß sich der Zeithorizont, auf den sich eine die miserable Gegenwart moderat überschreitende optimistische Zukunftserwartung richten kann, stets in erreichbarer Nähe befinden muß und daß der einzelne zweitens die Gewißheit besitzen muß, in einem ausreichenden Maße über einen persönlichen Zugang zu dem sich mehrenden allgemeinen Wohl zu verfügen.

In der Tat kann man davon ausgehen, mit dieser zunächst noch verhältnismäßig unanschaulichen Formulierung einen wichtigen Baustein zu einer realistischen Berücksichtigung der Mentalitätsdynamik im Transformationskonzept in der Hand zu haben. Zusammengenommen vermittelt die Erörterung der beiden in toto betrachtet unakzeptablen Strategien wesentliche Elemente einer dritten Strategie, die ich nun einmal kühn als die »realistische« bezeichnen will.

Diese Strategie baut auf der Erfahrung auf, daß die Menschen grundsätzlich dazu bereit und in der Lage sind, mit einem doppelten Wirklichkeitsbezug zu leben, d.h. einerseits den aktuellen Realitäten illusionslos ins Gesicht zu sehen und dennoch gleichzeitig einen optimistisch gefärbten Zukunftshorizont zu besitzen. Die Strategie verwendet den größten Nachdruck auf die Bemühung, der Bevölkerung die Möglichkeit hierzu zu erschließen. Sie wird zu diesem Zweck bemüht sein, stets für eine ausreichende Menge optimistisch interpretierbarer Aufschwungsignale Sorge zu tragen, wobei es keineswegs darauf ankommt, immer Spitzenwerte zu erzielen. Ganz im Gegenteil wird die Strategie vom Prinzip einer moderaten, wenngleich stetigen Überschreitung des jeweiligen Erwartungsniveaus ausgehen, da sie von dem Wissen um die Enttäuschungseffekte mitbestimmt wird, die momentane mentale »Aufputschungen« nach sich ziehen, denen keine angemessenen Fortsetzungen folgen. Es wird der Strategie auf diesem Wege möglich sein, ein gemäßigt positives Erwartungsklima zu erzeugen, dem Selbststabilisierungs- und -verstärkungseigenschaften anhaften und das als solches eine starke Auswirkung auf die »Stimmung« der Menschen auszuüben vermag. Weiterhin wird die Strategie aber auch die Gewißheit des einzelnen, an der Gessamtentwicklung beteiligt zu sein und nicht »abgehängt« zu werden, dadurch erhöhen, daß sie ihm ständig ein Spektrum beruflicher Einstiegschancen anbietet. Hierbei kann es sich sowohl um Verselbständigungshilfen, wie auch um Umschulungsprogramme handeln. Von einer kaum zu überschätzenden zentralen Bedeutung sind hierbei realistische Beratungshilfen und Vermittlungsangebote. Entsprechenden Programmen wird im Rahmen der Strategie eine besonders hohe Priorität eingeräumt werden.

Mit anderen Worten wird diese Strategie große publikumswirksame »Kampagnen« tunlichst vermeiden, welche das angezielte gemäßigt positive Erwartungsklima nur stören könnten. Sie wird z.B. strikt davon Abstand nehmen, eine Massenaktion zur Auflegung und zum Verkauf von Aktien bisher staatlicher Betriebe zu einem bestimmten Termin anzukündigen, sondern die Dinge eher klug in kleinere Pakete aufschnüren, um eine »Kette« erzeugen zu können, die zwar einen Anfangspunkt im jeweiligen gegenwärtigen Augenblick hat, die jedoch eine gleichsam evolutionäre Fortschreibung von Erwartungen in die Zukunft gestattet. Dem evolutionären Prinzip wird man sich auch insoweit verpflichtet fühlen, als man bestrebt sein wird, bevorzugt solche Dinge in Gang zu bringen, denen das Potential einer sich selbst antreibenden und verstärkenden Entwicklung innewohnt. Man wird sich aber auch hier vor überzogenen Tempi und den damit verbundenen Aspirations- und Erwartungslawinen hüten, sondern vielmehr ein sehr aufmerksames kontrollierendes Auge auf die verschiedenen Aspekte der Dynamik werfen, um sie gegebenenfalls im Zaume halten zu können. Die leitenden Ziele heißen Verstetigung einer Aufwärtsbewegung und möglichste Integration der Gesamtbevölkerung, nicht Zeitraffung und schnellstmöglicher Erfolg. Man wird auf diese Weise eine Entwicklung ermöglichen können, die auch sozialpsychologisch gesehen langfristig stabil ist.

Ein äußerst willkommener »Nebeneffekt« eines solchen evolutionären Duktus wird sein, daß er besonders günstige Bedingungen für die Entwicklung des fälligen *gesellschaftlichen »Wertewandels«* liefert, der der Bevölkerung weitere in der Zukunft liegende Tore zur Modernisierung öffnet.

Es soll am Ende nicht unerwähnt bleiben, daß meines Erachtens dieser Strategie, über die sicherlich noch sehr vieles gesagt werden könnte, ungeachtet ihrer Bemühung um eine möglichste Integration der Gesamtbevölkerung in den Aufschwung keinesfalls ein quasi-sozialistischer Egalitätszwang anhaftet. Im Gegenteil wird man die bereitgehaltenen Chancenangebote so zu staffeln haben, daß unterschiedlichen Risikobereitschaften, Kreativitätspotentialen, Flexibilitäten und Motivationsniveaus die entsprechenden Verhaltensspielräume zukommen. Es besteht auch kein Anlaß, vor Einkommensdifferenzierungen zurückzuschrecken, die sich in Verbindung hiermit einstellen, soweit von ihnen ein Werbeeffekt ausgeht, sich dem Vorbild der Aktiven anzuschließen. Generell wird die Anreizwirkung zuteilungsfähiger Chancen auf die Aktualisierung aktiver und realistischer Grundeinstellungen auszurichten sein. Der Mentalitätsdynamik wird hiermit eine Zielsetzung vermittelt, die weit über den aktuellen Anlaß hinaus bedeutsam ist.

Was bleibt unter dem Strich?
Ein Vorstoß zur Beantwortung der Sinnfrage

Entfaltung des Individuums
Philosophentraum, Kulturkrise,
oder Zukunftsperspektive?

I

Ich beginne mit der Frage, ob die »Entfaltung des Individuums« ein Philosophentraum ist oder vielmehr war und ich meine, daß die Antwort auf diese Frage nicht schwerfällt. Meine Einleitungsthese lautet, daß die *Idee* der individuellen Entfaltung, der Entwicklung des einzelnen Menschen unter Ausschöpfung der ihm von Gott oder der Natur verliehenen Anlagen und Fähigkeiten, die Geschichte der europäischen Philosophie und der sozialen Ideen seit der Renaissance wie ein roter Faden durchzieht.

Für den Humanismus des 16. und 17. Jh. war der Mensch, so läßt sich diese These belegen, ein »Mikrokosmos«, die »kleine Welt«, in der sich der »Makrokosmos« spiegelt, in der alle seine Kräfte vorhanden sind und zur Entfaltung gebracht werden können. Für die Philosophie der englischen und französischen »Aufklärung« im 18. Jh. spielte die Befreiung des Menschen aus den Fesseln überkommener politischer und sozialer Verhältnisse eine entscheidende Rolle, wobei es charakteristisch war, daß ihm, dem Menschen, eine weitgehende Vervollkommnungsfähigkeit, in der Sprache der Zeit ausgedrückt »Perfektibilität«, zugemessen wurde. Für Jean Jaques Rousseau war die Natur des Menschen rein und vollkommen aus den Händen des Schöpfers hervorgegangen. Diese eigentliche »Wesensart« des Menschen muß, so meinte er, durch eine »zurück zur Natur« strebende Erziehung zur Wiederauferstehung gebracht werden. Für Kant war das Wesentliche an der Geschichte die Entwicklung des Menschen zur fortschreitenden Erfüllung seiner Aufgabe, d. h. seine Entwicklung zur Freiheit. Herder sah in den Entwicklungsstufen der Persönlichkeits- und Völkerindividuen gar den

Prozeß der Selbstentfaltung Gottes. Und Karl Marx, der Abtrünnige, der die Religion mit Feuerbach als »Opium für das Volk« ansah, ging – jedenfalls in seinen Frühschriften – davon aus, daß der Mensch in der Entwicklung der Produktivkräfte letztlich sich selbst produziert, indem er sich in der Arbeit vergegenständlicht und hierin die ihm eingegebenen Wesenskräfte aus sich herausschafft und verwirklicht.

Dieser Blick ins Pantheon der Denker mag für den Augenblick genügen, um einige Hinweise für die Richtigkeit meiner Einleitungsthese zu vermitteln. In der Tat ist oder war, um es zu wiederholen, die Idee der Entfaltung des Individuums ein gemeinsames Grundanschauungselement sehr zahlreicher europäischer Denker unterschiedlichster Coleur. Es läßt sich die Behauptung aufstellen, daß man die europäische Geistesgeschichte gar nicht verstehen könnte, wenn man diese Idee aus ihr eliminieren würde.

Machen wir nun aber einen großen Sprung und schauen wir uns in der heutigen Geisteslandschaft um, so müssen wir uns auf eine veränderte Szenerie einstellen. Der so zahlreiche ältere Geistesheroen ungeachtet ihrer Gegensätze einende überkommene Gedanke der Entfaltung des Individuums ist zwar heute nicht unbedingt »tot«. Er hat aber nicht mehr diejenige enorme, die Gemüter erregende Kraft, die ihm noch im 18. und 19. Jh., ja selbst zu Beginn des 20. Jh. zukam. Der große Glanz ist von ihm abgefallen und er wirkt aus der heutigen Perspektive betrachtet eher museal als aktuell. Es haftet ihm etwas von jener rührenden Fortschrittsgläubigkeit an, die bereits Flaubert in seinem Buch »Bouvard und Pecuchet« karikierte. Wir Heutigen sind, so scheint es, im Hinblick auf diesen überlieferten Gedanken viel nüchterner und realistischer und möglicherweise auch »wissenschaftlicher« geworden. Wir haben, so könnte man meinen, viel zu viel von dem entzaubernden Gift der großen Demaskierer Nietzsche und Freud zu uns genommen, um uns von einem solchen Gedanken noch ernsthaft anrühren zu lassen. Vor allem aber sind wir offenbar auch viel zu »praktisch«, um an einen solchen Gedanken noch unser Herz hängen zu können. Sagte nicht irgendwann einmal ein zitierfähiger Zeitgenosse, unser Jahrhundert sei ein »unphilosophisches« Jahrhundert, ein Jahrhundert des aktiv auf Umgestaltung ausgehenden pragmatischen Handelns, des dynamischen Machens und Veränderns, nicht also des Träumens und Imaginierens, des Schweifenlassens des Geistes um seiner selbst willen?

Genau an diesem Punkt setzt nun allerdings meine zweite These ein.

Diese These lautet, daß die »Idee« der Entfaltung des Menschen zwar der Vergangenheit angehören mag, daß dieser Entfaltung jedoch als einem *realen Sachverhalt* inmitten unserer so unphilosophischen heutigen Welt eine ungeheuer massive Präsenz zukommt, auch wenn uns dies auf Anhieb gar nicht bewußt sein mag und nicht allzuviele Presseschlagzeilen hierüber verloren werden.

Ich verspüre die Versuchung, an diese zweite These die Anmerkung hinzuzufügen, daß unsere dynamische Gegenwartswelt dem alten Philosophentraum nur um den Preis seinen Glanz nehmen konnte, daß sie es auf sich nahm, ihn zu verwirklichen. *So* betrachtet könnte man folgern, daß der Philosophentraum getrost absterben konnte, weil die Wirklichkeit selbst seine Rolle übernahm, so daß er nicht mehr gebraucht wurde. Unsere dynamische Gegenwartswirklichkeit hat, so könnte man auch sagen, den Philosophentraum eingeholt und überholt. Sie befördert ihn mit ihren typischen Mitteln und Methoden laufend aus dem Reich der Ideen in das Reich des tätigen Tuns, wobei es gar keine Rolle spielt, daß dies ohne eine ideelle Steuerung geschieht. Mit anderen Worten kann man dann, wenn man an unsere Gegenwartswirklichkeit mit den Mitteln des empirischen Forschers herantritt, eine ihr innewohnende *Tendenz* zu einer zunehmenden »Entfaltung des Individuums« feststellen, die durch die Strukturen und Mechanismen dieser unserer Wirklichkeit selbst vermittelt wird, die also unserer modernen westlichen Welt als eine Entwicklungsgesetzlichkeit innewohnt.

II

Ich bin natürlich darauf vorbereitet, auch diese meine zweite These zu belegen, aber ich muß, wenn ich mich nunmehr daran begebe, dies zu tun, den Leser dennoch um Nachsicht bitten. Insbesondere wird es mir nicht möglich sein, eine »Theorie« unserer gegenwärtigen Welt, oder auch nur der ihr innewohnenden Tendenz zur individuellen Entfaltung vorzutragen und diejenigen Strukturen und Mechanismen, die diese Entfaltung hervorbringen und vorantreiben, systematisch Revue passieren zu lassen. Ich will – und muß – mich vielmehr darauf beschränken, ohne jegliche Systematik und säuberliche Ordnung einige Impressionen zu präsentieren, welche es nahelegen mögen, meiner zweiten These wohlwollend gegenüberzutreten. Ich will mich hierbei zunächst auf einige Dinge konzentrieren, die verhältnismäßig offen auf der Hand liegen und die man ohne die Anwendung einer besonderen Fachkompetenz auffinden kann. Ich will im weiteren Verlauf alleredings zu einigen zusätzlichen Dingen übergehen, die mir Gelegenheit geben werden, mich als derjenige »empirische Sozialforscher« darzustellen, der ich letztlich bin.

Ich möchte mit dem Grundgesetz der Bundesrepublik Deutschland beginnen, dessen Lektüre zwar immer anstrengend aber stets sehr lohnend ist.

Es heißt im ersten Artikel dieses unseres Grundgesetzes, die »Würde« des Menschen sei unantastbar, und im nachfolgenden Artikel 2 wird festgestellt, daß »jeder ... das Recht auf die freie Entfaltung seiner Persönlichkeit« hat. Das Grundgesetz der Bundesrepublik Deutschland stellt, so heißt es in einem Kommentar, »die Freiheitsrechte des Einzelnen gegenüber dem Staat an seine Spitze.« Die Entfaltung des Individuums ist, so kann man fortfahren, das zentrale positive »Grundrecht« des Grundgesetzes.

Dies ist nun natürlich schon ein recht eindrucksvoller erster Beleg für meine These, daß eine »Tendenz« zur Entfaltung des Individuums unserer Gegenwartswirklichkeit innewohnt.

Es könnte hiergegen zwar eingewendet werden, das Grundgesetz gehöre doch eigentlich gar nicht zu dieser unserer Gegenwartswirklichkeit, sondern es enthalte insbesondere in seinen ersten Artikeln nur Programmsätze normativer Art, aus denen sich allenfalls Forderungen an diese unsere Wirklichkeit ableiten ließen.

Die Dinge gehen aber weiter. Sieht man sich z. B. die auf dem Grundgesetz fußende Arbeitsgesetzgebung und -rechtsprechung, oder das Betriebsverfassungs- und Personalvertretungsrecht, oder das Mietrecht, oder auch das Verwaltungsrecht und die verwaltungsgerichtliche Praxis an, dann kann man erkennen, daß dem Individualrechtsschutz im Laufe der Zeit ein zunehmendes Gewicht zugewachsen ist. Dem Recht auf die Inanspruchnahme des Einzelmenschen im Interesse der Verwirklichung von Staats- und Gemeinschaftszwecken, oder auch im Interesse der Verwirklichung von Unternehmenszielsetzungen tritt in einem zunehmenden Maße das Recht des einzelnen Bürgers oder Arbeitnehmers auf persönliche Unversehrtheit, auf die Sicherstellung persönlicher Bedürfnisse, oder auch auf die Verwirklichung persönlicher Entwicklungs- und Entfaltungsinteressen als Schranke entgegen. Während der Beamte früher in schöner Unbefangenheit die Staatsautorität verkörpern durfte, sieht er sich heute zum »Dienst am Bürger« unter Wahrung der »Einzelfallgerechtigkeit« veranlaßt. Große Verwaltungsbereiche wie die Bundespost und die Bundesbahn, darüber hinaus aber auch zunehmend zahlreiche Städte und Gemeinden wollen sich inzwischen gar nicht mehr als »Hoheitsverwaltungen« verstehen, sondern vielmehr als »Dienstleistungsunternehmen«, welche den Kunden König sein lassen. Der gesamten Rechts- und Staatsentwicklung der Bundesrepublik haftet zunehmend eben derjenige »anthropozentrische«, d. h. auf den Menschen gerichtete Zug (H. v. Arnim) an, der auch dem Grundgesetz eignet. Die Artikel 1 und 2 dieses unseres Grundgesetzes haben ganz offenbar den Marsch durch die Institutionen angetreten.

Ein ganz ähnliches Bild erhält man auch dann, wenn man sich die Entwicklung der staatlichen Tätigkeiten von der Geldausgabeseite her ansieht und hierbei die mengenmäßig dominierenden Personalausgaben in den Mittelpunkt rückt. Im Haushalt 1990 des Landes Nordrhein-Westfalen entfielen 58 % des gesamten Stellenbestandes allein auf das Lehrpersonal an Schulen und Hochschulen, d. h. also auf einen staatlichen Tätigkeitsbereich, der mit einer ganz besonderen Eindeutigkeit der Förderung der individuellen Entfaltung zugewandt ist. Während im Zeitraum 1961 bis 1980 der Stellenbestand insgesamt um 103 % zunahm, expandierte der Bildungsbereich um rund 156 %. Rechnet man die ebenfalls primär auf die individuelle Entfaltung angesetzten Personalbestände im Bereich der Jugend- und Sozialverwaltung und des Gesundheitswesens auf der Bundes-, Länder- und Gemeindeebene hinzu, dann verstärkt und vereindeutigt sich der Befund weiterhin. Der Staat verlagert ganz offensichtlich seinen Tätigkeitsschwerpunkt mehr und mehr in die immer zahlreicher werdenden institutionellen Bereiche der Förderung der individuellen Persönlichkeitsentfaltung.

Wenden wir uns nun von Staat und Verwaltung ab und zunächst den politischen Parteien zu, so können wir als wesentlichen Entwicklungs- und Veränderungssachverhalt der letzten Jahrzehnte einen Wandel von den Weltanschauungs- und Interessenvertretungsparteien früheren Typs zu den sog. Volksparteien feststellen. Schlagwortartig ausgedrückt sind die Volksparteien bestrebt, möglichst zahlreiche Wählerstimmen auf sich zu vereinigen. Sie können dabei aber nur dann Erfolg haben, wenn sie den Wünschen und Erwartungen möglichst vieler »Menschen draußen« möglichst weitgehend entgegenkommen. Daß ihnen dies nur begrenzt gelingt, weil sie ja nicht für jeden einzelnen ein gesondertes Parteiprogramm aufstellen können, ist eines ihrer aktuellen Hauptprobleme. Der immer selbstbewußter und »emanzipierter« auftretende »Wechselwähler« von heute klopft sie daraufhin ab, ob sie seinen höchstpersönlichen Interessen dienen und er lehnt dankend ab, wenn er den Eindruck hat, daß dies nicht der Fall ist. Der fortwährende Akzeptanzschwund ist unter diesen Bedingungen vorprogrammiert. Wie die Parteien hierauf reagieren, bleibt abzuwarten.

Aber auch der Konsument ist »emanzipiert«, seit in den 60er Jahren anstelle der ehemaligen »Verkäufermärkte« die heutigen »Käufermärkte« entstanden und das Realeinkommen immer neue historische Höchstwerte erreichte. Der Wunsch- und Bedürfnisbefriedigung und der Neigungsentfaltung des Konsumenten stehen sogar sehr viel weniger zahlreiche Barrieren im Wege als der des Wählers, da die Wirtschaft die Kunst der Produktdifferenzierung zunehmend virtuos praktiziert. Studiert man die ungeheure Vielfalt der Angebote, die heute in jedem Teilbereich auf dem Markt sind, dann weiß man am Ende kaum mehr, wer hier auf wen reagiert und wer wen vorantreibt. Hat die Individualisierungstendenz bei den Kunden noch die Führungsrolle, oder ist es nicht vielmehr schon längst die Wirtschaft, die sich selbst an die Spitze dieser Tendenz gestellt hat und den Kunden dazu zwingt, sich als wahlfähiges Individuum zu bewähren? Typischerweise schöpfen die Autokäufer gegenwärtig die ihnen angebotene Produktvielfalt noch gar nicht aus, was sich allerdings sicher in Zukunft ändern wird, denn die Menschen lernen schnell hinzu. Sie sind in besonderem Maße für die Erkennung und Nutzung von Individualitätsspielräumen »sensibilisiert«.

Ähnliches gilt aber auch für den Menschen als Arbeitnehmer. Schon in den 50er Jahren begannen die Arbeiter, wie wir aus den damaligen Umfragen wissen, den Begriff »Proletarier« nicht mehr zu verstehen, weil ihnen der Sinn für die ehemalige Klassensolidarität entschwand. Im Hintergrund dessen standen einschneidende Vorgänge der beruflichen Differenzierung, wie auch einer zunehmenden Orientierung des Einzelnen an seinen individuellen beruflichen Entwicklungschancen auf den sich immer mehr verzweigenden Arbeitsmärkten. Überspitzt ausgedrückt betrachtet sich heute jeder modern eingestellte Arbeitnehmer als einen absoluten Einzelfall mit besonderen Fähigkeiten, mit besonderen Zukunftszielen und -chancen, mit besonderen Problemen, wie auch mit einer besonderen Berufsbiographie. Es gibt keinen größeren Fehler in der Personalführung als den, die Neigung der Mitarbeiter zu übersehen, sich selbst in jeder Hinsicht als einzig und unwiederholbar, mit einem Wort: als »individuell« zu empfinden. Wie reagibel sich die Wirtschaft hier inzwischen allerdings erweist, läßt sich u. a. an dem bei den Führungsfachleuten kursierenden Schlagwort »Management by Frisör« ablesen: jedem wird das Haar, so heißt dies, so geschnitten, wie er es wünscht und braucht, kurz, halblang, oder lang, wenn dies nur der Produktivität dient. Auch hier läßt sich von einem Vorgang wechselseitiger Verstärkung und Vorantreibung sprechen: Wessen Individualitätsstreben so bereitwillig akzeptiert wird, der fühlt sich ermutigt, weitere Schritte voran zu tun. Individualitätsentfaltungsspiralen drehen sich heute bereits allenthalben, in der Arbeitswelt wie auch in der Freizeit, in der Wirtschaft wie auch in der Politik, ja selbst da und dort bereits im Staat. Es gibt zwar starke Widerstände, aber sie scheinen geringer zu werden. Insgesamt gesehen scheinen hier machtvolle Kräfte am Werke zu sein, deren Durchsetzungsfähigkeit anwächst. Die Entfaltung des Individuums, der einstige Philosophentraum, wird nicht nur durch den »subjektiven« Wunsch und Willen der Menschen selbst angetrieben, sondern vielmehr in einem zunehmenden Maße auch durch die »objektiven« Strukturen und Mechanismen des gesellschaftlichen Systemzusammenhangs.

Nur um das Bild noch etwas abzurunden, sei kurz auf einige einschlägige Entwicklungen eingegangen, die sich in der Bundesrepublik seit den 60er Jahren abspielten.

Man sprach seit dieser Zeit viel von »Revolutionen« der verschiedensten Art, die sich im Alltag der Gesellschaft ereigneten: von der Bildungsrevolution, von der durch das Fernsehen hervorgerufenen Medienrevolution, dann aber auch von der aufdämmernden »Freizeitgesellschaft«, wie z. B. auch von der »Vollmotorisierung«, von der »Konsumentensouveränität«, wie auch von der Verwirklichung des Sozialstaats und seines Programms der »Daseinsvorsorge«.

All diese Entwicklungen förderten, ganz pauschal gesagt, die Entfaltung des Individuums aufs allernachdrücklichste, indem sie die Menschen von vorherigen Bindungen, Begrenzungen und Schranken entfesselten, indem sie ihnen Freiheits- und Unabhängigkeitserfahrungen ungeahnten Ausmaßes eröffneten und ihren Horizont weit über das hinaus erweiterten, was von den Vätern ererbt war. Sie förderten diese Entwicklung auch indem sie den Menschen eine anwachsende Fülle von Optionschancen zur Verfügung stellten, wo vorher für die Mehrheit der Zwang der notdürftigen Lebensfristung vorgeherrscht hatte. Wenn man unserer heutigen Gesellschaft einen Namen geben wollte, der das hervorhebt, was den in ihr lebenden Menschen im Unterschied zur Vergangenheit zunehmend angeboten wird, dann müßte man wahrscheinlich von einer »*Optionsgesellschaft*« sprechen, in welcher man ein entfaltetes – oder zumindest ein entfaltungsbereites – Individuum sein muß, wenn man das bestehende Chancenangebot ausschöpfen will.

Ich möchte in diesem Augenblick nur mit einem Satz anmerken, daß dieser Name in gewisser Hinsicht »futuristisch« ist, weil er eine Entwicklungstendenz aufgreift, die im gegenwärtigen Augenblick keineswegs bereits zum Abschluß gelangt ist, sondern vielmehr umgekehrt an verschiedenen Punkten noch gravierende »Löcher« aufweist. Ich möchte ankündigen, daß wir auf diesen ungemein wichtigen Punkt später nochmals zurückzukommen haben, sobald wir uns im Anschluß an die nachfolgende Problemdiagnose die Frage nach den aktuellen Möglichkeiten des Handelns stellen können.

III

Der einstige Philosophentraum der Entfaltung des Individuums lebt also, wie man auf Schritt und Tritt erkennen kann, mitten unter uns, ja in uns selbst, wie auch in zahlreichen derjenigen Organisationen und Einrichtungen, die unser gegenwärtiges Leben kennzeichnen. Er lebt, wirkt und expandiert und er bestimmt unsere Existenz in einem heute bereits kaum mehr überbietbar erscheinenden, nichtsdestoweniger aber immer noch zunehmenden Maße. Dieser einstige Traum, der sich anschickt zur Wirklichkeit zu werden, scheint bereits zu groß, zu mächtig, zu allumfassend geworden zu sein, um noch in eine kohärente Sinndeutungsformel eingefangen zu werden. Er ist uns vielleicht auch – in einer allzu großen Vielfältigkeit und Unübersichtlichkeit – schon zunahegerückt, um noch diejenige Distanzierungsleistung zu erlauben, die mit jeder Deutungsanstrengung verbunden ist. Man könnte auch sagen: Dieser Traum hat uns bereits verschlungen. Wir denken, handeln und leben so sehr in ihm als unserem Alltagsmedium, daß wir ihn schlechterdings nicht mehr »träumen« können. Man kann nicht differenzenlos das träumen, was wirklich ist. Man läuft im Traum der Wirklichkeit entweder hinterher, oder voraus.

Oder: Man ängstigt sich vor ihr.

Genau dies ist aber das Stichwort, von dem ich nunmehr ausgehen will. Denn dies gehört zur Erfassung der Ganzheit des Wirklichkeit werdenden Philosophentraums der Entfaltung des Menschen hinzu, daß er neben der Erfüllung alter und neuer Wünsche, die er ermöglicht, auch Ängste hervorruft, Ängste, die sich in den beredten Klagen von Kulturkritikern abspiegeln, die sich aber auch in neuartigen Alltagsnöten der Menschen niederschlagen und denen man letztlich auch in den Sprechzimmern der Psychoanalytiker, wie auch in den Akten der Jugendgerichtsbarkeit begegnen kann.

Bringt die fortschreitende Entfaltung des Individuums, so mag man von daher fragen, etwa eine große Kulturkrise der Moderne mit sich, weil sie eine Losreißung des Menschen vom sicheren Hort vormaliger Gemeinschaftsbezüge bedeutet, die er anthropologisch gesehen vielleicht braucht, um nicht zu entgleisen und abzustürzen? Ist das Thema der Entfaltung des Individuums somit vielleicht »das« moderne Ikarus-Thema? Das Thema also des Menschen, der sich in »dionysischer« Trunkenheit zuviel herausnimmt und zumutet, der töricht und blind diejenigen Grenzen überschreitet, die ihm die Götter und Moralsysteme früherer Zeiten gezogen hatten, der »Freiheit« mit der unbegrenzten Offenheit aller Wege, Räume und Horizonte verwechselt und »destruktiv« wird und der deshalb möglicherweise – bei Gefahr des anderweitigen Untergangs – zur Einsicht und Umkehr veranlaßt werden muß?

Um allen Mißverständnissen vorzubeugen, möchte ich an dieser Stelle ausdrücklich sagen, daß *ich selbst nicht* beabsichtige, eine derartige Botschaft zu verkünden. Ich meine erstens, daß die heute vonstatten gehende Entfaltung des Individuums aufgrund der Durchsetzungskraft, die ihr inzwischen zugewachsen ist, unumkehrbar ist, so daß der Versuch, diese Entwicklung zurückzudrehen, unabsehbare Spannungen und Verwerfungen im gesamten gesellschaftlichen und politischen Gefüge verursachen müßte. Ich meine aber auch zweitens, daß dieser Entfaltungsprozeß »die« entscheidende Zukunftsperspektive unserer heutigen Welt in sich birgt, so daß eine Entscheidung zur Umkehr gewissermaßen den Verzicht auf die Fortführung der Geschichte und ihre Auslieferung an diejenigen Tendenzen einer perspektivenlosen Ermattung mit sich bringen müßte, welche sich gegenwärtig etwa um den Begriff der »Post-Moderne« versammeln.

Ich glaube nun nichtsdestoweniger andererseits aber auch, daß es gänzlich verfehlt wäre, sich hinter einem sorglosen Optimismus zu verschanzen und die unbezweifelbaren Gefahren, welche die Entfaltung des Menschen, seine Emanzipation aus früheren Bindungen und Ordnungen mit sich bringt, frohgemut übersehen zu wollen. Es kann gar kein Zweifel daran bestehen, daß dieser Entfaltungs- oder Emanzipationsvorgang auch gravierende neuartige Probleme mit sich bringt, für die es großenteils noch keine Lösungen gibt und die uns somit vor schwerwiegende Fragen und Aufgaben stellen, denen wir gerecht werden müssen, wenn wir die großen Chancen und Gewinne an menschlichen Daseinsmöglichkeiten, die sich abzeichnen, unbeschwerten Herzens nutzen wollen.

Es sind dies Probleme, die einerseits das Verhältnis der Menschen zur organisierten gesellschaftlichen und staatlichen Gemeinschaft, andererseits aber auch das gegenseitige Verhältnis der Menschen selbst betreffen, d.h. also ihre Alltagskommunikation und -interaktion, die in mancher Hinsicht viel schwieriger geworden ist als früher. Ich will mich diesen Problemen in den nächsten Minuten zuwenden, wobei ich Sie wiederum um Nachsicht dafür bitten muß, daß ich keine Vollständigkeit und Systematik anstreben kann, sondern mich mit einigen wenigen Schlaglichtern zufrieden geben muß.

Diejenigen neuen Probleme, welche das Verhältnis der Menschen zur organisierten Gemeinschaft betreffen, kommen z. B. in einem grollenden Vorwurf zum Ausdruck, welchen mein ehemaliger Speyerer Kollege, der Präsident des Bundesverfassungsgerichts Roman Herzog, kürzlich einem Auditorium in Berlin anvertraute. »Er prangerte an, daß sich in der Bevölkerung eine ‚Gier nach Einzelfallgerechtigkeit' breit gemacht habe, die zu immer mehr unüberschaubaren Normen führe. Einerseits seien viele Bürger nicht mehr bereit, die geringste Härte einer Regelung hinzunehmen. Andererseits nutzten sie aber jede Großzügigkeit und Kulanz des Staats bis zum letzten Pfennig aus.« (FAZ vom 14. September 1991).

Andere Aspekte dieses vielschichtigen Problemfeldes kommen in den in diesem Buch schon mehrfach erwähnten Klagen vieler Politiker über die sogenannte »Stimmungsdemokratie« zum Ausdruck, d. h. über die sinkende Berechenbarkeit und Verläßlichkeit des Wählers, der es der Politik immer schwerer mache, sich in einem ausreichenden Maße auf diejenigen Sachthemen zu konzentrieren, die um des Gemeinwohls willen vorrangig bearbeitet werden müßten. Nochmals andere Aspekte dieses Problemfeldes werden sichtbar, wenn man sich den Klagen der Kirchenmänner über die fortschreitende »Säkularisierung« in der Bevölkerung zuwendet. Sie meinen hiermit die sinkende Möglichkeit, die Menschen z. B. noch mit den traditionellen Gottesdienstangeboten zu erreichen. Grob ausgedrückt finden die sich entfaltenden und auf sich selbst und ihre Bedürfnisse konzentrierenden Menschen das ehrfürchtige Stillsitzen während der Predigt nicht mehr im selben Maße attraktiv wie früher. Sie erschauern auch nicht mehr im früheren Maße vor dem überkommenen Autoritätsanspruch der Kirchen, sondern sind eher geneigt, ihn in Frage zu stellen. Über ganz ähnliche Schwierigkeiten berichten aber auch die freien Wohlfahrtsverbände, die weniger Helfer als früher finden, obwohl es in der Bevölkerung eigentlich eine große Bereitschaft zum persönlichen sozialen Engagement gibt, die aber unausgeschöpft bleibt, weil viele Menschen das Gefühl haben, beim Eintritt in einen der etablierten Verbände in ein vorgefertigtes Rollenschema hineingepreßt, einem unpersönlichen Verpflichtungs- und Autoritätsdruck unterworfen und somit letztlich einem Freiheitsverlust ausgesetzt zu werden. Selbst die Gewerkschaften verzeichnen teils sinkende Mitgliederzahlen, obwohl sie doch den größten Wert darauf legen, sich als die Interessenvertretungen der Arbeitnehmer darzustellen. Auch hier ist der Grund letztlich darin zu suchen, daß die Menschen sich in ein Schema gepreßt fühlen und den Eindruck haben, ihre persönlichen Interessen würden nicht ausreichend gewürdigt. Auch hier stört die Menschen der Autoritätsanspruch von Funktionären, die mehr auf eine weit entfernte Zentrale hören als auf ihre Mitglieder. Man kann zusammenfassend sagen, daß es ein früher unbekanntes Bedürfnis nach persönlicher Autonomie und Ungezwungenheit gibt, das sich sowohl in einer Neigung zu »informalen« Umgangsformen niederschlägt, wie auch in einer wachsenden Widerwilligkeit, sich einengenden formalen Rollenanforderungen zu unterwerfen. Der auf Selbstentfaltung ausgehende Mensch ist von daher grundsätzlich auch zur Bürokratiekritik disponiert und stets für sie zu haben. Er neigt zum Widerstand gegen ihm meist »unbegründet« und »vermeidbar« erscheinende äußere Belastungen, die auf »amtliche« Beschlußfassungen zurückgehen und er gerät in Rage, sobald er sich mit den Einwirkungen von Mächten und Interessen konfrontiert sieht, die er als »fremd« und »anonym« erlebt, die sich also seinem Bedürfnis nach »Transparenz«, nach menschlicher »Nähe« und individueller Beherrschbarkeit entziehen.

Wenden wir uns nun den Problemen des alltäglichen zwischenmenschlichen Umgangs zu, so mag ein völlig unauffälliges Textstückchen aus einem gänzlich unbekannten Mitteilungsblatt des paritätischen Wohlfahrtsverbandes einen Einstieg vermitteln, auf das ich in den letzten Wochen durch Zufall stieß. Es heißt hier wie folgt: »Ein immer ausgeprägteres Individualverhalten junger Menschen, von ‚überzogener Eigenbrötelei' bis zur Konzentration auf Zweier- und Dreierbeziehungen, stellte ein Feriendienst in Münster im vergangenen Jahr fest. Während vor 20 Jahren Kinder aus kinderreichen Familien in die dreiwöchigen Ferienmaßnahmen gekommen seien, die zu Hause bereits ‚Praktiken des sozialen Verhaltens in Gruppen' erlernt hatten, seien die Kinder gegenwärtig darin weitgehend ungeübt, weil viele aus Familien ohne ein weiteres Geschwisterkind stammten. Erschwerend käme hinzu, daß viele nur mit einem Elternteil zusammenlebten und daher fixiert auf Vater oder Mutter seien. Die Ferienberater stünden insgesamt gesehen einer Vielzahl individueller Interessen und Wünsche gegenüber, die erst einmal zusammengeführt werden müßten, damit ein Gemeinschaftsleben überhaupt möglich würde.«

Ent-Sozialisierungstendenzen solcher Art sind nun allerdings keineswegs nur bei Kindern und Jugendlichen, sondern auch bei zahlreichen Erwachsenen beobachtbar. Man kann sie dementsprechend nicht nur in Ferienlagern, sondern vielmehr in allen Bereichen des privaten Lebens auffinden. Das »individualistische« Bedürfnis, sich als »autonome Person« entfalten, verwirklichen, ausleben und »einbringen« zu können, hat in den zurückliegenden Jahren zunehmend dem gesamten gesellschaftlichen Alltagsleben seine Spuren aufgeprägt.

Wir finden eine Komponente der auf Autonomie und Selbstentfaltung bedachten Grundeinstellung, wenn wir uns das auf den ersten Blick völlig harmlos anmutende weitverbreitete Bedürfnis nach Authentizität oder Echtheit und Unmittelbarkeit im Umgang mit anderen vor Augen führen. Die quasi-moralische Note, die diesem Bedürfnis anhaftet, kommt darin zum Ausdruck, daß man in der Umgangssprache das, was hier gemeint ist, öfters mit dem seiner ursprünglichen Bedeutung völlig entkleideten Wort »ehrlich« anspricht. Wenn der auf Selbstentfaltung ausgehende Mensch »ehrlich« sein will, dann heißt dies, daß er sich ohne eine verfälschende aufgezwungene Maske geben will, einfach so, wie er ist, denkt und fühlt. Dies bringt einerseits die Konsequenz mit sich, daß er sich von allen Zwängen der Unterordnung unter die ihm grundsätzlich anstößig erscheinenden Regeln des Takts, der Höflichkeit, des guten Benehmens entlastet fühlt. Er wird aber andererseits auch dazu neigen, in gefühlsmäßig begründete zwischenmenschliche Beziehungen, so insbesondere auch in Liebesverhältnisse, eben dieses Prinzip der »Ehrlichkeit« einzubringen. Emotionale Abkühlungen, wie sie in solchen Verhältnissen zeitweilig aufzutreten pflegen, führen dann leicht zur Krise und zur Trennung, weil man davon ausgeht, nunmehr sei ja die eigentliche Legitimitätsbasis des Verhältnisses nicht mehr vorhanden. Wenn man verschiedentlich die sogenannte »sequentielle Treue« junger Menschen aufs Korn genommen und als unmoralisch kritisiert hat, dann hat man gewöhnlich diese verzwickte Problematik übersehen. Die Trennung von einem Partner erfolgt nicht unbedingt aus dem in der Regel unterstellten Abwechslungsbedürfnis heraus, sondern in zahlreichen Fällen aufgrund der Meinung, die Beziehung nunmehr nicht ohne »Unehrlichkeit« weiterführen zu können.

Eine weitere Ursache für die zunehmende Instabilität zwischenmenschlicher Beziehungen ist dann natürlich auch die Schwierigkeit, die sich immer dann einstellt, wenn zwei Partner, die sich beide selbstentfalten wollen, vom jeweils anderen die selbstlose Unterstützung dieses Vorhabens erwarten. Es kommt dann unvermeidlicherweise zu einer wechselseitigen Überforderung und somit oft zur Flucht aus der sogenannten »Beziehungskiste«.

Hinzu kommt dann natürlich noch das Gefühl der Frauen, in ihrem neuerworbenen Selbständigkeitsbedürfnis vom männlichen Partner nicht ausreichend anerkannt zu werden. Das Hochschnellen der Ehescheidungsziffer seit dem Beginn der 60er Jahre hat in allen diesen Problemen seine Wurzel.

Man kann das, was in diesen Hinweisen zum Vorschein kommt, mit den Begriffen einer zunehmenden Autoritätsabwehr, eines zunehmenden Egozentrismus, wie auch einer wachsenden Bindungsfurcht kennzeichnen. Man kann aber zusätzlich auch noch von einer um sich greifenden Ent-Normativierung und Ent-Traditionalisierung sprechen, denn das wachsende Selbstentfaltungsstreben der Menschen wirkt wie eine ätzende Säure auf diejenigen herkömmlichen »sozialen Selbstverständlichkeiten«, denen man sich früher anstandslos fügte, denen man sich aber heute nicht mehr im selben Maße fügen will, weil man den Anspruch hat, alles von sich aus entscheiden zu wollen, was einen selbst betrifft. Um nur ein Beispiel zu nennen, das die Folgen dieser letzteren Veränderung des Alltags beleuchtet: Daß seit den 60er Jahren nicht nur die Ehescheidungsziffer dramatisch gestiegen, sondern auch die Eheschließungsziffer dramatisch gesunken ist, hat den Hintergrund, daß sehr viele Menschen die Eheschließung nicht mehr wie früher als etwas ansehen, was zu einem »normalen« und gut geordneten Lebenslauf mit undiskutierbarer Selbstverständlichkeit hinzugehört, sondern vielmehr als etwas, was nur ihrer eigenen höchstpersönlichen Entscheidung anheimgestellt ist. Dasselbe gilt für das Kinderkriegen. Daß wir heute aufgrund einer seit den 60er Jahren rapide abgesunkenen Geburtenziffer eine schnell schrumpfende Bevölkerung haben und daß wir uns somit um die Rentenbeschaffer von morgen sorgen müssen, hat selbstverständlich in dem mit der Hinwendung zur Selbstentfaltung verbundenen »Wertewandel« eine, wenn nicht »die« entscheidende Wurzel.

IV

Ich könnte, wenn ich wollte, noch sehr viele weitere Problembefunde ansprechen, die sich mit der zur Wirklichkeit gewordenen Entfaltung des Individuums verbinden, aber ich will mich mit dem an dieser Stelle erreichten Stand zufriedengeben. Wie ich schon sagte, meine ich auch gar nicht, daß die von mir genannten (oder auch nicht genannten) Probleme einen zwingenden Anlaß dazu geben, von einer großen – und möglicherweise endgültigen – »Kulturkrise« der Moderne zu sprechen. Alle diese Probleme sind zwar schwerwiegend und sie erfordern Lösungen. Man wird aber, wie ich meine, wohlberaten sein, wenn man sie grundsätzlich als *Übergangsprobleme* ansieht, die anzeigen, daß der Modernisierungsschub, den die gekennzeichnete Entfaltung des Menschen bedeutet, noch nicht ausreichend bewältigt werden konnte, daß somit noch weitere Schritte in der einmal eingeschlagenen Richtung vollzogen – und ggf. auch durchlebt, durchlitten und bewältigt – werden müssen, bevor es erlaubt sein wird, die Produktivität der Entwicklung uneingeschränkt, d. h. ohne den steten Blick auf die Gegenrechnung gesellschaftlicher und menschlicher Verluste, in den Blick zu nehmen.

Ich meine, daß es allerdings nicht ausreicht, in diesen Vorgang gewissermaßen mit »gekreuzten Fingern« einzutreten und der »Autopoiesis« der Wirklichkeit, d. h. also ihrer Selbstgestaltungsfähigkeit und -kraft, passiv bei ihrem Wirken zuzusehen. Wir müssen, so meine ich vielmehr, pointiert ausgedrückt in der vor uns liegenden nächsten Zukunft diejenige Entfaltungstendenz, die unserer Wirklichkeit »innewohnt«, bewußt zum eigenen Handlungsziel erheben, d. h. also der Wirklichkeit an solchen Stellen aktiv unter die Arme greifen, an denen ihre Selbstgestaltungsfähigkeit und -kraft hakt und teilweise aussetzt, oder in Spannungsfelder gerät, die sich auf unsere Lebensqualität negativ auswirken.

Meines Erachtens müssen wir hierbei von der Grundeinsicht ausgehen, daß die Tendenz zur Entfaltung des Individuums zwar von vielfältigen organisierten Kräften einer gesellschaftlichen Modernisierung angeschoben wurde, daß die Menschen in der allerletzten Zeit aber, bildhaft ausgedrückt, einen großen »Sprung nach vorn« gemacht haben, so daß sie heute vielfach den organisierten Kräften der Gesellschaft, d. h. den Verbänden, den Regierungen, den Parteien und Verwaltungen, wie z. B. auch den Kirchen, vorausgelaufen sind. Es besteht, anders ausgedrückt, heute vielfach ein Ungleichgewicht zwischen den Menschen, die den vielberedeten »Wertewandel« durchlaufen haben und den organisierten Gebilden, die ungeachtet aller Änderungen, die sie vollzogen haben, vielfach noch immer an den Menschen von gestern ausgerichtet sind, die also vielfach noch immer darauf vorbereitet sind, auf Menschen zu treffen, denen man mit Amtsautorität und mit möglichst genauen Vorschriften, ggf. auch mit einem wohlmeinenden Patriarchalismus begegnen muß und die sich dann erst wohl und geborgen fühlen.

Der Wandel, der diesbezüglich an vielen Stellen unseres gesellschaftlichen Gefüges erfolgen muß, besteht nicht etwa darin, den Rückzug anzutreten und die Menschen in Zukunft sich selbst zu überlassen. Würde man dies tun wollen, so würde man möglicherweise tatsächlich derjenigen Negativ-Vision des »dionysischen« Individuums in die Hand arbeiten, die uns Herr Sieferle vor Augen gestellt hat. Notwendig ist vielmehr umgekehrt, den Menschen in Zukunft eine größere Zahl von Handlungsfeldern anzubieten, in denen sie verantwortungsvolle Selbständigkeit und Eigeninitiative ausüben und in die sie sich auf eine konstruktive Weise »einbringen« können.

Grob fordern allzu viele unserer Institutionen von den Menschen in erster Linie immer noch das Stillsitzen, das »stumme Mehrheit«-Spielen, das »zahlendes Mitglied«-Sein, das Hinnehmen vorgefertigter Formalzuständigkeiten, wie auch vor allem das fraglose Einhalten bürokratischer Regeln, die sich im Zuge der sogenannten »Normenflut« ganz außerordentlich vermehrt haben.

Natürlich *braucht* man in einer modernen, vom »rationalen« Ineinandergreifen zweckhafter Ordnungen abhängigen Gesellschaft in einem sehr erheblichen Maße die Bereitschaft, dies alles zu tun. Man braucht heute aber auch – in einem mindestens ebenso erheblichen Maße – das andere, sagen wir: die spontan ausfüllbaren Spielräume, das Offene, das Kooperative, wie auch das »Partizipatorische« im Sinne der Ermöglichung des aktiven und verantwortlichen – und insofern auch »sinnvollen« – Mitdenkens und Mithandelns.

Die Industrie ist heute in einem anerkennenswerten Maße dazu übergegangen, im Wege der Einführung neuer Personalführungs- und -entwicklungsmodelle und Delegationsformen für die Berufstätigen neue Wege zu erschließen. Es kann zwar m. E. keine Rede davon sein, daß die hier erkennbaren Entwicklungen bereits einen befriedigenden Abschluß erreicht haben, aber es sind hier unverkennbar Prozesse in Gang gekommen, die in eine als »richtig« ansprechbare Richtung zielen.

Viel weniger Positives läßt sich aber z.B. über die Situation der noch nicht berufstätigen jungen Menschen, wie z. B. auch über die Lage der nicht mehr berufstätigen Alten sagen.

Warum verfällt heute ein wachsender Teil der Jugend der Verführungskraft der Drogen? Warum stellen viele junge Menschen Verhaltensweisen zur Schau, die auf eine selbstbezogene Weise »destruktiv« sind und die somit in der Tat unter Verwendung der Sieferle'schen Vision des »dionysischen Individuums« beschrieben werden können?

Natürlich *nur* deshalb, so muß die Antwort lauten, weil ihrem individuellen Entfaltungsstreben zu wenige in die Gesellschaft hineinführende konstruktive Verwirklichungschancen angeboten werden, weil sie keine von der Gesellschaft entworfenen, produktiv ausfüllbaren Möglichkeiten des »Sich Einbringens« vorfinden – sei es, weil sie arbeitslos sind und keine persönlichen Zukunftsperspektiven sehen, oder sei es auch nur, weil sie z. B. nur über die schmalen Kanäle von Vereinen, die am Leistungssport orientiert sind, »Spielräume« angeboten bekommen, weil sie in ihrem familialen Umfeld keine älteren Partner mehr finden, die auf eine ernsthaft »aufgeschlossene« Weise »für sie da« sind, oder weil sie in einer von abstrakten Lehrprogrammen gesteuerten verwissenschaftlichten Schule über viele Jahre hinweg Lernprozesse vollziehen müssen, über deren Lebenssinn ihnen niemand eine befriedigende Auskunft erteilen kann.

Ähnliches gilt – mutatis mutandis – z. B. aber auch für die älteren Menschen, die wir bislang immer noch zu einem verhältnismäßig frühen Zeitpunkt rigoros aus eben derjenigen beruflichen Sphäre ausschließen, deren Vorrang wir ihnen vorher aufgenötigt hatten und die wir anschließend zum Objekt der Altenfürsorge degradieren.

Wie ich oben schon sagte, hat die »Optionsgesellschaft«, die sich heute herauskristallisiert und die adäquate Gesellschaftsformation für das sich entfaltende Individuum ist, noch gravierende »Löcher«, die, wie sich nunmehr erkennen läßt, große Bevölkerungsteile betreffen, so daß diejenigen Menschen, die von sich behaupten können, über ein Optimum an Optionen zu verfügen, die eigentlichen »Privilegierten« des Systems sind.

Man kann die Gefahr, die hier droht, wie bereits angedeutet, mit der Formel eines »dionysischen« Abdriftens und Degenerierens der Selbstentfaltungsorientierung zu fassen versuchen. Ein vorgelagerter Gefahrenherd wird aber schon dann erkennbar, wenn man die Möglichkeit ins Auge faßt, daß die Menschen ihr Engagement aus den für sie unattraktiv und »frustrierend« werdenden gesellschaftlichen Ordnungen mehr und mehr in eine private Nischengesellschaft verlagern, so daß am Ende auch im freiheitlichen Westen ein Prozeß abläuft, der z. B. dem SED-Regime der DDR zunehmend die »Massenbasis« entzogen hatte.

Erst wenn wir demgegenüber erkannt haben, welches ungeheure, bisher noch weitgehend ungenutzte konstruktive »Motivations«-Potential in den auf individuelle Selbstentfaltung ausgehenden heutigen Menschen steckt und wenn wir uns fragen, welche Verwirklichungsmöglichkeiten wir diesem Potential in allen in Frage kommenden Lebensbereichen anbieten können, werden wir den Anspruch erheben können, den Herausforderungen, vor die uns die moderne gesellschaftliche Entwicklung stellt, voll gerecht zu werden.

Helmut Schelskys Liberalismus

Parteinahme für einen Möglichkeitshorizont der
Gegenwartsgesellschaft

1. Eine evolutionäre Theorie der Institutionen als Zentrum des Schelsky'schen Gesellschaftsdenkens

Wer das Gesamtwerk Helmut Schelskys von irgend einer seiner zahlreichen inhaltlichen Facetten her nur »angelesen« hat, mag auf die Frage nach seinem theoretischen Zentrum – und darum soll es hier zunächst gehen – zunächst mit einiger Hilflosigkeit reagieren. Er mag versucht sein, mit der Gegenfrage zu antworten, ob Schelsky von seiner Grundeinstellung her nicht vielmehr den Typus des sich ohne die Hemmungen der »System«-Schöpfer älterer Provenienz von einer Aktualität zur anderen bewegenden »modernen Empirikers« verkörpere.

Wer so denkt, mag sich in einer solchen Auffassung durch gelegentliche Bemerkungen Schelskys bestätigt sehen, in der durch tiefgreifende Umbrüche gekennzeichneten Gegenwartsgesellschaft bestehe eine vorrangige Aufgabe des Soziologen in der Aufsprengung illusionär und handlungsirritierend werdender, der Entstehung von Ideologien Vorschub leistender Bekanntheits- und Vertrautheitsräume herkömmlichen Charakters durch die Vermittlung von Informationen über die motivabstinent analysierte gesellschaftliche Wirklichkeit.

In der Tat kann es nun zwar gar keinen Zweifel daran geben, daß Helmut Schelsky eine gänzlich ungewöhnliche Begabung für die intuitive Aufspürung aktueller Entwicklungstrends des gesellschaftlichen Wandels besaß und daß ihm eine grundsätzliche Bereitschaft eignete, seine Forschungsgegenstände in Entsprechung zu dem – ggf. auch prospektiven – Aktualitätsgrad, den er ihnen zurechnete, zu variieren. Diese stark ins Auge fallende persönliche Flexibilität entfaltete sich aber auf dem Hintergrund eines in seinen Merkmalen scharf umrissenen Grundverständnisses der gesellschaftlichen Dynamik, das Schelsky von Beginn seiner soziologischen Karriere bis ins späte Alter begleitete, aus dem sich für ihn eine dominierende Sinnthematik ableitete und das seine oftmals situationsbedingt erscheinenden Thematisierungsentscheidungen und Problemkonzeptualisierungen auf eine maßgebliche Weise mitbestimmte, wenngleich sie in seinem Opus in direkter Form nur auf eine verhältnismäßig unauffällige Weise zur Geltung gelangte.

Gemeint ist hiermit diejenige evolutionäre Theorie der Institutionen, die zum ersten Mal – in einer bereits verhältnismäßig ausdifferenzierten, alle wesentlichen Elemente enthaltenden Fassung – in der aus dem Jahr 1949 stammenden Schrift »Über die Stabilität von Institutionen, besonders Verfassungen« in Erscheinung trat, die zunächst im Jahr 1965 in der Textsammlung »Auf der Suche nach Wirklichkeit« unverändert wiederabgedruckt wurde, die dann 1970 in dem von Schelsky herausgegebenen Sammelband »Zur Theorie der Institution« unter dem Titel »Zur soziologischen Theorie der Institution« eine vielversprechend erweiterte Neufassung erlebte und die endlich zehn Jahre später in der 1980 erschienenen Textsammlung »Die Soziologen und das Recht« in eben derselben Form, die wir nolens volens als abschließend akzeptieren müssen, einen nochmaligen Abdruck erlebte.

Führt man sich die wesentlichen Merkmale dieser Theorie vor Augen, so lassen sich die spannungsreichen Einflußwirkungen nicht übersehen, die sowohl aus der amerikanischen, wie auch aus der deutschen Kulturanthropologie in sie eingegangen sind und die insbesondere durch die immer wieder zitierten Namen Bronislaw Malinowski und Arnold Gehlen signalisiert werden.

Beide Einflußlinien befinden sich bei Schelsky zunächst noch in harmonischer Übereinstimmung, wenn der tragende Grundgedanke entfaltet wird, daß sich menschliche Bedürfnisse »institutionalisieren« – und das heißt u.a. auch: im Sinne der Trennung von Motiv und Zweck ihrer ursprünglichen Inhaltlichkeit und Verfaßtheit entfremden – müssen, um ein Handeln zu ermöglichen, das ihre Erfüllung gewährleisten kann. Die Harmonie ist auch dann noch vorhanden, wenn der anschließende Gedanke entwickelt wird, daß gelungene Institutionalisierungen neuartige Motive höherer Ordnung freisetzen, die über sie hinauszielen und die zum Objekt weiterer Institutionalisierungen werden und daß sich in dem hierin sichtbar werdenden »Gesetz des sich selbst produzierenden

Kreislaufes von Bedürfnis und Institution« ein »schematisch als Hierarchie« ansprechbarer »Aufbau der Kultur« vollzieht, den man »prinzipiell als zeitlichen oder geschichtlichen Fortschritt« interpretieren kann (Schelsky 1970, S.20; zu einer entsprechenden Auslegung Gehlens: Klages 1992). Der Konsens schließt endlich auch die Sicht auf einen evolutionären Prozeß menschlicher Antriebssublimation ein, in welchem sich eine fortwährende Verschiebung der jeweils aktuell werdenden Bedürfnis-, Institutions- und Handlungsfelder ins Symbolische vollzieht und in welchem sich endlich eine Tendenz zur Subjektivierung, d.h. zur Selbstreflexivität des Individuums einstellt.

Es ist allerdings eben dieser letztere – übereinstimmendermaßen für die gegenwärtige Gesellschaft als entscheidend angesehene – Punkt, an welchem sich Schelskys und Gehlens Wege scheiden. Während Schelsky das umstürzlerische Novum der Subjektivierung anzunehmen bereit ist und die Frage aufwirft, welche neuen Institutionen angemessen sein können, wird sie von Gehlen – wie Schelsky meint, in einer Hinwendung zu einer »kulturpessimistischen ... Zeitkritik« (Schelsky 1970, S.22) – zum Menetekel des Institutionenverfalls erklärt, vor welchem allenfalls ein radikaler Verzicht auf Geschichte überhaupt, ein Einmünden in ein durch »Kristallisation« gekennzeichnetes Posthistoire nämlich, schützen kann. Während der eine – nämlich Schelsky – zum überwiegend mißverstandenen Verfechter des »Anspruchs auf persönliche Freiheit des Individuums, auf seine kritische Distanz zu den sozialen Zwängen, auf einen Vorrang oder wenigstens Schutzraum des Privaten«, den »Anspruch auf Gedanken- und Meinungsfreiheit usw.« wird (Schelsky 1970, S.22) und darin die Parteinahme für einen dezidiert modernen Liberalismus vollzieht, wird der andere – nämlich Gehlen – zum ebenfalls meist mißverstandenen – und in der Regel totgeschwiegenen – Vordenker derjenigen sogenannten »Postmoderne«, die gegenwärtig eine Lieblingsvorstellung vieler Intellektueller ist, welche der Moderne grollen, weil sie einen anderen als den von ihnen erhofften Verlauf genommen hat.

2. Ansätze zu einer möglichkeitswissenschaftlichen Reflexion der evolutionären Institutionentheorie im Denken Schelskys

Um der Vermeidung von Mißverständnissen willen sei zunächst klargestellt, daß Helmut Schelsky keine explizite »Möglichkeitswissenschaft« im Sinne der hierzu vorliegenden Ansätze (vgl. Klages 1968) entwickelt hat. Auf der anderen Seite kann es aber trotz seiner gelegentlichen Elogen auf Herbert Spencer nicht den geringsten Zweifel daran geben, daß die von ihm entworfene evolutionäre Institutionentheorie nicht im Sinne des klassischen Evolutionismus des 18. und 19. Jahrhunderts konzipiert ist, der auf eine deterministische – und letztlich teleologische – Kausalinterpretation der gesellschaftlichen Entwicklung abstellte. Ungeachtet des sehr eindeutigen Richtungspfeils, welcher dem von ihm skizzierten »Kreislauf der sich selbst bedingenden Produktion« von Bedürfnissen und Institutionen eingezeichnet ist, haftet Schelskys Evolutionskonzept keinerlei Notwendigkeitscharakter an. Im Gegenteil gehören die Kategorien der Offenheit, der temporären Unbestimmtheit und vieldeutigen Definierbarkeit neu auftauchender Situationen, wie auch des Zwangs zur möglicherweise kriterienarmen Entscheidung zwischen alternativen Weiterentwicklungswegen unverzichtbar zu diesem Konzept hinzu, dem von daher zwanglos eine möglichkeitswissenschaftliche Qualität zugeschrieben werden kann.

Bevor dies näher erläutert wird, seien zunächst einige derjenigen Positionen markiert, an welche in erster Linie zu denken ist, wenn von den Zugängen zur »Möglichkeitswissenschaft« im modernen sozialwissenschaftlichen Denken die Rede ist.

Man muß sich hierbei an erster Stelle der Max Weber'schen Wissenschaftslehre erinnern, in welcher – im Zusammenhang der Frage nach den Gewinnungs- und Geltungsbedingungen »objektiver Möglichkeitsurteile« – einem Gedankenexperiment eine entscheidende Rolle zugeschrieben wird, das von der Prämisse ausgeht, daß historische Situationen in der Regel das soziale Handeln nicht eindeutig festlegen, sondern vielmehr mit einer Mehrzahl von Altenativen konfrontieren, zwischen denen gewählt werden muß. (vgl. insb. Weber 1951, S.266 ff.) Der Sinn dieses Gedankenexperiments ist geradezu, diejenigen von der »Realität« abweichenden andersartigen Entwicklungen zu rekonstruieren, mit denen zu rechnen gewesen wäre, wenn von den handlungsbefähigten

Gruppen, Kräften, oder Individuen anders entschieden worden wäre. Die Suche nach der »adäquaten Verursachung und der objektiven Möglichkeit« wird somit letztlich zur Sache einer »verstehenden« Soziologie, die nach den subjektiven Sinnhorizonten der Handelnden fragt, zwischen denen ein »Kampf« tobt, der mit objektiven Maßstäben nicht entscheidbar ist. Anstelle einer historischen Kausalität, die sich im Sinne einer präfixierten Entwicklungs- oder Wachstumsgesetzlichkeit begreifen läßt, wird das gesellschaftliche Feld von den Mechanismen des Wettbewerbs und Konflikts zwischen Möglichkeiten beherrscht, die real werden, indem sie zur »Geltung« gelangen.

Es ist an zweiter Stelle an Karl R.Poppers erbitterten Widerstand gegen das »historistische« Gesetzesverständnis zu erinnern, der seinem Werk über lange Jahre hinweg das Gepräge gegeben hat.

Auf den ersten Blick betrachtet liegt hier ein anderer Denkansatz vor, da davon ausgegangen wird, die Realität der gesellschaftlichen Entwicklung sei schlechterdings zu »komplex«, um auf dem Wege geschichtsübergreifender Konstruktionen deterministischer Entwicklungsgesetzlichkeiten eingefangen werden zu können. In Wahrheit geht es aber auch hier darum, daß soziale Situationen als »offen« vorgestellt werden, weil dem sozialen Handeln in der Regel ein – durch »Inkrementalismus«-Auflagen eingeschränkter – Freiheitsspielraum verbleibt, der die Chance bietet, sich in dieser oder jener Richtung zu entscheiden und zu bewegen. Die substanzielle Beziehung zu Max Weber ist so betrachtet sehr eindeutig.

Die dritte sozialwissenschaftliche Vorfeldposition, die hier angesprochen werden soll, entfaltet sich in der Auseinandersetzung mit dem Gesellschaftsdenken von Talcott Parsons, und zwar insbesondere mit dessen Vorstellung, es sei möglich, »evolutionäre Universalien« (Parsons 1964) zu definieren, von denen her sich gewissermaßen ein Normalverlauf der gesellschaftlichen Entwicklung konstruieren lasse, der ins Präskriptive umgedacht werden könne.

In den kritischen Reflexionen von Autoren wie Robert K.Merton, C.Wright Mills, E.Nagel und Carl G.Hempel werden zunächst die problematischen wissensmethodischen Grundlagen dieses »Grand Design« herausgearbeitet, wobei sich die Einsicht herausschält, daß Parsons den Gefahren eines »normativen Funktionalismus« erlegen ist, welcher den Schwierigkeiten der kausalen Analyse ausweicht, indem er von Stabilisierungs- und Entwicklungszielen ausgeht, die dem gesellschaftlichen

Gesamtsystem aufgrund von Plausibilitätsüberlegungen und von Übertragungen biologischer Modelle auf den sozialen Bereich zugerechnet werden. Zusätzlich stellt sich dann aber auch die Einsicht ein, daß insbesondere in modernen komplexen Gesellschaften mit vielfältigen »funktionalen Äquivalenten« zu rechnen ist, die ihnen die »Fähigkeiten der Äqui- und Multifinalität, d.h. also der Erreichung von Zielen auf unterschiedlichen Handlungswegen und der Verwertung gegebener Handlungsmöglichkeiten in unterschiedlichen Zielrichtungen« (Klages 1986, S. 27) vermitteln. Auch hier löst sich also die gesellschaftliche Entwicklung in ein Feld von Möglichkeiten auf, die konsequenterweise zusammen mit ihren jeweiligen Bedingungen ins Zentrum der wissenschaftlichen Aufmerksamkeit rücken und die somit – nicht dem Namen, aber der Sache nach – eine Möglichkeitswissenschaft entstehen lassen.

Wenden wir uns nun nochmals Helmut Schelskys Vorstoß auf die möglichkeitswissenschaftliche Theoriebildungsebene zu, dann können wir unschwer erkennen, wie sehr sie zu deren Anreicherung beiträgt.

Die vorstehend skizzierte evolutionäre Institutionentheorie bietet zunächst die Chance an, in der gesellschaftlichen Entwicklung einen Rhythmus der Öffnung und Schließung von Handlungs- und Entscheidungsspielräumen auszumachen, der mit der Phasenabfolge der Produktion von Bedürfnislagen und ihrer (Wieder-)Einfangung in die Sphäre institutioneller Prägungen und Stabilisierungen zusammenhängt. Immer dann, wenn aus vorhandenen Institutionen neue Bedürfnislagen aufsteigen, herrscht zunächst, so kann man Schelskys Ansatz interpretieren, eine hochgradige Plastizität und Unfestgelegtheit vor, aus der sich die unterschiedlichsten institutionellen Gestaltungen ableiten können, zumal jede Institution, wie Schelsky betont, immer zugleich mehrere Bedürfnisarten befriedigt und somit eine »Bedürfnissynthese« leistet. (Schelsky 1970, S.19) Mit der vollzogenen Institutionalisierung endet dann allerdings dieser proteushafte Zustand, so daß das Handeln in konkreten sozialen Situationen einen klarer umrissenen Bezugsrahmen und damit auch einen verläßlicheren Außenhalt finden. Der Schöpfungsnebel weicht der geformten Schöpfung, bis derselbe Vorgang auf einer höheren Stufe von neuem beginnen kann.

Die Spektren von Alternativen der institutionellen Gestaltung, die sich auf jeder Institutionalisierungsstufe von neuem eröffnen, repräsentieren für sich betrachtet gewissermaßen eine zweite Dimension des möglichkeitstheoretischen Ansatzes. Diese Spektren sind zwar nicht auswechselbar, da sie die Signatur der jeweiligen Entwicklungsstufe besitzen. In Ihrem Zentrum stehen unverwechselbar Problemthemen und Möglichkeitshorizonte, die auf die unmittelbar vorausliegenden Institutionalisierungen zurückverweisen. Wie die Entwicklungsgeschichte dann weiterläuft, entscheidet sich jedoch in denjenigen Wahlakten und Richtungsselektionen, die hier stattfinden.

An dritter Stelle wird von Schelsky die solchen Entscheidungen vorgelagerte Basisfrage angesprochen, ob die aus einer Institutionalisierungsstufe herauswachsenden und zunächst freiflutenden Bedürfnismassen überhaupt einer neuen Institutionalisierung zugänglich werden, oder nicht vielmehr als ungebundene und verhältnismäßig amorphe Bedürfnisenergie im Umkreis vorhandener Institutionen ein unstet fluktuierendes Dasein führen.

Man mag meinen, an dieser Stelle auf eine Brücke zu der Subjektivierungskritik des alternden Arnold Gehlen zu stoßen, der in der Entstehung und immer weiteren Vermehrung einer solchen ungebundenen, chaotisch auf die vorhandenen Institutionen zurückschlagenden und alle Dammbauten der Kultur in Frage stellenden Bedürfnisenergie das Grundübel des gegenwärtigen Zeitalters sehen wollte.

Charakteristischerweise verfolgt Schelsky jedoch den sich hier anbietenden Gedankenweg nicht weiter. Seine Aufmerksamkeit wendet sich vielmehr einem entgegengesetzten vierten Möglichkeitsaspekt der Beziehungen zwischen der Bedürfnis- und der Institutionensphäre zu, den man zwar in den oben angegebenen Schriften zur Institutionentheorie vergeblich suchen wird, der jedoch für ihn mit zunehmendem Alter eine immer schwerwiegendere Bedeutung gewann: der möglichen Zurücksaugung der zunächst freiflutenden Bedürfnisenergien in ihren institutionellen Herkunftsraum unter Verhinderung neuer Institutionenbildungen und somit unter Neutralisierung oder Vernichtung des in ihnen angesammelten Fortschritts- und Zukunftspotentials.

Vor allem in den späteren Schriften Schelskys wird deutlich, daß er – im Unterschied zu A. Gehlen, mit dem er an dieser Stelle unausweichlich in einen fundamentalen Konflikt geraten mußte – in dieser Möglichkeit, die er – frei interpretiert – mit einer Luxurierungs- und Imperialismustendenz vorhandener Institutionen in Verbindung brachte, die eigentliche Gefahr der Gegenwart sah. Konkret ausgedrückt sah er die Gefahr, daß das zunächst noch verhältnismäßig ungeschützte und verletzliche Potential eines selbstreflexiven Individualismus und der mit ihm verbundenen menschlichen Freiheit und Selbständigkeit als Frucht der bisherigen Gesellschaftsgeschichte zum Opfer der formierten Zugriffsfähigkeit etablierter Institutionen werden könnte, die gewissermaßen zum Verzehr ihrer eigenen kulturanthropologischen Produkte antreten.

Wenn ich dies richtig sehe, so war es eben dieser Punkt, an welchem Schelsky seiner zornigen Emotionalität freien Lauf ließ, an welchem sich, mit anderen Worten, seine Parteinahme für einen Möglichkeitshorizont der Gegenwartsgesellschaft festmachte und von welchem aus er seine Gegner definierte.

3. Parteinahme als Kategorie des soziologischen Selbstverständnisses bei Helmut Schelsky

Helmut Schelsky hatte die theoriegeleitete Parteinahme bereits in einem Zeitpunkt sehr nachdrücklich zum Bestandteil seines soziologischen Selbstverständnisses erhoben, als für ihn diese existenzielle Entscheidung offensichtlich noch gar nicht abzusehen war.

Schlägt man seine in diesem Zusammenhang erstrangig einschlägige Schrift »Ortsbestimmung der deutschen Soziologie« aus dem Jahr 1959 auf, so wird man zwar auf ein verbal ausformuliertes Bekenntnis zur »Parteinahme« nicht stoßen. Auf der anderen Seite wird jedoch die gesamte Schrift durch die Bemühung gekennzeichnet, eine Position der Soziologie in der Gegenwartsgesellschaft herauszuarbeiten, die gleichermaßen als entwicklungsnotwendige gesellschaftliche Funktion, wie auch als persönliche Aufgabe des Soziologen verstanden werden kann, indem sie auf einen »Appell des Wissens« in einer sehr spezifischen Weise antwortet und hierin auf einen gesellschaftsgeschichtlich verortbaren »Anruf« reagiert (S.31).

Es ist charakteristisch und im augenblicklichen Zusammenhang von entscheidender Bedeutung, daß Schelsky diese Position in einer heftig und grundsätzlich gelagerten Auseinandersetzung mit zwei alternativen Soziologiekonzeptionen entfaltet, die ihrerseits miteinander in Fehde liegen oder lagen und deren einander ausschließende Standorte die soziologische Grundlagendiskussion in der Bundesrepublik zeitweilig beherrscht hat.

Die erste dieser Positionen wird Schelsky zufolge durch eine Soziologie repräsentiert, welche im Anschluß an ältere philosophische Systembildungen eine linksrevolutionäre oder auch konservative »Gesamtordnungspolitik« anstrebt, indem sie auf spekulativem Wege eine Entschlüsselung der Bewegungsgesetze der gesellschaftlichen Totalität zu leisten versucht, von der aus anschließend Sinngebungen und Gestaltungsprogramme für die gesellschaftliche Zukunft formulierbar werden. Die zweite dieser Positionen ist demgegenüber, wie Schelsky ausführt, eine spezialisierte empirische Soziologie oder Sozialforschung, die sich als eine »funktionsanalytische Erfahrungswissenschaft« versteht, welche auf »kulturkritische oder geschichtsphilosophische Deutungen der Gesellschaft verzichtet«, welche dabei aber in die Rolle einer instrumentellen Dienstleistungswissenschaft gerät, die sich dem in der »wissenschaftlichen Zivilisation« allenthalben im Vormarsch befindlichen Bemühen um die rationale Steuerung und Gestaltung von Sachverhalten unterwirft und die hierin zu einer bloßen »Planungswissenschaft« wird.

Schelskys Parteinahme richtet sich mit aller Entschiedenheit gegen diese beiden Positionen zugleich, indem er der ersteren eine Tendenz zur Verdunkelung und Zuschüttung der aktuellen gesellschaftlichen Wirklichkeit durch veraltete soziale Deutungsbilder und Motivenergien verwirft und indem er der zweiten eine bewußtlose Willfährigkeit gegenüber der Bemühung um die Anwendung sozialer Techniken auf den Menschen mit der Zielsetzung seiner »sanften« Lenkung und Manipulierung anlastet.

Schlesky zufolge kommt es demgegenüber zunächst einmal darauf an, eine empirisch operierende »Wirklichkeitskontrolle« zu konstituieren, die aufzeigt, »was sowieso geschieht und was gar nicht zu ändern ist«, die darin die »Grenzen« ideologischer Anleitung und/oder planhaft organisierter sozialer Handlungen in der gegenwärtigen Gesellschaft aufzeigt, die hiermit den »beiden Fehlhaltungen unserer Zeit«, den »Gestaltungs- und Manipulierungshypertrophien der Idealisten«, wie auch dem »Tatsachenfatalismus der bloßen Anpassung« entgegenarbeitet und die hierin letztlich dem von verschiedenen Seiten her drohenden »Verlust der menschlichen Freiheit« Paroli bietet.

Der unmittelbare Bezug dieser Parteinahme zur Institutionentheorie wird deutlich, wenn Schelsky die geforderte Denkhaltung mit einem

»Prozeß der kritischen Veränderung des Selbstbewußtseins« in Verbindung bringt, der als der eigentlich entscheidende Sozialprozeß der gegenwärtigen Gesellschaft angesehen werden könne (S.129 ff.).

Schelsky wird noch direkter, wenn er feststellt, für die »Stabilität sozialer Institutionen« bedeute »diese Wendung, daß in ihren bewußten Leitbildern und Zielvorstellungen, ihren Ideologien und Programmen eine zusätzliche Oberschicht von kritisch-analytischen Bewußtseinsbedürfnissen Befriedigung und Halt finden« müsse und wenn er fortfährt: »Die Möglichkeit selbstkritisch-analytischer Kontrolle gehört heute ebenso zu den Grundlagen einer stabilen Institution wie ein motivstarkes Rechts- und Programmbewußtsein.« (S.130)

Schelsky verdeutlicht und vertieft diese Positionskennzeichnung, indem er eine »transzendentale Theorie der Gesellschaft« fordert, welche die »‚Bedingungen' des soziologischen Denkens und zugleich der Wirklichkeit« reflektiert und welche in der kritischen Durchleuchtung »so zentraler analytischer Kategorien wie ‚Anpassung', ‚Integration' ... ‚Stabilität', ‚Rolle', ‚Entfremdung' ... usf.« die »Grenzen des soziologischen Denkens« und damit gleichzeitig auch die »Freiheit des Menschen von der Gesellschaft« zum »materialen Thema der Theorie macht« (S.96 ff.).

Schelsky läßt, wie ich meine, keinen Zweifel daran, daß er der Soziologie – oder vielmehr: einer sich in institutionentheoretisch gestützter Weise zur »transzendentalen« Selbstreflexivität aufschwingenden Soziologie – ganz unmittelbar eine weltgeschichtlich entscheidende Rolle im Evolutionsprozeß des in ihr gewissermaßen zu sich selbst kommenden vergesellschafteten Menschen zuweist. In der von ihm geforderten und im Sinne persönlicher Parteinahme vertretenen Entsoziologisierung der »Freiheitsthematik« und der darin vor sich gehenden Überwindung bewußtloser Gesellschaftsverfallenheit vollzieht sich für ihn eben derjenige entscheidende Schritt, der den evolutionsgeschichtlich fälligen Durchbruch zur Institutionalisierung individualmenschlicher Selbstreflexivität vorbereitet und der damit eine entscheidende Chance für die »mögliche Sinngebung« der Gegenwart erschließt. Die Soziologie öffnet und opfert sich in ihrem Übergang zur transzendentalen Theorie und in der hierin vor sich gehenden Selbst-Negation dem hierdurch zur Realisierung gelangenden »zentralen Sinnthema unserer Epoche« (S.104).

4. Parteinahme in actu: Abgrenzungen gegen Freund und Feind

Man wird die institutionentheoretische Fundierung – und somit gewissermaßen die esoterische Dimension – der ins Politische zielenden Parteinahme des späteren Schelsky mit Sicherheit verfehlen, wenn man sie ausschließlich von den viel geschmähten Streitschriften der letzten Jahre her zu fassen versucht, in welchen sie zwar einen öffentlichkeitswirksamen Ausdruck findet, in welchen sie gleichzeitig aber auch gegenüber aktuellen »Polemiken« in den Hintergrund tritt.

Wie schon einmal behauptet ließ Schelsky bei dieser Parteinahme seiner Emotionalität freien Lauf. Mit anderen Worten nahmen die mit dieser Parteinahme verbundenen Grenzziehungen hier höchst unterschiedliche Formen an, in denen u.a. auch Aspekte des Taktes und der durch persönliche Freundschaft bedingten Rücksichtnahme eine große Rolle spielten.

Insbesondere gilt dies für Schelskys unvermeidliche Abgrenzung gegenüber dem späten A.Gehlen, dessen überzeugter Weggefährte er über lange Jahre hinweg gewesen war. Schelsky entschloß sich hier zu einem Schweigen, das in gewisser Weise heroisch war, weil es den eigentlichen Hintergrund seiner »Polemiken« an einem strategisch wichtigen Punkt verdunkelte und somit den ohnehin in der Luft hängenden Fehldeutungen Vorschub leistete. Um es ganz klar zu sagen: Der alternde Schelsky war je länger desto mehr ein kämpferischer Liberaler, der von bestimmten Gruppen seiner selbstgewählten Gegner – u.a. auch aufgrund der Auslassungen, die er sich bei seinen öffentlichen Bekundungen leistete – verhältnismäßig mühelos als ein konservativer »Reaktionär« denunziert werden konnte.

Aufgrund der Streitschriften sind – jenseits des Kreises der ausgeklammert bleibenden alten Freunde – unschwer vier hauptsächliche Gegner auszumachen, an denen sich die Schelsky'sche Parteinahme entlud:

Erstens fortschrittsfeindliche Wucherungstendenzen des Sozialstaats, dessen eigennützige Expansions- und Herrschaftsinteressen Schelsky zufolge einem degenerativen Zerrbild des von ihm imaginierten »selbständigen« Menschen, dem »betreuten« Menschen nämlich, Geburtshilfe leisten;

zweitens die Gesamtgruppe der »Funktionäre«, welche in Schelskys Auffassung ihre Vertretungskompetenz mit einer generellen Tendenz zur Amtsanmaßung mißbraucht, indem sie – auf dem Hintergrund schwach ausgebildeter verbandsinterner demokratischer Strukturen – den jeweils Repräsentierten Interessen unterschieben, die in Wahrheit nur ihrem eigenen Machterhalt dienlich sind;

drittens die selbsternannten »Sinnproduzenten«, welche mit Hilfe einer usurpierten Medienmacht den Menschen ein meist von linken Denktraditionen bestimmtes illiberales Gesellschafts- und Zukunftsverständnis zu suggerieren und zu oktroyieren vesuchen;

viertens endlich die Soziologen, die Angehörigen der eigenen Disziplin also, welche, wie Schelsky zu erkennen glaubt, entgegen seiner vorangegangenen Wegweisung zunehmend ein kollektivistisches, auf »objektive« Strukturen, Prozesse, Gebilde und »System«-Bedürfnisse abstellendes und somit vom Einzelindividuum abstrahierendes, personenindifferentes, anti-anthropozentrisches Erkenntnisinstrumentarium bevorzugen, dessen Anwendung mit illiberalen Konsequenzen verbunden ist.

Die Waffe, die sich der späte Schelsky für die Parteinahme in actu gegen die als Gegner ausgemachten Instanzen der Gegenwartsgesellschaft schmiedet, ist die »polemische« Streitschrift, genauer gesagt ein Publikationstypus, der bei wissenschaftlicher Fundierung die journalistische Zuspitzung der Argumentation nicht verschmäht und dem durchgängig ein investigativer, d.h. der Enthüllung und Bloßstellung des jeweiligen Gegners zugewandter Zug anhaftet.

Was beim Rückblick besonders stark ins Auge fallen muß, ist die ungeheure Breite der von Schelsky gewählten Angriffsflächen, die rigorose Generalisierungstendenz der vorgetragenen Polemiken, die bei aller begrifflichen Schärfe auf der oft mit Hilfe von Belegen aus der Tagespolitik angezielten konkreten Auseinandersetzungsebene doch eher ins Unbestimmte und Unverbindliche zerfließen mußten, die keinen einzelnen speziell und doch alle zugleich trafen, so daß sie letztlich quer durch viele Lager und Fraktionen hindurch eine abwehrbereite Solidarität der Betroffenen erzeugen mußten.

Der späte Schelsky versuchte, mit anderen Worten, die wissenschaftliche und die journalistische Vorgehensweise in einem Sinne zusammenzuzwingen, der im Rückblick betrachtet widerspruchsvoll erscheinen muß und dem – bei aller erhellenden Kraft der Erkenntnisse – ein

Scheitern als Instrument der angestrebten massenwirksamen Einflußnahme eingezeichnet war.

Man mag sich auf den Standpunkt stellen, daß zu den Folgen dieser problematischen Strategie auch das zunehmende Gefühl der Vereinsamung gehörte, das den späten Schelsky erfaßte. Es war dies wahrscheinlich der unvermeidliche Tribut, den seine Rundumschläge forderten. Hinzu kam ein Gefühl der Vergeblichkeit. Die abweisenden Mauern, von denen sich Schelsky umgeben sah, schienen am Ende nur noch den Widerhall seiner eigenen Worte von sich zu geben, oder letztlich auch diesen noch zu verschlucken.

5. Ein soziologischer Blick auf das Kernthema in der ersten Hälfte der 90er Jahre

In der ersten Hälfte der 90er Jahre hat sich die realgesellschaftliche Szenerie gegenüber derjenigen Situation, die sich dem späten Schelsky darbot, in vieler Hinsicht verändert.

Insbesondere hat der gesellschaftliche »Wertewandel«, dessen zunehmend epochenprägenden Stellenwert Helmut Schelsky nicht mehr wahrnehmen konnte, einen unvermutet starken Schub in Richtung der individuellen Selbstentfaltung und ihrer gesellschaftlichen Akzeptanz mit sich gebracht.

Es spricht, wie ich meine, nichts dagegen, diesen Schub im Sinne der Schelsky'schen Evolutionstheorie zu interpretieren. Erstens wachsen der von Schelsky imaginierten liberalen Position daraus aber starke Auftriebskräfte zu, welche die eher resignative Stimmung des späten Schelsky konterkarieren. Zweitens scheint sich aber auch die institutionelle Thematik aufgrund des Wertewandels in einer veränderten Weise zu stellen.

Zunächst ist festzustellen, daß der Wertewandel ganz offenbar nicht nur durch Entwicklungen in einer zuletzt entstandenen und somit »obersten« Institutionenschicht, so z.B. in den Bildungseinrichtungen verursacht ist, sondern gleichzeitig auch durch tiefer in das vorhandene Institutionengefüge hinabreichende Erschütterungen und Umschichtungen, so z.B. durch die von Schelsky selbst bei früheren Gelegenheiten diagnostizierten Entwicklungen in Richtung einer verhältnismäßig nivellierten Konsum- und Freizeitgesellschaft, wie auch durch die Entstehung einer technischen Zivilisation mit revolutionär veränderten Arbeitsanforderungen, oder, zusammenfassend ausgedrückt, durch vielfältige Aspekte des sozio-ökonomischen und technisch-wissenschaftlichen »Modernisierungs«-Prozesses. Dementsprechend scheint es sich bei den mit dem Wertewandel freigesetzten Bedürfnismassen keineswegs nur um die psychischen Produkte einer einzelnen Evolutionsstufe zu handeln, unterhalb derer ein »gewachsener« und gewissermaßen fest gewordener Bestandssockel von gesicherten Bedürfnis-Institutionen-Beziehungen unverändert weiterbestehen würde.

Es läßt sich zwar empirisch feststellen, daß es einzelne Wertebereiche gibt, deren Rangposition vom Wertewandel bisher nicht unmittelbar verändert wurde und denen insoweit also – jedenfalls vorerst noch – »Stabilität« zuzuschreiben ist. Eine entsprechend breit ansetzende Einstellungsforschung kann jedoch nachweisen, daß z.B. auch die familienbezogenen Werte, die dieser Wertegruppe angehören, längst einschneidenden inhaltlichen Uminterpretationen unterworfen wurden, durch welche diese Stabilität gewissermaßen unterspült wird. Der bisher wahrnehmbar gewordene Wertewandel schöpft, so scheint es, das Gesamtpotential dieses Elementarvorgangs, der tendenziell sämtliche Wertebereiche einbezieht und somit alle Schichten des evolutionär konstituierten Aufbaus der Kultur betrifft und in einen Veränderungsvorgang hineinreißt, noch keinesfalls voll aus.

Weiterhin läßt sich aber auch feststellen, daß naheliegenderweise bezüglich der institutionellen Aufnahme und Verarbeitung dieses gewaltigen, prall mit den allerverschiedensten Möglichkeitsgehalten aufgeladenen psychischen Schubes gegenwärtig noch ein dramatisches Defizit besteht.

Einerseits kann keineswegs mit Sicherheit davon ausgegangen werden, daß dieser Schub durch institutionelle Neuschöpfungen »aufgefangen« und in stabile Produktivitäts- und Kultivierungsbahnen geleitet werden kann. Im Gegenteil scheinen die modernen Massenmedien, die in diesem Zusammenhang an erster Stelle zu nennen sind, eher labilitätsfördernd auf die gesellschaftliche Psyche zurückzuwirken, indem sie die ohnehin stark ausgeprägte Eigendynamik dieser Sphäre richtungslos in hohe Schwingungsbereiche hinein verstärken. Auch die »Volksparteien« scheinen immer mehr zu Bestandteilen des sich hier aufbauenden Schwankungsfeldes zu werden, anstatt stabilisierend zu wirken. Die Expansion der »Freizeit«, an die ebenfalls zu denken ist, hat bisher nur einen einzigen neuartigen Handlungsbereich, den modernen Breitensport nämlich, hervorgebracht, dem eine nennenswerte bedürfnisabsorbierende und -kultivierende Kraft zuzurechnen ist. Die Expansion der Freizeit hat gleichzeitig aber auch zu einer Überflutung der alten Institutionen Ehe und Familie durch individuelle Erfüllungsbedürfnisse neuen Typs und damit zur Infragestellung ihres Bestandes beigetragen.

Es kann andererseits festgestellt werden, daß die im Grundsatz von den in Gang gekommenen Elementarprozessen mitbetroffenen übrigen vorhandenen, d.h. mehr oder weniger »alten« Institutionen, wie z.B. die Unternehmen und die Dienstherren der privaten und öffentlichen Arbeitswelt, die Verbände und die Kirchen, bisher noch nicht diejenigen Wege gefunden haben, die sie einschlagen müßten, um mit den auf sie zubrandenden individuellen Selbstentfaltungswerten und -bedürfnissen auf eine »kulturproduktive« Weise umgehen zu können, d.h. sie also zwar zu absorbieren, ohne sie jedoch gleichzeitig zu schwächen, zu neutralisieren, oder in manipulativer Absicht in Richtung etablierter Eigeninteressen zu drängen und dadurch zu pervertieren.

Soweit sich dies bisher beurteilen läßt, sind die »entfesselten« sozialpsychischen Energien allerdings gegenüber den vielfältigen Bemühungen, die bislang in dieser Richtung unternommen wurden, nun allerdings verhältnismäßig resistent geblieben. So hat es sich z.B. gezeigt, daß die meisten derjenigen pseudo-partizipatorischen »Reform«-Ansätze, zu denen es in der Arbeitswelt in den vergangenen Jahren kam, von den Menschen überwiegend mit Rückzugs- oder Abwehrreaktionen beantwortet wurden, die vor allem den großorganisatorischen Gebilden in zunehmendem Maße Energie entzogen haben und sie auf diesem Wege in immer weitere Schichten einer widerstrebenden Einsicht in die wirklichen Verhältnisse hineingetrieben haben.

Auf den Wertewandel selbst haben diese institutionellen »Verzögerungen« nichtsdestoweniger bereits zurückgewirkt. Zwar mag es z.B. fraglich erscheinen, ob man der inzwischen abgestorbenen Emphase der Studentenrevolution von 1967/68 Tränen nachzuweinen hat. Daß inzwischen in den neuesten Entwicklungsabschnitten des Wertewandels verstärkt hedonistisch-materialistische Reduktions- und Regressionssymptome in Erscheinung treten, die sich mit einer um sich greifenden Gewaltbereitschaft paaren, mag jedoch bedenklich stimmen und »Pleonexie«-Befürchtungen Raum geben, mit denen sich die Gehlen'sche

Subjektivierungskritik an Schelsky vorbei in den Vordergrund schieben würde. Freiflutende, hektisch wogende und vagabundierende, auf die gewachsenen Institutionen destruktiv durchschlagende, oder auch chaotisch in sich selbst »kochende« Bedürfnisenergien – ein solches Bild mag in Anbetracht des aktuellen Zustands der Gegenwartsgesellschaft zwar nach wie vor als übertrieben und unangemessen erscheinen. Daß H.Schelsky eine derartige negative Möglichkeitsperspektive in abrupter Abwendung von Gehlen zugunsten entgegengesetzter Problematisierungsperspektiven unbesehen liegen ließ, vermag jedoch dessen ungeachtet aus der gegenwärtigen Beobachtungsperspektive nicht mehr völlig zu überzeugen.

6. Parteinahme heute

Angesichts der vorangegangenen Durchblicke auf die Empirie des aktuellen Gesellschaftszustands läßt sich erstens der Schluß ziehen, daß eine Parteinahme für die freie und selbständige Entfaltung des Individuums im Sinne des Schelsky'schen Credo (oder auch: eine »anthropozentrische« Positionsnahme) nach wie vor von allerhöchster Aktualität und Dringlichkeit ist.

Es läßt sich allerdings gleichzeitig auch zweitens die These aufstellen, daß die Schelsky'sche Fokussierung dieser Parteinahme einschließlich verschiedener Aspekte ihrer institutionentheoretischen und gegenwartsanalytischen Grundlagen revisionsfähig geworden ist. Ich meine, daß es heute nicht mehr primär um die Kritik von Usurpierungstendenzen etablierter Institutionen geht (obwohl auf sie nach wie vor ein sehr wachsames Auge zu werfen ist). Vielmehr scheint die Unterstützung und Verstärkung aufkeimender Einsichten in einem notwendigen Bewußtwerdungsprozeß eine besondere Aufmerksamkeit zu verdienen.

In Verbindung hiermit steht, wie ich meine, auch der investigative Charakter der Parteinahme in actu zur Disposition. Was angezeigt ist, ist vielmehr zumindest auch Parteinahme in der radikal veränderten Form der »praxisorientierten« Begleitforschung, der organisationsbezogenen Evaluation, des Effektivitäts-Controlling und der auf Reorganisation und Gestaltungsrevision ausgehenden Institutionenberatung.

Mit anderen Worten ist heute – zumindest auch – eine Parteinahme angezeigt, welche die auf den gesellschaftlichen Bedürfnisdruck antwortenden immanenten Änderungs- und Entwicklungsbereitschaften der Institutionenwelt auf eine höchst konkrete und »konstruktive«, dem »aufgeklärten Selbstinteresse« der Institutionen dienliche Weise durch die Zuführung von »operativem« sozialwissenschaftlichen Sachverstand fördert und vorantreibt.

Allerdings wird sich eine solche die kritische Distanz gegenüber dem Gesellschaftsprozeß zurücknehmende »Parteinahme« in einem verstärkten Maße daraufhin befragen lassen müssen, ob sie in der Lage ist, die von Schelsky deutlich gemachte Grenze zur manipulativen und letztlich evolutionsschädlichen »Planungswissenschaft« dauernd aufrechtzuerhalten. Sie wird diese Befragung nur unter der Bedingung bestehen können, daß sie ständig den Nachweis erbringen kann, daß ihre personenorientierte, verantwortlicher individueller Freiheit und Selbständigkeit verpflichtete Ausrichtung auch auf der Operationalisierungsebene wirksam wird und daß die Suche nach praktischen Lösungen für den anthropozentrisch motivierten Umbau der Institutionen als ein realitätsfähiges Leitbild funktioniert.

Durch die »graue« Alltagspragmatik und den Staub der Akten- und Datenberge einer solchen »angewandten« Wissenschaft leuchtet dann allerdings unvermittelt der große Glanz des fortwährenden Aufbruchs zu demjenigen Möglichkeitshorizont, der dem Menschengeschlecht schon eingezeichnet war, als die Seelen noch durch Totem und Tabu gebunden waren.

Literatur

Helmut Klages: Soziologie zwischen Wirklichkeit und Möglichkeit. Plädoyer für eine projektive Soziologie, Köln und Opladen 1968

Helmut Klages: Ökonomische und soziologische Systemtheorie, in: Jahrbuch für Neue Politische Ökonomie, 5.Bd., Tübingen 1986

Helmut Klages: Erkenntnispotentiale der Kulturanthropologie Arnold Gehlens, vor der Veröffentlichung in: Helmut Klages und Helmut Quaritsch: Zur geisteswissenschaftlichen Bedeutung Arnold Gehlens (im Erscheinen)

Talcot Parsons: Das System moderner Gesellschaften, München 1972

Karl R. Popper: Das Elend des Historizismus, Tübingen 1965

Helmut Schelsky: Ortsbestimmung der deutschen Soziologie, Düsseldorf-Köln 1959

Helmut Schelsky: Zur soziologischen Theorie der Institution, in: H.Schelsky (Hrsg.): Zur Theorie der Institution, Düsseldorf 1970

Max Weber: Objektive Möglichkeit und adäquate Verursachung in der historischen Kausalbetrachtung, in: Max Weber: Gesammelte Aufsätze zur Wissenschaftslehre, Tübingen 1951, S.266 ff.